中國史學基本典籍叢刊

國語彙校集注

四

俞志慧 撰

中華書局

國語卷第十一

晉語五

1 臼季舉冀缺〔一〕

臼季使，舍於冀野。臼季，胥臣也。冀，晉邑。郊外曰野。○賈逵：臼季，晉臣。冀野，晉地（《御覽》地部二十引，汪、蔣輯，並見於卷五五、四〇二）。○《釋地》：冀野，今絳州河津縣東北十五里有冀亭。○《補正》：舍，止也。○《詳注》：今山西河津縣東有冀亭，即古冀國，晉滅之以爲邑。又，縣東十五里有如賓鄉，即郤缺耨處也。◎志慧按：《左傳·僖公二年》「冀爲不道，入自顛軨」杜注：「冀，國名，平陽皮氏縣東北有冀亭。」《水經·汾水注》載有冀亭，並引《晉語》此條爲說，《釋地》與《詳注》疑本《左傳》杜注與《水經注》。唯新莽時改夏陽爲冀亭，東漢光武帝時，冀亭復夏陽舊名，王莽好古，且其時近古，貌似當更可據依，其地在今陝西韓城，與河津隔黃河相望。檢諸文獻，《左傳·僖公二十五年》：「遷原伯貫于冀，趙衰爲原大夫，狐溱爲温大夫。」同書《僖公三十三年》：「反自箕，襄公以三命命先且居將中軍，以再命命先茅之縣賞胥臣，曰：『舉郤缺，子之功也。』以一命命郤缺爲卿，復與之冀，亦未有軍行。」可見終文公之世，冀皆在晉人手中。幾乎與此同時，《左傳・僖公十九年》：「秦遂取梁。」同書《文公十年》：「春，晉人伐秦，取少梁。」可知終晉文公之世，河西少梁一帶在秦人手中，故即便河西有冀，也不會是可以任由晉國封賞的冀，故仍以杜預、韋昭等説爲是。謝鴻喜《水經注・山西資料輯釋》謂冀亭在河津縣東北南辛興、北辛興村，可參。冀缺耨〔二〕，其妻饁之，冀缺，郤之子也〔三〕。耨，茠也〔四〕。野饋曰饁。《詩》云：「饁彼田畝〔五〕。」○《爾雅・釋詁》：饁，饋也。○賈逵：野饋曰饁也（《原本玉篇殘卷・食部》引）。○《詩・豳風・七月音義》：饁，炎輒反。野饋也。◎志慧按：賈注較《爾雅》準確，故韋從賈注。敬，相待如賓。夫婦相敬如賓也。從而問之，冀芮之子也，與之歸。既復命，而進之，曰：「臣得賢人，當以告〔六〕。」文公曰：「其父有辠，可乎？」文公元年，冀芮畏偪，與呂、郤謀弑公〔七〕，焚公宫，秦伯殺之故也〔八〕。對曰：「國之良也，滅其前惡，滅，除也。○秦鼎：或云：滅惡，猶《蔡仲》「蓋前人之愆」，就後日而言也。一説：滅，猶言不録也，言公勿問其父罪，故下文舉舜、桓喻之。鼎按：後説似是。是故舜之刑也殛鯀，其舉也興禹。殛，誅也。鯀，禹父。今君之所聞也〔九〕，齊桓親舉管敬子〔一〇〕，其賊也。」敬子，管仲之謚〔一一〕。公曰：「子何以知其賢也？」對曰：「臣見其不忘敬也。夫敬，德之恪也〔一二〕，恪於德以臨事，其何不濟？」公見之，使爲下軍大夫。

在文公時，而於此言之者，以襄公能繼父志，用冀缺也。《傳》曰：「襄公以父命賞胥臣〔一三〕，曰『舉郤缺，子之功也。』以一命命郤缺爲卿，復予之冀〔一四〕。」故云冀缺〔一五〕。◯《補正》：當是上卷文誤入在此。◎志慧按：明道本於《晉語》各語下標晉國各公，疑係後世據大致内容所作的斷代，非原書之舊，故不當以其中内容所在的時間判别相應的歸屬。復次，冀缺在其父殉舊主之後，淪落鄉野，夫妻相濡以沫亦在情理之中，倒是臼季的推薦之辭不免牽强，頗疑文公、臼季出於籠絡冀芮舊部、安撫人心的考慮，遂重用冀缺，故有此一唱一和，若果如此，亦可見文公的格局與自信，以及春秋時期的社會風尚，與後世斬草除根除惡務盡等觀念大别。

【彙校】

〔一〕《晉語四》所述時間皆在重耳流亡及爲文公時期，而《晉語五》則在襄公（前六二七—前六二一）、靈公（前六二〇—前六〇七）、成公（前六〇六—前六〇〇）時期，《補正》據此斷本章云：「當是上卷文誤入在此。」從時間上看或是也，唯《國語》的編輯與分章，除粗線條的時間因素外，其内在似有對於霸道思想的追求一以貫之，僅就各語結尾看，《晉語四》末尾與《周語上》、《齊語》、《晉語七》、《吴語》、《越語上》等各部分都涉及霸道，故而本則即使如吴氏所云「是上卷誤入在此」，也不會置於上卷的結尾。龜井昱則謂「是章弁是篇者，蓋三郤所以蕃昌者，以郤缺拔擢故也」。

〔二〕耨，《補音》謂字或作「鎒」，義符更旁字，明道本、正統本作「薅」，注同，《考正》：「《説文》本作『槈』，云：『薅器也。从木辱聲，或从金。』是以薅解耨，非以薅即耨。」其説有理。《札記》則謂公序本依《内傳》改，但《御覽》地部二十引《國語》亦作「耨」。《述聞》據《藝文類聚》、《御覽》引謂「冀缺耨」前當有「見」字，於文法是，《集解》從之。

〔三〕之，弘治本同，静嘉堂本漫漶不可識，南監本破損，明道本、遞修本、正統本、許宗魯本、《四庫薈要》作「成」，秦鼎本從明道本，《四庫薈要》並云：「郤成子，舊作『郤之子』，今從明本。」《左傳・文公十三年》、《宣公十一年》、《襄公三十年》俱作「成」，《新唐書・呂諲傳》載獨孤及語云：「冀缺之恪，甯俞之忠，隨會不忘其君，而謚曰武。」係獨孤氏誤記，還是《左傳》《國語》傳寫之誤，俟考。《删補》謂「郤」當作「芮」，或「郤」下脱「芮」字，《訂字》、《備考》亦以爲「郤」下脱「芮」字，《增注》徑從之，唯無版本依據。

〔四〕茠，《舊音》出「薅」，並云「音蒿」，《補音》徑引《經典釋文》「以薅荼蓼」注：「呼毛反，《説文》：『拔田草也。』又作『茠』，引此『以茠荼蓼』。」並云：「音同。今按此本作『茠』，與《説文》合。」明道本、正統本作「耘」，《考異》謂明道本正文作「薅」，注文作「耘」，不可通。《説文・艸部》：「薅，拔去田草也。薅，或从『休』。」疑明道本等改從常見字，於義亦通。

〔五〕明道本、正統本、秦鼎本、《正義》「云」作「曰」；前述諸本及遞修本、静嘉堂本、弘治本、許宗魯本、《增注》「田」作「南」，南監本亦作「南」，唯已嚴重破損，《詩·豳風·七月》作「南」，李克家本出於張一鯤本，但已據改。畝，許宗魯本作「晦」，《説文》篆體。

〔六〕當，静嘉堂本漫漶不可識，南監本破損，弘治本、盧之頤本同，明道本、遞修本、正統本、許宗魯本、《御覽》卷四〇二引作「敢」，《考正》、《備考》、秦鼎謂金李本誤，其説可從。

〔七〕郤，弘治本、許宗魯本、劉懷恕本、盧之頤本同，静嘉堂本漫漶不可識，南監本破損，明道本、遞修本、正統本作「甥」，《刪補》、《訂字》、《備考》、《增注》、秦鼎本從作「甥」，是。弑，明道本、正統本同，《舊音》出「殺」，《補音》「申志反」，此音義公序本俱作「殺」，似金李本據義改。遞修本作「殺」，似不必改，讀作申志反即可。

〔八〕故，弘治本同，明道本、遞修本、正統本、許宗魯本作「是」，據義可從。

〔九〕皆川淇園疑「今」字有誤，各本同，先言往古之大舜，次言離世不久之桓公，未見其誤。

〔一〇〕齊桓，明道本、正統本作「齊桓公」，《考正》從補。

〔一一〕仲，張一鯤本、李克家本作「子」，未見所據，《增注》、《正義》承其誤。

〔一二〕「德之恪」不通，《元龜》卷七三七引作「德之聚」，《左傳·僖公三十三年》亦載本條之事，其中以下文字可資參證：「敬，德之聚也。能敬必有德，德以治民，君請用之。臣聞之：『出門如賓，承事如祭，仁之則也。』」兩下對照，可知「德之恪」當作「德之聚」，今作「恪」者蓋涉下句之

「恪」而誤。

〔一三〕父命，《鈔評》、《正義》同，明道本、遞修本、正統本、靜嘉堂本、許宗魯本、《增注》作「再命」，南監本、弘治本脱爛不可識，《左傳・僖公三十三年》亦作「再命」，作「父」者疑據殘字誤補，秦鼎據改。

〔一四〕予，明道本、正統本作「與」，古通。

〔一五〕云，明道本、遞修本、正統本、許宗魯本作「曰」，靜嘉堂本、南監本脱爛，「云」字殘，似作「一」，並「缺」字亦不可識讀，弘治本因之，末三字作「一冀□」。

2 甯嬴氏論貌與言

陽處父如衛，反，過甯，處父，晉太傅陽子也。如衛，聘衛也，在魯文五年。甯，晉邑，今河内脩武是也。〇《釋地》：修武縣故城在今衛輝府獲嘉縣西北。〇《詳注》：甯，今河南修武縣東有甯城。**舍於逆旅甯嬴氏。**旅，客也。逆客而舍之也。嬴，其姓。〇《左傳・文公五年》正義：賈逵、孔晁皆以甯嬴爲掌逆旅之大夫，故杜亦同之。劉炫以甯嬴直是逆旅之主，非大夫，今删定。知不然者，若是逆旅之主，則身爲匹庶，是卑賤之人，猶如重館人告文仲、重丘人罵孫蒯，止應稱人而已。何得名氏見傳？杜以傳載名氏，故爲逆旅大夫。劉炫以爲客舍主人而規杜氏，非也。○《正義》：《地官・遂人》：「五十里有市，市有候館。」候館即逆旅。然《周禮》並無逆旅大夫之官，且甯嬴果居大夫之位，不應擅離職守，而從聘賓遠適。況匹庶之名之見于傳者，斐豹、弦高之等指不勝屈，何嘗非庶人也？劉光伯之説得之。◎志慧按：上引諸家之説似各有理，唯囿於單一信息源，皆不足以證成之，存疑可也。**嬴謂其妻曰：「吾求君子久矣，乃今得之**〔一〕**。」舉而從之。**舉，起也。**陽子道與之語，及山而還。**山，河内温山。《傳》曰：「及温而還。」○《正義》：《隱三年傳》杜注：「温，河内温縣。」今屬河南懷慶府，古温城在縣西南三十里。◎志慧按：及山而還，各本同。文獻中江、河若無限定詞，概指長江與黄河，在不存在承前省的情況下，鮮見「山」字單獨出現指代某一座山者，但在太行山及鄰近地區的語境中，最近的山即太行山，故有省稱者，如《左傳・宣公二年》：「趙穿攻靈公於桃園，宣子未出山而復。」時至今日，當地仍有省稱太行山作「山」者。陽處父自衛經甯回晉國，大概率經由軹道（即後世太行諸陘中的軹關陘）。韋注指爲温山疑據《左傳・文公五年》「及温而還」，後者《文公六年》又載：「春，陽處父至自温，改搜于董，易中軍。」前後一貫。但董增齡引杜注「河内温縣」則似不密，蓋河内温縣不在陽處父返國必經之路上，春秋文獻中温的地理指向遠較後世廣闊，與共時的南陽和後世的河内有較多交集。徐元誥《集解》：「温山在修武縣北五十里。」楊伯峻《春秋左傳注》同，疑承歷代修武、獲嘉等地志而爲説。該温山即今温峪山，但温峪山亦不在當時豫晉通道上，故亦不取。其妻曰：「子得所求而不從之，何其懷也！」懷，思也。○秦鼎：懷，猶懷居之「懷」。○《辨正》：《左傳·僖公二十三年》齊姜勸告重耳的話：「懷與安，實敗名。」此「懷」可釋爲戀家。《説文·心部》云：「懷，念思也。」《詩·鄭風·將仲子》「仲可懷也」鄭箋：「懷私曰懷。」曰：「吾見其皃而欲之，聞其言而惡之。夫皃，情之華也；容皃者〔二〕，情之華采。言，皃之機也。言語者，容皃之樞機。身爲情，情生於身也。◎志慧按：情，實也。與下文「其言匱，非其實也」相對成文。成於中。言，身之文也。◎志慧按：《黄帝書·十大經·行守》：「言者，心之符〔也〕；色者，心之華也；氣者，心之浮也。」類似觀念當係其時共識，唯表達偶有差異。言文而發之，合而後行，離則有釁。合，謂情也、皃也、言也〔三〕，三者合而後行〔四〕。釁，隙也〔五〕。今陽子之皃濟〔六〕，其言匱，非其實也。濟，成也。言不副皃爲匱。匱，乏也。○《平議》：濟，當讀爲「齊」，《詩·采蘋篇》「有齊季女」，《傳》曰：「齊，敬也。」《思齊篇》「思齊太任」，《傳》曰：「齊，莊也。」是齊有莊敬之義。謂陽子之貌雖若莊敬，而其言則匱也。○《校補》：其言匱，當即（下文）「華而不實」之誼。◎志慧按：於「濟」之義，似曲園之説稍勝，《校補》亦是也，蓋匱於實也，猶今言虚夸。若中不濟，而外彊之，謂情不足，而皃彊爲之。其卒將復，復，反也，反其情也。○秦鼎：反其情，反其不濟之情也，言外貌濟而中情不足也。中外易矣〔七〕。易，猶異也。○賈逵：易，變易也，異也（釋慧琳《一切經音義》卷三引）。○《辨正》：《晉語二》「是哀樂喜怒之節易也」、《晉語四》「好惡不易是爲君」」二處韋注皆解「易」爲「反也」，此「反」乃由其常訓「變易」引申而來，此處不如亦釋作「反」，中外易，即内外相反。◎志慧按：「其卒將復」的原因是「中外易」，即貌言與身中不相稱，准此，則首句當係敘述：「中（以）外易矣。」然後纔是「其卒將復」。今緊接下句作「若外内類」，則似用頂針之法，故本句當係判斷：「中（以）外易也。」置於「其卒將復」之後説明原因。唯所見各本無異文，姑先揭出以質諸高明。**若外内類而言反之**〔八〕，**瀆其信也**。類，善也。瀆，輕也。○《增注》：言外貌内情相類，而言反背之，則是褻瀆其信也。信，言行不違之謂也。○《補正》：謂内外本相類而言故反之，不訓善。**夫言以昭信，奉之如機**，如樞機之相應。**歷時而發之**，言思察之詳親〔九〕。○《爾雅·釋詁》：歷，相也。○《備考》：傳文無「樞」字，韋氏以樞機解之，恐非。蓋機，大木弩也，有柄持其弭，末作一刻。引滿以絃扣入，臥箭柄上，筈含其弦。刻下有孔，孔下置一小木，所謂機也。機動則弦起，弦起則矢隨，全在機之一動。「言，貌之機也」，謂言者貌之發動也；「奉之如機，歷時而發之」，謂君子之於言，慎之如機，有時而後發動也。**胡可瀆也**？**今陽子之情譓矣**〔一〇〕，譓，辨察也〔一一〕。**以濟蓋也**，濟，成也，成其容皃，以蓋其短也。○《平議》：故爲莊敬之貌以揜蓋之也。◎志慧按：依曲園之説將「濟」釋爲敬，不僅能照顧到這一組遞進復句的文勢，而且也能將「以濟蓋也」的意義安頓妥貼，故「濟」之義當依曲園之説。**且剛而主能**，主，上也〔一二〕。言性剛直，而高尚其材能也〔一三〕。**不本而犯，怨之所聚也**。不本，行不本仁義也。犯，犯人也。○《經傳釋詞》：不本，言無本也。○《集解》：犯，勝也，此謂陽子以言辭勝人也，故上云「聞其言而惡之」。○《辨正》：「不本」之義並非韋注所説的「不本仁義」，而是「不實」，猶《孟子·離婁下》「原泉混混，不舍晝夜……有本者如是」之「本」。**吾懼未獲其利而及其難，是故去之。」期年**〔一四〕，**乃有賈季之難，陽子死之。**賈季，晉大夫，狐偃之子射姑也。食采於賈〔一五〕，字季它〔一六〕。唐尚書云：「晉蒐于夷，舍二軍。」昭謂：初，晉作三軍〔一七〕。魯文五年，晉四卿卒。至六年，晉蒐于夷，舍二軍，領放國之制〔一八〕。狐射姑將中軍，趙盾佐之。陽子至自溫，改蒐于董，使趙盾將中軍，射姑佐之。射姑怨陽子之易其班也，使狐鞫居殺陽處父而奔翟。○《補音》：期，居其反。○《發正》：賈季，即狐射姑之字，非季佗也。○李澄宇《讀國語蠡述》：臼季因冀缺夫婦相敬如賓，決缺必賢，信善觀人哉。甯嬴氏以陽處父貌濟言匱，剛而主能，決其聚怨，可與此參看，故《晉語》連志之。◎志慧按：狐偃之子賈季與公族賈它爲二人，辨見《晉語四》「宋襄公贈重耳以馬二十乘」章。《孟子·離婁下》云：「言無實不祥。」或爲其時諺語，可與甯嬴氏上述議論互參。

【彙校】

〔一一〕乃今，明道本、正統本作「今乃」，《晉語二》有「衆謂虢亡不久，吾乃今知之」之語，《墨子》中亦多有「乃今」一詞，仍疑「乃今」爲古語。

〔二〕明道本、正統本句首有「言」字。

〔三〕「謂」字後，明道本、正統本作「情、言、貌也」，《考正》：「句雖簡明，依傳文細勘，仍從衆本（志慧按：與明道本相對者）爲允。」

〔四〕「行」下，明道本、遞修本、正統本有「之」字，《考正》從補。

〔五〕隙，明道本、遞修本、正統本作「瑕」，《考正》：「『瑕』與『隙』雖不甚殊，究以從舊本爲得也。」静嘉堂本、南監本脱爛，弘治本從缺，許宗魯本作「瑕」，疑據别本補，既云舊本，當以作「瑕」者爲勝。

〔六〕「皃」前，弘治本有「言」字，涉下句而衍。

〔七〕「中外」間，明道本、正統本有「以」字，「以」、「與」古通，「中以外」猶「中與外」。

〔八〕外内，明道本、正統本作「内外」，疑明道本據後世詞序改。

〔九〕親，静嘉堂本、南監本、弘治本同，明道本、正統本作「熟」，遞修本、許宗魯本作「孰」，「孰」、「熟」古今字，南監本等字之訛也。

〔一〇〕譓，《舊音》謂唐本爲「慧」，明道本作「譓」，下同。《説文》無「譓」，也無「譿」，但有「慧」與「惠」，上古從言之字亦常從心，故疑二字之言旁是心符的疊加符號，而「譓」即「慧」字，「譿」亦即「惠」字。《説文·心部》：「慧，儇也。」段注：「慧，古多假『惠』爲之。」觀韋注訓爲辨察，則是以「慧(譓)」爲本字，「惠(憓)」爲通假字。

〔一一〕辨，正統本、静嘉堂本、南監本、許宗魯本、弘治本同，明道本、遞修本作「辯」，形符更旁字也。《舊音》出「辨瞭」，並云：「音了，或爲察。」今所見衆本無作「瞭」者。

〔一二〕上，弘治本作「直」，誤；許宗魯本作「尚」，係據義擅改。

〔一三〕尚，明道本、正統本作「上」，古通，《斠證》：「次『上』字顯承首『上』字爲説，則宜前後一致，疑作『尚』者因涉『高尚』習語而誤也。」其説有理。

〔一四〕期，正統本同，明道本作「朞」，或體字。

〔一五〕采，明道本、正統本作「邑」。

〔一六〕它，明道本、正統本作「佗」。

〔一七〕三軍，明道本、遞修本、正統本作「五軍」，據下文文義，「五軍」是也。

〔一八〕領放，静嘉堂本、南監本、弘治本同，明道本、遞修本、正統本、許宗魯本作「復成」，南監本等字之訛也，檢遞修本二字嚴重破損，後來者之訛或因此，許宗魯本據別本校改。

3 趙宣子論比與黨

趙宣子言韓獻子於靈公，以爲司馬。宣子，晉正卿，趙衰之子宣孟盾也。獻子，韓萬之玄孫、子鎮之子厥也〔一〕。靈公，襄公子夷皋也〔二〕。司馬，爲軍吏矣〔三〕。○舊注：宣子，趙盾（《書鈔》政術部十引，汪遠孫輯）。○秦鼎：索隱引《繫本》云：韓萬生賕伯，伯生定伯簡，簡生子輿，輿生獻子厥。厥於韓萬爲玄孫矣。河曲之役，河曲，晉地。魯文十二年，秦伐晉，戰于河曲。○《正義》：《文十二年》杜注：「河曲，在河東蒲坂縣南。」今山西蒲州府城外東南隅有蒲坂縣故城在。○《詳注》：魯文十二年，秦伐晉，戰於河曲。趙孟使人以其乘車干行〔四〕，趙孟，宣子也。干，犯也。行，軍列也。○舊注：干，犯也。行，三軍（《書鈔》政術部十引，汪遠孫輯）。獻子執而戮之。衆咸曰：「韓厥必不没矣。没，終也。○秦鼎：不没，謂不良其終也。其主朝升之，而莫戮其車〔五〕，其〔六〕，主人。車，車僕也〔七〕。獻子因趙盾以爲主，盾升之於公。朝莫，踰遠也〔八〕。○《存校》：大夫稱主，獻子爲宣子臣。其誰安之！」宣子召而禮之，曰：「吾聞事君者比而不黨。比，比義也。阿私曰黨。夫周以舉義，比也；忠信曰周〔九〕。○《標注》：周，謂禮接之平洽也，此不得用忠信作解。舉以其私，黨也。夫軍事無犯〔一〇〕，犯而不隱，義也。任公爲義〔一一〕。吾言汝於君〔一二〕，懼汝不能也。舉而不能，黨孰大焉！事君而黨，吾何以從政？吾故以是觀汝。觀汝能否〔一三〕。汝勉之。苟從是行也，勉之，始終其志〔一四〕。是行，今所行也〔一五〕。○《標注》：勉者，以行而言，非志，謂孜孜勿懈耳。臨長晉國者，非汝其誰？」臨，監也。長，帥也〔一六〕。皆告諸大夫曰：「二三子，可以賀我矣！吾舉厥也而中，吾乃今知免於罪矣。」○舊注：免失舉之罪（《御覽》治道部十三引，汪遠孫輯）。○《經傳釋詞》：乃，猶而也。○秦鼎：中，謂舉之而其言中也。○龜井昱：舉得其材，故曰中。◎志慧按：《群書治要》卷八無「吾故以是觀汝」，《北堂書鈔》卷三十七有，則是《群書治要》脱。關於其中之「是」，柳宗元《非國語》有云：「使人以其乘車干行，陷而至於戮，是輕人之死甚矣。彼何罪而獲是討也？或曰：『戮，辱也。非必死。』曰：雖就爲辱，猶不可以爲君子之道，舍是，其無以觀乎？」況且，駕馭趙孟車乘者必爲其高階位的親信，趙孟如何會以犧牲一員愛將的代價去做一個小小的測試？此可疑者一；「臨長晉國者，非汝其誰」一語，讓一個剛剛升爲司馬的韓獻子如何消受得起？此可疑者二。頗疑該段文字係欲抬高韓氏家族的後人編排。

【彙校】

〔一〕子鎮，静嘉堂本、南監本、弘治本同，明道本、遞修本、正統本、許宗魯本、秦鼎本、《正義》俱作「子輿」，於史實當從。

〔二〕襄公子，明道本、正統本作「襄公之子」。

〔三〕爲軍吏矣，静嘉堂本、南監本、弘治本同，許宗魯本作「掌軍吏矣」，明道本、遞修本、正統本與《群書治要》卷八作「掌軍大夫」，秦鼎從明道本，許宗魯本自南監本、弘治本、閩本出，疑此據閩本校正。司馬似不能視爲吏，據義作「大夫」是。

〔四〕乘車，《群書治要》《非國語》《御覽》卷四二九引同，《御覽》卷六三二引作「車乘」，義同。

〔五〕升，《御覽》卷四二九引作「登」，《周易》升卦，帛書《周易》書作「登」，二字古常互訓通作。莫，《御覽》作「夕」，明道本、正統本作「暮」，次同，「莫」、「暮」古今字，《考正》：「宋本（明道本）凡『莫』字多作『暮』，非是。」明道本好改古字爲今字，此其例也。

〔六〕其，静嘉堂本、南監本、弘治本、許宗魯本同，明道本、遞修本、正統本作「主」，當依後者改。

〔七〕遞修本、《御覽》卷四二九引同，明道本不重「車」字，疑脱。

〔八〕踰遠，明道本、正統本作「喻速」，遞修本、南監本作「喻遠」，疑公序本、遞修本、南監本皆字之訛也。《增注》「遠」作「近」，疑以意改。

〔九〕信，弘治本作「言」，字殘。

〔一〇〕「無犯」前，《群書治要》卷八引有「有死」二字，可據補。

〔一一〕任，遞修本、正統本、南監本系統、張一鯤本、李克家本、《文章正宗》卷六引同，明道本、《群書治要》引作「在」，弘治本作「文」，後二者疑皆字之訛也。

〔一二〕汝，明道本、正統本作「女」，下同。

〔一三〕能否，《補音》摘作「能不」，云：「方有反，又音鄙。」

〔一四〕静嘉堂本、南監本同，弘治本字殘，《群書治要》「始終」作「勸修」。始，明道本、遞修本、正統本、許宗魯本、《正義》作「勸」，據義當從，許宗魯本正從改。

〔一五〕今，明道本作「令」，字之訛也。

〔一六〕帥，《群書治要》同，明道本作「師」，《考異》、李慈銘斷後者訛，是。

4　趙宣子請師伐宋

宋人殺昭公〔一〕，宋人，宋成公之子文公鮑也。昭公，鮑之兄杵臼也。殺昭公在魯文十六年。○《標注》：「宋人」者，不斥一人之辭，注謬。　○《補正》：鮑弒而書祇言宋人，《春秋》多有此例。

趙宣子請師於靈公以伐宋，公曰：「非晉國之急也。」對曰：「大者天地，其次君臣，所以爲明訓也。言尊卑各得其所，所以明教訓也〔二〕。　○《辨正》：明訓，文獻中常見，乃固有之訓誡，如格言警句之類，係名詞，不當作動詞短語「明教訓」解。爲明訓，猶言爲公認的教誡之言。今宋人殺其君，是反天地而逆民則也，則，法也。天必誅焉。晉爲盟主，而不脩天罰，脩，行也。○《述聞》：脩與「行」不同義，脩亦當爲「循」，循天罰，行天罰也。○《集解》：脩、循二篆止爭一畫，故易譌。將懼及焉。」○《校補》：《韓詩外傳》卷一作「晉爲盟主而不救，天罰懼及矣」，疑此文當斷作：「晉爲盟主而不脩，天罰將懼及焉。」◎志慧按：或爲「脩」，或爲「循」，於義無殊。即《校補》所改者與《國語》、《韓詩外傳》意義並同，本不必改，原趙宣子之意，晉爲盟主而不行天罰以伐宋，即不司其職，則天將懲罰晉國。所見今人譯本多以所「及」爲禍患、災禍，尚嫌不密。公許之。乃發令于太廟，召軍吏而戒樂正，正，長也。軍吏，主師旅。樂正，主鐘鼓。令三軍之鐘鼓必備。趙同曰：「國有大役，役，事也。趙同，盾弟，晉大夫原同也。不鎮撫民而備鐘鼓，何也？」宣子曰：「大罪伐之，小罪憚之。憚，懼也。襲侵之事，陵也。輕曰襲。無鐘鼓曰侵。陵，以大陵小也。○《穀梁傳·隱公五年》：苞人民，毆牛馬，曰侵。斬樹木，壞宮室，曰伐。○户埼允明：陵，憑陵也。○《平議》：襲侵之事非必皆以大陵小，韋説非也。陵有超越之義，謂乘其不備，超越而至也。是故伐備鐘鼓，聲其罪也；以聲章其罪也[三]。戰以錞于、丁寧，儆其民也。錞于，形如碓頭，與鼓相和[四]。丁寧[五]，謂鉦也[六]。儆，戒也。唐尚書云：「錞于，鐲也。」非也。鐲與錞于各異物。○《舊音》：錞，音純。○《删補》：《周禮》「以金錞和鼓」，錞于，形如鐘，有舌。又，鐲，形如小鐘，軍行鳴之以爲鼓節。《周禮》「以金鐲節鼓」，《周禮》鄭注：「錞于，圜如碓頭。」韋注據之。 ○《述聞》：戰，非戰鬥之「戰」，何以明之？鍾鼓、錞于、丁寧皆戰所必用，不得以鍾鼓屬伐，以錞于、丁寧屬戰，以是明之。戰，讀爲「憚」，憚，懼也，「戰」與「憚」古同聲同義，故字亦相通。 ○《發正》：令丁猶丁寧，所以象鐸之聲，鐲、鐃、鐸三金皆同類異名，故鄭司農注《周禮》：「鐸、鐲、鐃謂皆鉦之屬。」然則鉦其大名也，錞于非鉦類，韋剥唐説是也，《吴語》同。 ○《集解》：錞于即錞。《周禮·鼓人》「以金錞和鼓」，鄭注云：「錞，圜如碓頭，大上小下。」丁寧，漢曰令丁，所以象鐸之聲，鉦之屬也，形如小鐘。 ◎志慧按：上古無輕脣，丁寧即鉦也，疾言之曰鉦，緩言之則曰丁寧，又名勾鑃，打擊樂器，丁寧、令丁、鉦皆擬其聲也。出土有吴配兒勾鑃，現分别收藏於浙江省博物館和紹興市博物館。二〇一五年十一月，在江西南昌西漢海昏侯墓考古發掘中發現，主墓甬道中有兩輛偶樂車，其中一輛配有一件錞于和四件青銅鐃，一輛配有建鼓，可證實《周禮》等關於上古樂車上錞于、鐃與建鼓組合的記載，復可知《述聞》之訓上文「戰」字不得其實，蓋「伐備鐘鼓……，戰以錞于……」二句實互文見義也。 **襲侵密聲，爲蹔事也。** 蹔，蹔其無備〔七〕。 ○賈逵：蹔，卒也（釋慧琳《一切經音義》卷二十引）。 ○《廣雅·釋詁》：蹔，猝也。 ○《舊音》：蹔，音暫。 ○《略説》：蹔，疾走貌，謂疾行擊其無備。 ○陳奂：密同「蔑」，無也。 ○《翼解》：暫事者，乍事也。乍本訓忽，訓猝，訓甫，故韋云「無備」。 ◎志慧按：賈注與《左傳·僖公三十三年》杜注同，可從。爲蹔（暫）事，指襲侵密聲，相對於大張旗鼓的討伐，襲侵爲一種權宜之計。 **今宋人殺其君，罪莫大焉！明聲**

之，猶恐其不聞也。吾備鐘鼓，爲君故也。」爲欲尊明君道也。○《經子法語》：明聲之，猶恐其不聞也，謂明聲宋非。乃使旁告於諸侯，治兵振旅，鳴鐘鼓，以至于宋。振，奮也。伐宋在魯文公十七年〔八〕。○《備考》：《説文》云：「旁，溥也。」《玉篇》云：「旁，非一方也。」○《發正》：《穀梁傳》：「出曰治兵，習戰也。入曰振旅，習戰也。」此云治兵振旅，亦是行師習戰之禮。◎志慧按：吴汝綸同恩田氏之説，俱可從。

【彙校】

〔一〕殺，明道本、正統本作「弑」，下同。

〔二〕明道本不重「所」字，據正文「所以」，疑明道本脱。

〔三〕章，明道本作「張」。

〔四〕鼓，明道本、正統本作「鼓角」，《考正》從補，《考異》則據《周禮·地官·鼓人》鄭注斷有者衍，可從。

〔五〕「丁寧」下，明道本有「者」字。《舊音》出「令丁」，注云：「音零。」正德本所附《國語補音》批校：「按《國語》及韋注但有『丁寧』，並無『令丁』，《舊音》未詳。韋注當是『丁寧，令丁也』。」按《宣四年》『著于丁寧』，《正義》引《鼓人》注亦謂丁寧爲鐲。」本條承吴宗輝惠告。

〔六〕陳樹華校《補音》云：「韋注當是『丁寧，令丁也』。」秦鼎云：「《補音》出『令丁』，此本脱二字，當作『丁寧，令丁，謂鉦也。』」《考異》據《吴語》亦同前陳、秦氏之説，有理。

〔七〕明道本、正統本不重「塹」字，韋昭此語係解釋「襲侵密聲，爲塹事也」，故不當重。

〔八〕明道本、正統本無「公」字，考韋注例無「公」字，則是無者爲長。

5 靈公使鉏麑殺趙宣子

靈公虐，趙宣子驟諫，虐，厚斂以雕牆〔一〕、支解宰夫之屬。○秦鼎：驟，數也。公患之，患，疾也。使鉏麑賊之。鉏麑，力士。賊，殺也。○《舊音》：麑，迷、輗二音。○秦鼎：殺人不以道曰賊。◎志慧按：麑，音輗，當借作「麛」時音迷。鉏麑，《吕氏春秋·過理》作「沮麛」，《説苑·立節》作「鉏之彌」，緩言之也，則此當音迷，借字也。晨往，則寢門辟矣，辟，開也。○《補正》：辟，與「闢」通。盛服將朝，蚤而假寐〔二〕。不脱冠帶而寐曰假寐。○《略説》：盛服，嚴飾。麑退，歎而言曰：「趙孟敬哉！言夙興敬恪也。夫不忘恭敬，社稷之鎮也。鎮，重也。○《標注》：社稷之鎮，謂鎮定社稷之器。◎志慧按：鎮，重也，此以喻棟梁或柱石。賊國之鎮，不忠；受命而廢之，不信。享一名於此，不若死〔三〕。」享，受也。殺之爲不忠，不殺爲不信，故得一名也。◎志慧按：《左傳·宣公二年》載鉏麑語：「不忘恭敬，民之主也。賊民之主，不忠；棄君之命，不信。有一於此，不如死也。」《晉語》「社稷之鎮」「國之鎮」表達不一，《左傳》「民之主」一致且簡潔。韋昭訓「享」爲受無誤，唯「享」字幾乎都指受用利好之事物，《左傳》則作「有一於此」，二者似皆爲後出轉精。若對比《晉語》《左傳》《公羊傳》所載趙盾故事，更可見其細節不斷增飾之跡。**觸廷之槐而死**〔四〕。廷，外朝之廷也。《周禮》：王之外朝三槐，三公位焉。則諸侯之朝三槐，三卿位焉。○王鐸《手批》：觸槐是，《公羊》作刎頸，非。○《存校》：此謂宣子之庭也，非外朝之廷。○《正義》：《宣二年傳》杜注：「槐，趙盾庭樹。」齡案：《呂氏春秋》與此傳同文，並云「觸廷槐而死」，故宏嗣以外朝三槐釋之，顧炎武謂退而觸槐，則非趙盾庭樹矣。杜説妄爲立異，非也。○秦鼎：此謂宣子家庭也。○《補正》：庭，是盾所居之庭，注云諸侯之朝，非，鉏麑已至盾家，何從而復死於外朝乎？◎志慧按：《周禮·秋官·朝士》：「掌建邦外朝之法。左九棘，孤、卿、大夫位焉，群士在其後；右九棘，公、侯、伯、子、男位焉，群吏在其後；面三槐，三公位焉，州長衆庶在其後。」韋注約引其文。關於「觸槐」之「廷」的所在，傳注早已兩歧，録以備考可也，在文獻不足徵的情況下，似不宜遽斷其是非，尤其是《國語》中類似説部的部分。**靈公將殺趙盾，不克。**魯宣二年秋，晉侯飲趙盾酒〔五〕，伏甲將攻之，盾覺而走，故不克。◎志慧按：此下與鉏麑行刺無關。亦無人物言説，故不足以構成一篇，檢各本亦未見分章。從「逆公子黑黶而立之，宦爲成公」看來，似爲編者之筆，疑因敘述行刺趙盾事而連類及之。**趙穿攻公於桃園，**趙穿，晉大夫，趙夙之孫、趙盾從父昆弟武子穿也〔六〕。桃園，園名。○虞翻：桃園，園名也（《史記·晉世家》集解引，汪、黄輯）。○《備考》：《世本》夙爲衰祖，穿爲夙之曾孫。○《正義》：《宣二年傳》杜注：「穿，趙盾之從父昆弟子。」孔疏引《世本·族譜》「盾是衰子，穿是夙孫」，《晉語》宋公孫固曰：「趙衰，趙夙之弟也。」是穿爲盾之從父昆弟子，非從父昆弟，韋解乃據《史記·趙世家》「夙生公孟，公孟生衰」文，以盾爲夙曾孫，又依《世本》以穿亦爲夙曾孫，故云從父昆弟。齡案：閔二年，夙爲獻公戎御；僖五年，衰從文公出亡。止隔六年，則爲兄弟，非祖孫明甚，公孫固之言倍可徵信，是盾以夙爲伯父，穿以夙爲祖，則穿爲盾從父昆弟之子矣，杜注得之。**逆公子黑臀而立之**〔七〕，**宦爲成公。**逆，迎也。迎於周也。黑臀，晉文公子、襄公弟成公黑臀也〔八〕。

【彙校】

〔一〕雕，《正義》作「彫」，雖爲形符更旁字，唯不與諸本《國語》同，亦無據，不可取。

〔二〕蚤，明道本、正統本、《元龜》卷七六四引作「早」。

〔三〕若，明道本、正統本作「如」。

〔四〕廷，明道本、正統本作「庭」，注同，《略説》、《集解》俱以爲作「廷」者非，斷其爲非者不免武斷，蓋視「廷」爲通假字亦可。

〔五〕明道本、正統本無「趙」字。

〔六〕武子，《考異》引汪繩祖之説云：「穿謚武子，未見所出，疑『武子』即『之子』之誤。」《補正》亦同其説，可從。

〔七〕黳，明道本、正統本作「臀」，注同，表示肉旁的月亦或還原成肉。

〔八〕明道本、正統本無「黑臀」二字。

6 范武子退朝告老

郤獻子聘于齊，獻子，晉卿，郤缺之子克也。聘，在魯宣十七年。齊頃公使婦人觀而笑之。郤子跛，齊頃公帷婦人使觀之。郤子將升，婦人笑于房。○《正義》：《公羊傳》：「晉郤克與臧孫許同時而聘於齊。蕭同姪子者，齊君之母也，踊於棓而窺客，則客或跛或眇。於是使跛者迓跛者，使眇者迓眇者。」何休注：「蕭同，國名。姪子者，蕭同君姪娣之子，嫁于齊，生頃公。」齡案：《内傳》但言婦人笑于房，不言婦人謂何人。《曲禮》曰：「公侯曰夫人，大夫曰孺人，士曰婦人，下至庶人，亦稱匹婦。」蕭同姪子果屬頃公之母，則應稱君夫人，《論語》「異邦人稱之亦曰君夫人」是也。《内傳》及此傳並斥爲婦人，則姪子必非頃公之母，況成四年《内傳》：「郤克趨進，曰：『此行也，君爲婦人之笑辱也。』」郤克即悍，不得面覿齊侯斥其母爲婦人，此傳下文又言「以懟御人」，姪子果君母，而以御人稱之乎？　○秦鼎：成元年《穀梁傳》云：「晉郤克眇，衛孫良夫跛。」而韋、杜皆云跛，似誤。但見其登而笑之，寫跛逼真。　◎志慧按：《左傳·成公二年》：「蕭同叔子非他，寡君之母也。」《公羊傳》同年云：「蕭同姪子者，齊君之母也。」董氏説雖辨，但爲通例，不如經文之近古，蓋變例也。**郤獻子怒，歸，請伐齊。范武子退自朝，**武子，晉正卿士會也。　○《正義》：（士）會兼食隨、范兩邑，故又曰隨武子也。**曰：「爕乎，吾聞之，**爕，武子之子文子也。**干人之怒，必獲毒焉。夫郤子之怒甚矣，不逞於齊，必發諸晉國。**逞，快也。不快心以伐齊，必發怒於晉國。　○舊注：逞，解（《御覽》卷四八三引）。　◎志慧按：此舊注未見前人輯録，快與解皆爲逞之常訓，結合下句「逞怒」，似釋作「解」更密合。**不得政，何以逞怒？**得政，爲政也。**余將致政焉，以成其怒，**致，歸也。**無以内易外也。**　○户埼允明：成，猶云靖。言余將致政于君，以靖郤子之伐齊之怒，遂無發之於晉也，是無以内易外也。　○秦鼎：成，遂成也。使郤子快心伐齊也，内，晉；外，齊也。　◎志慧按：據「無以内易外」意，秦鼎説是也，户埼允明釋成爲「靖」既不合文義，復於訓詁不達。**爾勉從二三子，以承君命，唯敬。」**二三子，晉諸卿也。承，奉也。**乃老。**乃告老也。　○穆文熙：士會二事，蓋深於老氏之術者，所以當晉靈之世，獨能超然免於禍（《國語評苑》）。

7 范武子杖文子

范文子莫退於朝〔一〕。武子曰：「何莫也？」對曰：「有秦客廋辭於朝，廋，隱也。謂以隱伏譎詭之言問於朝也〔二〕。東方朔曰「非敢試之，乃與爲隱耳」是也〔三〕。○賈逵：廋，隱（《書鈔》服飾部四引，汪遠孫輯）。大夫莫之能對也，吾知三焉〔四〕。」解其三事。◎志慧按：上古知識界有一種叫作「五稱三窮」的游戲，亦叫「三至五勝」，規則如下：甲乙雙方，如甲方問乙方五個問題，乙方答出其中三個即視爲贏，如果只能答出兩個或以下即視爲輸；乙方問甲方同，例見《逸周書·太子晉》、《史記·田敬仲完世家》、《韓詩外傳》卷六。此間范文子答出三個秦客的廋辭，應該算是爲晉國争光了。武子怒曰：「大夫非不能也，讓父兄也。父兄，長老也。爾童子何知〔五〕，而三掩人於朝。掩，蓋也。吾不在晉國，亡無日矣〔六〕。」○户埼允明：太宰純曰：「亡，蓋謂奔亡也。」予按：亡，不必奔亡，謂滅亡，懼甚之辭。擊之以杖，折委笄〔七〕。委，委皃冠也。笄，簪也。○賈逵：委，委貌。笄，簪也（《書鈔》服飾部四引，汪遠孫輯）。

【彙校】

〔一〕莫，明道本、正統本及《元龜》卷八一六引作「暮」，下同。

〔二〕問，《正義》作「聞」，後者誤。

〔三〕試，靜嘉堂本、南監本、弘治本、張一鯤本、《增注》同，明道本、遞修本、正統本作「訊」，《存校》從之，據《漢書·東方朔傳》可從，《備考》、秦鼎、《正義》改從明道本，許宗魯本從南監本、弘治本出，亦已改作「訊」。明道本無「乃」與「是也」三字，正統本無「是也」二字。

〔四〕吾知三焉，《三國志·王昶傳》裴注、《書鈔》儀飾部五引同，《孟子·公孫丑上》孫疏引「三」作「一二」，據韋注和下文「三掩人」，後者當爲傳抄之誤。

〔五〕本句正統本同，《書鈔》儀飾部五、《元龜》卷八一六引亦同，明道本、《三國志·王昶傳注》、《御覽》服用部二十引無「何知」二字，於義俱通。

〔六〕《備考》云：「『晉』字絶句，『國』字屬下讀。」彼又引春臺之説，然「亡」的主語實爲人而非國，故不敢取。

〔七〕「折」下，《三國志·王昶傳》及裴注引俱有「其」字，《集解》從補。

8 郤獻子分謗

靡笄之役，韓獻子將斬人。靡笄，齊山名。魯成二年，晉郤克伐齊，從齊師於靡笄之下，戰於鞍〔一〕。獻子時爲司馬，將斬人以戮，罪在可赦之者〔二〕。○《正義》：靡笄，今名千佛山，在今山東濟南府歷城縣南十里。近儒謂䍙即古之歷下，似爲得之。○《釋地》：《金史》云：長清縣有劘笄山。長清今屬濟南府。○《詳注》：靡笄，齊山名，在今山東歷城縣南五里。◎志慧按：有關齊晉鞍之戰的幾個地名，華不注在今天山東省濟南市東北角，又名華山、鵲華山；華泉，當因華不注山而得名；其他幾處如靡笄、鞍、丘輿、馬陘，歷來學者續有討論，但衆説紛紜，莫衷一是，古史茫昧，可靠材料闕如，不敢强作解人。郤獻子駕，將救之，至，則既斬之矣。郤獻子請以徇〔三〕，其僕曰：「子不將救之乎？」獻子曰：「敢不分謗乎！」言欲與韓子分謗共非也。言能如此〔四〕，故從事不乖。◎志慧按：《韓非子·難一》：「或曰：郤子言不可不察也，非分謗也。韓子之所斬也，若罪人，則不可救。救罪人，法之所以敗也。法敗，則國亂。若非罪人而勸之以徇，勸之以徇，是重不辜也。」韓非質疑的是罪與非罪，其實這裏的問題在罰不當罪。因爲韓獻子量刑失當，故郤獻子拍馬趕到。而有了郤獻子救駕與分謗，一起嚴重的司法事故遂摇身一變，成了晉國大夫間戮力協作的佳話。若結合前文，以趙盾之貴肯定韓獻子，曰：「臨長晉國者，非汝其誰！」可見《左傳》《國語》這部份敘事對韓獻子的刻意粉飾，迷惑性極强，連問難的韓非子也不免失焦。

【彙校】

〔一〕鞍，明道本、正統本作「鞌」，或體字。

〔二〕以戮，明道本、正統本作「以爲戮」。「可赦」下，明道本、正統本無「之者」二字。《考正》謂此注似當在下文「郤獻子駕，將救之」之下，其説有理。

〔三〕徇，静嘉堂本、南監本同，弘治本、許宗魯本、《元龜》卷七四六引作「狥」，《篇海類編》云：「狥，俗『徇』字。」

〔四〕如此，明道本作「知此」，疑後者字訛。

9 張侯御郤獻子敗齊師〔一〕

靡笄之役，郤獻子傷，傷於矢也。《傳》曰：「流血及屨，未絶鼓音。」曰：「余病喙〔二〕。」喙，短氣皃。　○《舊音》：喙，休穢反。　○陳奂：《詩》曰：「混夷駾矣，維其喙矣。」毛傳：「喙，困也。」《廣韻》引《詩》作「㾗」，「㾗」與「喙」同。　◎志慧按：《方言》卷十三：「㾗，極也。」郭

注：「巨畏反，江東呼極爲㞞，『倦』聲之轉也。」王、陳二氏説俱可參。**張侯御，曰：「三軍之心在此車矣**〔三〕。張侯，晉大夫解張也。在此車，謂車進則進、車退則退也。**其耳目在於旗鼓**。耳聽鼓音，目視旗表。**車無退表，鼓無退聲**，表，旌旗也〔四〕。車表鼓音，進退異數。**軍事集矣**〔五〕。集，成也。○秦鼎：中軍之旗無退去之表，中軍之鼓無退去之聲，則軍勝矣。蓋進時、退時鼓聲異數故也。○《辨正》：集，古確有成義，但此處不當如韋注訓爲「成」，《説文·雥部》：「集，群鳥在木上也。」段玉裁注曰：「引申爲凡聚之稱。」句意爲旗表與金鼓皆聚合於此車。**吾子忍之，不可以言病。受命於廟**，將行，告廟，受戒命也。**受脤於社**，脤，宜社之肉，盛以蜃器〔六〕。○《舊音》：脤，音腎。○《補音》：脤，市忍反。○秦鼎：宜，祭名。**甲胄而效死，戎之政也**。帶甲纓胄，死而後已，此兵之常政。**病未若死，祇以解志**〔七〕**？」**祇，適也。○《增注》：若，猶及也。言雖病也，未敢及死，元帥而言病，將以弛解軍士之志也。○《補正》：解，與「懈」同。○《辨正》：祇，《舊音》云：「音支。」音支之「祇」古有適義，但云「病（受傷）未若死，適以解（懈）志」則不成句。疑該句爲反問句，祇通作「豈」，祇一音在古音群母支部，豈在溪母微部，聲韻俱近，故可通假。◎志慧按：病未若死，《左傳·成公二年》作「病未及死」，《楚辭·招魂》「和酸若苦」洪興祖《補注》：「若，猶及也。」《增注》之解「若」義是也。**乃左并轡，右援枹而鼓之，馬逸不能止，三軍從之**。逸，奔也。○《略説》：始左右執轡，將右援枹，故左並執六轡。**齊師大敗，逐之，三周華不注**

之山。周，匝也。華，齊地。不注，山名。○《補正》：不，即《詩》「鄂不韡韡」之「不」，跗也。謂山之形如華跗。注，在水中也。在今山東濟南府歷城縣東北。◎志慧按：華不注，山名，在今山東省濟南市歷城區，韋注誤，《補正》仍之，亦誤。

【彙校】

〔一〕穆文熙《鈔評》題作「郤獻子敗齊師」，上海師大本題作「張侯御郤獻子」，今合之以見其詳。

〔二〕《述聞》：「喙，下有『矣』字，今本脱之，則語勢不完。喙，字亦作『㱚』，《方言》『㑥也』，㑥，古倦字。」若謂有「矣」字，王説可從；於「喙」字，《左傳·成公二年》無之，張以仁《斠證》據衆本以爲未必有，可備一説。

〔三〕矣，明道本、正統本、《正義》作「也」，疑《正義》擅改。

〔四〕旌，明道本作「旍」，古同。

〔五〕矣，明道本、正統本作「焉」，據義似作「焉」爲優，焉，於此也。

〔六〕盛，明道本作「受」。蜃，明道本、正統本作「脤」，據古禮後者誤。

〔七〕祇，正統本同，明道本作「祗」，疑黄丕烈偶誤。

10 師勝而范文子後入

靡笄之役，郤獻子師勝而反〔一〕，范文子後入。文子時佐上軍。武子曰：「燮乎，女亦知吾望爾也乎？」兵，凶事，文子後入，故武子憂望也〔二〕。對曰：「夫師，郤子之師也，郤子請伐齊，又爲元帥。○《詳注》：時郤克將中軍，士燮將上軍，克請伐齊，又爲元帥，故云。其事臧。臧，善也。謂師有功。若先，則恐國人之屬耳目於我也，故不敢。」屬，猶注也。○《補音》：屬，之玉反。武子曰：「吾知免矣。」知免於咎。

【彙校】

〔一〕反，明道本、正統本作「返」，義符加旁字也。

〔二〕明道本無「武子」二字，疑脱。

11 郤獻子等各推功於上

靡笄之役，郤獻子見，公曰：「子之力也夫！」力，功也。對曰：「克也以君命命三軍之士，三軍之士用命，克也何力之有焉？」范文子見，公曰：「子之力也夫！」對曰：「燮也受命於中軍，以命上軍之士，〇《左傳·成公二年》杜注：荀庚將上軍，時不出，范文子上軍佐，代行。上軍之士用命，燮也何力之有焉？」欒武子見，武子，晉卿，欒枝之孫、欒盾之子書也，時將下軍。公曰：「子之力也夫！」對曰：「書也受命於上軍，以命下軍之士，下軍之士用命，書也何力之有焉？」◎志慧按：《左傳·襄公十三年》：「新軍無帥，晉侯難其人，使其什吏率其卒乘官屬，以從於下軍，禮也。」其所謂「禮也」，即晉國軍制：中軍節制上軍，上軍節制下軍，下軍節制新軍。上軍主將范燮受命於中軍，下軍主將欒書受命於上軍，即此制。

12 苗棼皇謂郤獻子不知禮〔一〕

靡笄之役也，郤獻子伐齊。齊侯來，齊侯來以靡笄之役故〔二〕，服而朝晉便也〔三〕。在魯成三年。〇《集解》：齊侯，齊頃公也。來，來朝也。《内傳》云：「齊侯朝於晉。」獻之以得隕命之禮〔四〕，獻，致饗也。獻籩豆之數，如征伐所獲國君之獻禮也。以得，言不得也。伐國獲君，若秦獲晉惠，是爲隕命〔五〕。今齊雖敗，頃公不見得，非隕命也〔六〕。故苗棼皇以郤克不知禮〔七〕。《司馬法》曰：「其有隕命，行禮如會所〔八〕，争義不争利也。」〇秦鼎：以得，言不得也，蓋言雖晉敗齊，不得隕其君之命。而今假用其禮，是本不可得而得之也。又按：《成二年傳》疏服虔引《司馬法》云：其有隕命以行禮，如會所用儀也，若隕命則左結旗，司馬授飲，右持苞壺，左承飲以進。諸本此解脱「以行用儀也」五字。○《補正》：作「以得」不誤，注改作「不得」，於義反晦。**曰：「寡君使克也，不腆弊邑之禮，爲君之辱，敢歸諸下執政，以憖御人**〔九〕**。」**歸，饋也。執政，執事也。憖，願也〔一○〕。御人，婦人也。願以此報君御人之笑己者。○《爾雅》：憖，願也、强也、且也（《經典釋文》卷六引）。○《舊音》：憖，牛刃反。○《考正》：《説文》：「憖，問也，謹敬也。从心。一曰説也，一曰甘也。」此處作説字解亦得。**苗棼皇曰：「郤子勇而不知禮**〔一一〕**，**棼皇，晉大夫，楚鬬伯棼之子也〔一二〕。○《左傳·襄公二十六年》：若敖之亂，伯賁之子賁皇奔晉，晉人與之苗，以爲謀主。**矜其伐而恥國君，**矜，大也。伐，功也。◎志慧按：《老子》「不自矜，故長。」河上公注：「矜，大也。」《吕氏春秋·誣徒》：「矜勢好尤。」高注：「矜大其權勢，好爲尤過之事。」可爲韋注補證。**其與幾何？」**言將不終命也。○秦鼎：與，辭也。○《補正》：言不能久也。○《辨正》：根據《國語》言類之「語」的通例，先有嘉言善語抑或預言的緣起，繼而是嘉言善語或者預言——這是全文的主體，篇幅也最大，最後是這個「語」的結局，如果是預言，幾乎没有無驗證的條目，但本條「其與幾何」之後再無下文，三段式中衹有前二段，故疑下文尚有「期年，郤克没（殁）」之類字樣。考是年在魯成公三年，次年，《左傳》載「冬……晉欒書將中軍」，杜預注曰：「代郤克。」知其時郤克已不在任上，其後《左傳》

更無言及郤克之文，則本條之後郤克確實退出了歷史舞臺。　◎志慧按：其與幾何，猶「其幾何與」。

【彙校】

〔一〕上海師大本題作「苗棼皇謂郤獻子爲不知禮」。

〔二〕明道本、正統本無「來」字，有者疑涉正文而衍。

〔三〕遞修本同，明道本、正統本無「便也」二字，《增注》、秦鼎本、《正義》「便」作「侯」，《斠證》疑「便」乃「侯」之誤，是。

〔四〕隕，正統本同，明道本、正統本作「殞」，《説文》有「隕」無「殞」，《考正》謂「隕」本字，可從，注同。

〔五〕隕，静嘉堂本、南監本、弘治本同，遞修本作「殞」，與正文異，與次同，是遞修本用字不一致。

〔六〕隕，静嘉堂本、南監本、弘治本作「殞」，前後用字不一致。

〔七〕苗棼皇，明道本作「苗賁皇」，《左傳》同明道本，下同。《補音》：「棼，扶云反。」《翼解》：「棼，從分得聲，當讀重唇，以與『賁』同聲通用，《内傳》作『賁』，亦當讀重唇也。」

〔八〕韋注引《司馬法》語，秦鼎據《司馬法》於「隕命」下補「以」字，於「會所」下補「用儀也」三字（見下），但《元龜》卷七四七引同今傳本。

〔九〕慭，《舊音》：「牛刃反。」明道本、《元龜》作「整」，字之誤也。《述聞》：「《説文》：『慭，説也。』言以此説君之御人耳。」王説是，後同。

〔一〇〕慭願也，正統本同，明道本作「整，頓也」，係基於正文之誤而誤，觀下文「願以此報君御人之笑己者」可知。

〔一一〕勇，遞修本作「男」，形訛。

〔一二〕伯棼，明道本、正統本作「椒」，係同一人。

13 車者論梁山崩

梁山崩，梁山，晉望也。崩在魯成五年。○《爾雅·釋山》：梁山，晉望也。○《補正》：梁山，在今陝西同州府郃陽、韓城二縣境。以傳召伯宗，傳，驛也。伯宗，晉大夫孫伯糾之子。○《補音》：馹傳，竹戀反。○《發正》：伯宗，《穀梁》作「伯尊」。《通志略》五引《世本》云：「孫伯起生伯宗。」糾作「起」，與此注不同，或「起」乃「赳」之誤，「赳」、「糾」聲同也。○《翼解》：以車曰傳，以馬曰馹。古無單騎，則傳車之馬爲馹也。◎志慧按：伯宗，晉大夫孫伯糾子，楚太宰伯州犁之父，吴太宰伯嚭之曾祖父。本條可與下條「諸大夫皆謂我（伯宗）知似陽子」合觀，陽子爲襄公太傳，則伯宗之知（智）在當時已名聲在外，梁山崩，河爲之壅，故有以傳召伯宗。遇大車當道而覆，大車，牛車也〔一〕。立而辟之，曰：「辟傳〔二〕。」辟，使下道避傳車〔三〕。◎志慧按：《穀梁傳·成公五年》謂「遇輦者」，則是人力車，傳聞異辭也。○龜井昱：辟，皆避也。○秦鼎：上「辟」，闢也，令車闢除也。對曰：「傳爲速也，若竢吾辟之〔四〕，則加遲矣，加，益也。不如捷而行。」旁出爲捷。伯宗喜，問其居，曰：「絳人也。」絳，晉國都。伯宗曰：「何聞？」曰：「梁山崩，而以傳召伯宗。」伯宗問曰：「將若何〔五〕？」對曰：「山有朽壤而自崩〔六〕，將若何？朽，腐也。不言政失所爲而稱朽壤，言遜也。○户埼允明：川涸山崩，君爲之降服出次云云，皆所以敬也，所以自警也，何稱朽壤而遜謙？○《增注》：土壤朽而自崩，無可若何也。此何言遜之有？本注鑿矣。○秦鼎：言「言遜」者，國用無節，多伐山木，木盡山童，雲雷不能時興，則山顛之水必腐，則山有朽壤而自崩，亡亂之兆，故難斥言政教所失，因以遜耳。○《詳注》：梁山崩，在晉景公十四年，明年，晉人徙居新田，仍曰絳，今曲沃縣西南二里之絳城是也。夫國主山川，主〔七〕，爲山川主也。孔子曰：「夫顓臾爲東蒙主。」○《左傳·成公五年》杜預注：主，謂所主祭，言國所主祭者山川也。○《增注》：國以山川爲鎮主也。○徐朝暉：「國主山川」之「主」乃意動用法，即「國以山川爲主」。◎志慧按：楊伯峻《春秋左傳注》：「國以山川爲主，《周語上》云『夫國必依山川』，亦此意。杜注云『主謂所主祭』，不合傳意。」從下文「降服、出次……」等一系列與祭祀儀式相關的活動看，仍以韋、杜等注爲長。**故川涸山崩，君爲之降服、出次、**涸，竭也。川竭則山崩〔八〕。降服，縞素也〔九〕。出次，次於郊也〔一〇〕。**乘縵、不舉，策於上帝，**縵，車無文也。不舉，不舉樂也。策於上帝，以簡策之文告於上帝〔一一〕。《周禮》：「四鎮五嶽崩，命去樂。」○秦鼎：縵，墨車也。《周禮·巾車》：卿乘夏縵，大夫乘墨車，策於上帝。**國三日哭，以禮焉。**以禮於神也。《周禮》：國有大災，三日哭。◎志慧按：《左傳·成公五年》作「山崩川竭，君爲之不舉、降服、乘縵、徹樂、出次，祝幣，史辭，以禮焉」，兩下對比，「川涸山崩」較「山崩川竭」於時序更合；「徹樂」宜在「不舉」中，「乘縵」當在「出次」後，見《晉語》更整飭。**雖伯宗，亦其如是而已〔一二〕，其若之何？」問其名，不告；請以見，弗許〔一三〕。**以見於君。**伯宗及絳，以告，而從之。**以車者之言告君，君從之。◎志慧按：梁山崩，河爲之壅，係當時重大的地質災害，其事見載於《春秋·成公五年》及同年《左傳》，同年《公羊傳》則謂：「梁山者何？河上之山也。梁山崩，何以書？記異也。何異爾？大也。何大爾？梁山崩，壅河三日不流。」同年《穀梁傳》亦云：「梁山崩，壅遏河三日不流，晉君召伯尊而問焉。伯尊來，遇輦者，輦者不辟，使車右下而鞭之，輦者曰：『所以鞭我者，其取道遠矣。』伯尊下車而問焉，曰：『子有聞乎？』對曰：『梁山崩，壅遏河三日不流。』伯尊曰：『君爲此召我也，爲之奈何？』輦者曰：『天有山，天崩之；天有河，天壅之。雖召伯尊，如之何？』伯尊由忠問焉，輦者曰：『君親素縞，帥羣臣而哭之。』既而祠焉，斯流矣。」亦可見傳播中踵事增華的軌跡。

【彙校】

〔一〕明道本、正統本此韋注置於「避傳」之下，今據行文先後從公序本。

〔二〕辟傳，明道本、正統本作「避傳」，下文「辟之，則加遲」之「辟」同；上句「立而辟之」各本同，疑爲明道本修改未盡之跡。

〔三〕明道本無「傳」，據正文當有。

〔四〕明道本、遞修本、正統本、南監本「竢」作「俟」，義符更旁字也，明道本並無「之」字。

〔五〕明道本、正統本句首有「乃」字。

〔六〕明道本無「自」字，《左傳・成公五年》亦無，疑各有傳本，或者明道本據《左傳》删。

〔七〕正統本同，明道本不出「主」字，疑脱。

〔八〕明道本、正統本無「則」字。

〔九〕明道本、正統本句首有「君」字。

〔一〇〕明道本、正統本不重「次」字，疑脱。

〔一一〕於上帝，明道本、正統本作「天」一字。

〔一二〕伯，明道本、遞修本同，静嘉堂本、南監本、弘治本作「百」，形訛，許宗魯本已改從「伯」。明道本、正統本無「其」字。

〔一三〕弗許，明道本、正統本作「不許」。

14 伯宗妻謂民不戴其上難必及

伯宗朝，以喜歸，朝罷而歸，有喜色。其妻曰：「子皃有喜，何也？」曰：「吾言於朝，諸大夫皆謂我知似陽子〔一〕。」知，辨智也。陽子，處父也〔二〕。○舊注：知有似也。陽子，陽處父也（《御覽》卷四六七）。對曰：「陽子華而不實，主言而無謀，主，尚也。是以難及其身。子何喜焉？」伯宗曰：「吾飲諸大夫酒，而與之語，爾試聽之。」曰：「諾。」既飲，◎志慧按：所見今人譯本皆以爲此「既飲」爲伯宗夫婦既飲，實非，而係伯宗向其夫人描述到之前與諸大夫既飲環節。其妻曰：「諸大夫莫子若也〔三〕，然而民不能戴其上久矣，戴，奉也。上，賢也，才在人上也。○賈逵：戴，奉也（釋慧琳《一切經音義》卷四十引）。○《備考》：上，謂在民上之人也，注非也。難必及子！子〔四〕盍亟索士憖庇州犂焉〔五〕。」亟，疾也。索，求也〔六〕。憖，願也〔七〕。庇，覆也。州犂，伯宗子伯州犂也。得畢陽〔八〕。畢陽，晉士也〔九〕。◎志慧按：《戰國策·趙策》：

「晉畢陽之孫豫讓。」畢陽蓋俠士之祖也。

【彙校】

〔一〕知，明道本、正統本作「智」。《御覽》卷四六七引本句無「知（智）」字，句下注文作：「知有似也。陽子，陽處父也。」

〔二〕本條韋注明道本作「智辯如陽子處父」，疑有誤。

〔三〕若，弘治本作「者」，後者形訛。

〔四〕次「子」字明道本作「乎」，如此則屬上句，《考正》從屬上。

〔五〕慭，明道本作「整」，字之誤也。

〔六〕明道本無「索，求也」三字。

〔七〕慭願也，明道本作「整，整頓也」，疑後者據誤字釋之也。也，弘治本作「之」，未見所據。

〔八〕畢陽，《列女傳・仁智傳》作「畢羊」。

〔九〕弘治本無「士」字，脱。

及欒弗忌之難，諸大夫害伯宗，將謀而殺之〔一〕。欒弗忌，晉大夫，伯宗之黨也。三郤害弗忌，故譖伯宗，并殺之。在魯成十五年。**畢陽實送州犁于荆。**荆，楚也。犁奔楚，爲大宰[二]。○《補韋》：畢陽之孫豫讓，見《戰國策》，祖孫皆以義烈著，所謂「是以似之」者。○秦鼎：畢陽之孫爲豫讓，又爲其君死。◎志慧按：《左傳·成公十五年》：「晉三郤害伯宗，譖而殺之，及欒弗忌。」是因害伯宗而及欒弗忌，與《晉語》因欒弗忌之難諸大夫害伯宗説異。又，「晉畢陽之孫豫讓」，除見載《戰國策·趙策一》外，别無佐證，而三郤害伯宗事見載於《左傳》魯成公十五年，前五七六年；智伯之亡在前四五三年，其家臣豫讓行刺趙襄子更在其後，即便豫讓果爲畢陽後人，亦斷不會是畢陽的第三代，若是「孫」字泛指後嗣，倒亦無妨説「維其有之，是以似(嗣)之」。

【彙校】

〔一〕秦鼎云：「將，『相』之誤也，以聲而訛。」不可必。《略説》：「蓋謂伯宗知諸大夫害己，將自爲謀，不及而見殺。」則是當在「謀」下句，唯以「見殺」解「殺之」必誤，故不敢取。《左傳·成公十五年》作「譖而殺之」。劉恕《通鑒外紀》(完成於宋神宗元豐元年，一〇七八)卷六、鮑彪(一一二八年進士)校注、吴師道重校《戰國策》卷六《趙策》、王應麟(一二二三—一二九六)《困學紀聞》卷二引無「將謀而殺之」一語，吕祖謙(一一三七—一一八一)完成於其晚年的《左氏傳續説》卷九有之，疑「將謀而殺之」一語係對「諸大夫害伯宗」之注文，宋人傳抄過程中闌入正文。

〔二〕大宰，明道本、正統本作「太宰」。

晉語五卷第十一

國語卷第十二

晉語六

1 趙文子冠見諸大夫〔一〕

趙文子冠，文子，趙盾之孫、趙朔之子趙武也。冠，謂以士禮始冠。○龜井昱：蓋年十四五也，襄三十一年，年未盈五十可徵。且下文八卿之序亦在成十三年伐秦之後，十六年鄢陵之前。○《正義》：《儀禮·士冠禮》：「服玄冠、玄端，爵韠，奠摯，見于君，遂以摯見于鄉大夫、鄉先生。」鄭注：「鄉先生，鄉中老人爲卿大夫致仕者。」故此傳列敘諸人也。見欒武子，武子曰：「美哉！武子，欒書也。禮：既冠，奠贄于君，遂以贄見於卿大夫先生〔二〕。美〔三〕，美成人也。○《札記》：鄉大夫，同一鄉中仕至卿大夫者。鄉先生，同鄉中嘗仕至卿大夫而致仕者。昔吾逮事莊主，莊，莊子，趙朔之謚也，大夫稱主。趙朔嘗將下軍〔四〕，欒書佐之。華則榮矣，實之不知，請務實乎。」榮者，有色皃也。實之不知，華而不實也〔五〕。○秦鼎：趙莊子早死，秀而不實者也。◎志慧按：此「華」、

「榮」皆喻趙文子。

【彙校】

〔一〕葉明元《抄評》、李克家《國語》、高梅亭《國語鈔》皆題作「趙文子冠」，上海師大點校本同，今人注本多從之；湯賓尹《國語秋型》題作「諸大夫勉趙文子」，「勉」字於正文似不能周延；此從穆文熙《鈔評》，鍾惺《周文歸》同。

〔二〕明道本無「於」和「先生」三字，卿大夫，段玉裁《經韻樓集》卷十二謂當作「鄉大夫」，指每鄉鄉一人之鄉大夫及同一鄉中仕至卿大夫者；鄉先生，同一鄉中嘗仕爲卿大夫而致仕者也。影鈔正統本校訂者謂「卿，恐當作『鄉』。」《增注》亦以爲作「卿」者誤，蓋承其說；《斠證》據《述聞》「以文子徧見六卿，不得從誤作『鄉大夫』，且所見非致仕者，不得並引『先生』也」認爲段氏説非。甲骨文及戰國文字「鄉」、「卿」同字，如戰國早期之中山王方壺、好盗壺二器「饗」皆書作「卿」，後世隸定、傳抄有不明者，遂有此類紛爭。檢《永樂大典》卷一萬五千七十三録本篇大多同於明道本，引作「卿大夫鄉先生」，似較各本爲密。

〔三〕美，明道本、正統本作「美哉」，疑涉正文而衍。

〔四〕明道本無「嘗」字，脱，正統本有之。

〔五〕不實，秦鼎謂當作「未實」，字之誤也，於義可從。

見中行宣子，宣子曰：「美哉！宣子，晉大夫，中行桓子之子荀庚也。惜也，吾老矣。」惜己年老，不見文子德所至也。

見范文子，文子，范燮也。文子曰：「而今可以戒矣。夫賢者寵至而益戒，不足者爲寵驕。知不足者〔一〕，得寵而驕。○張以仁《國語虛詞訓解商榷》：爲，猶因也，謂不足者因寵而驕。故興王賞諫臣，逸王罰之。吾聞古之王者〔二〕，政德既成，又聽於民，詢于芻蕘，聽謗譽也〔三〕。於是乎使工誦諫於朝〔四〕，工，矇瞍也。誦，誦讀前世箴諫之語。◎志慧按：《周語上》召公云「師箴，瞍賦，矇誦，百工諫」，表述有異，互文見義可也。在列者獻詩，使勿兜〔五〕，列，位也，謂公卿至於列士獻詩以風也〔六〕。兜，惑也。○《補音》：兜，丁侯反。人名有驩兜，器名有兜鍪，它無所訓。偏閱經典子史，未見「兜惑」之說，將先儒自有所據，其散亡乎？◎志慧按：《補音》丁侯反於義不合，宋庠謂「偏閱經典子史，未見兜惑之說」，今當依《述聞》、《劄記》等諸家之說，然後爲之音。該字實同「兆」，大徐本《説文》載孫愐《唐韻》反切以及《廣韻》均作公户切，音瞽。甲骨文有「」，裘錫圭《關於殷墟卜辭的「瞽」》一文認爲該字上從目而去掉下框，表示目不能見，下爲拄杖之人，即「瞽」的表意初文；《古文四聲韻》卷三引《汗簡》「瞽」作「」，可與兜字互參。風聽臚言於市，風，采也。臚，傳也。采聽商旅所傳善惡之言。　○賈逵：風，采也，采聽商旅之言也（《文選》沈休文《奏彈王源》李善注引，王、汪、黄、蔣輯）。　○《辨正》：下文「辨」、「考」、「問」皆以單字領起賓語，此處亦當作「聽臚言於市」，而「風」字當屬上讀。但「兆」與「風」組合不成詞，意義亦不連貫，疑此字本不作「風」，而係與「兆」同義又與「風」之古文形似的「侜」字，《説文・人部》：「侜，有壅蔽也。从人，舟聲。」《詩・陳風・防有鵲巢》「誰侜予美」毛傳：「侜，張誑也。」兆侜，猶《尚書・無逸》「無或胥侜張爲幻」之「侜張」，亦猶後世之「乖張」。侜字不常見，風字常見，遂有此誤。**辨妖祥於謡**〔七〕，辨，别也。妖，惡也。祥，善也。行歌曰謡，「丙之辰」、「檿弧箕服」之類是也。　◎志慧按：《爾雅・釋詁》：「祥，善也。」韋注本此。《左傳・僖公十六年》「是何祥也」孔疏：「凶之先見謂之妖。」又《周語下・單襄公論晉周將得晉國》「襲於休祥」韋注：「祥，福之先見者也。」《周禮・春官・眡祲》「以觀妖祥，辨吉凶」鄭注：「妖祥，善惡之徵。」「祥」爲徵兆，義兼吉凶，《説文・示部》「祥」字下段注亦云：「凡統言則災亦謂之祥，析言則善者謂之祥。」此間妖祥當取吉兇禍福之先見者之義而無關於善惡。**考百事於朝**，百官職事。**問謗譽於路，有邪而正之**，　○秦鼎：而，訓則。**盡戒之術也**。術，道也。**先王疾是驕也。」**

【彙校】

〔一〕知，明道本、正統本作「智」。

〔二〕「王者」前，明道本有「言」字，衍，正統本無之。

〔三〕讋，弘治本作「語」，後者音近而訛，弘治本本葉係補抄。

〔四〕「諫」前，《事類備要》續集卷四家世門引有「箴」字，《校證》據其下韋注謂似當有「箴」字，其說有理。

〔五〕兆，《述聞》謂當爲「兆」，《說文・兆部》：「兆，廱蔽也，讀若瞀。」勿兆，勿廱蔽也。《說文》段注亦以「兆」爲「兆」之譌，故韋注云「惑也」，《考異》、《集解》從其說，錢保塘《劄記》：「兆，訓廱蔽，故有惑義，兆既從兆，即有廱蔽之象，似不煩改字，亦與『惑』義合也。」

〔六〕士，遞修本作「上」，字殘，南監本已補版糾正。風，明道本、正統本作「諷」，古通。

〔七〕妖，正統本同，明道本作「祅」，注同，《說文・示部》：「地反物爲祥。」《札記》：「『祅』者，『祥』之省，『祥』、『妖』古今字。」從礻者本字，從女者通假字。

見郤駒伯，駒伯曰：「美哉！」駒伯，晉卿郤錡也。然而壯不若老者多矣。」恃年自矜。

見韓獻子，獻子，晉卿韓厥也。獻子曰：「戒之，此謂成人。○皆川淇園：此，謂冠也。成人在始與善〔一〕，始與善〔二〕，善進善，不善蔑由至矣：蔑，無也。始與不善，不善進不善，善亦蔑由至矣〔三〕。如草木之産也，各以其物。物，類也。人之有冠，猶宫室之有牆屋也，糞除而已，何又加焉〔四〕。「糞除，謝自脩潔。○皆川淇園：宫室有墻屋，則塵污無從外而至，唯當内自糞除其不潔而已。◎志慧按：《老子》「朝甚除」王弼注：「除，潔好也。」《後漢書·第五倫傳》「所過輒爲糞除而去」，唐李賢注：「糞除，猶埽除也。」可參。

【彙校】

〔一〕《平議》：「『與善』二字衍文也。」《集解》從之，是。

〔二〕《文選》張藏先《勵志》李善注引此作「成人在始與善，敬之哉」。

〔三〕《事類備要》續集卷四家世門引本段作：「成人始與善，善進，不善蔑由進矣。始與不善，不善進，善亦蔑由進矣。」疑首「始」前脱「在」字。《御覽》禮儀部十九引作：「成人在始與善，始與善，進，不善蔑由至矣。始與不善，進，善亦蔑由至矣。」《校證》謂疑脱上句次「善」和下句「不善」的重文號，且與今傳本《國語》義同，其説是，唯尚可結合曲園之衍文説。

〔四〕何又加焉，明道本、正統本與《御覽》儀禮部十九引作「又何加焉」，《御覽》禮儀部十九引《國語》同明道本。《晉語二·宰周公論齊侯好示》有「譬之如室，既鎮其甍矣，又何加焉」，各本無異文，則此處亦宜從明道本作「又何加焉」。

見知武子〔一〕，武子曰：「吾子勉之，武子，晉卿，荀首之子荀罃也。○《補正》：智，邑名。故智城在今山西蒲州虞鄉縣西北四十里。武子本姓荀，食采於智，故曰智武子。◎志慧按：智，吳曾祺所指者近之，在今山西永濟市北部、臨猗縣南部、永濟市蒲州老城一帶。成、宣之後而老爲大夫，非恥乎！成，季子〔二〕，文子曾祖趙衰也。宣，宣子，文子祖父趙盾也。言文子二賢之後，長老乃爲大夫，非恥乎。欲其脩德，蚤爲卿也〔三〕。成子之文，宣子之忠，其可忘乎！夫成子道前志以佐先君〔四〕，道法而卒以政，可不謂文乎？道，達也。志，記也。佐，助也。先君，文子也〔五〕。以政，得政也。○秦鼎：達，通也，言通達於前世之記、當世之法，而佐爲政也。或訓道爲由，亦通。以政，得政也，此「以」字無意義，猶云《毛詩注》「於、以，往也」之類。《周語》「荀伯自下軍之佐以政」《解》：「升爲政卿也。」○《辨正》：無論是「道」還是「導」，於此解作「達」皆有未安。姚鼐《國語補注》云：「道，述也。述前志以成君德，述舊法以修國政。故曰『文』。」若依姚鼐釋「道」爲「述」，則本條可文通句順，據此，頗疑明道本作「導」係據韋注擅改。夫宣子盡諫於襄、靈，襄公〔六〕，文公子，靈公父也。以諫取惡，不憚死進也〔七〕，可不謂忠乎？吾子勉之。有宣子之忠，而納之以成子之文，事君必濟。」濟，成也。

【彙校】

〔一〕知武子，明道本、正統本作「智武子」，下「知子」同。

〔二〕季子，静嘉堂本、南監本、弘治本、張一鯤本同，明道本、遞修本、《永樂大典》、正統本、李克家本作「成子」，《考正》、《增注》從作「成子」，疑李克家本據理校改訂。

〔三〕蚤，明道本、正統本作「早」，下同。

〔四〕道，遞修本同，明道本、正統本作「導」，「道」、「導」古今字，次同，注同。

〔五〕文子，明道本、遞修本、《永樂大典》、正統本作「文公」，《删補》、《訂字》謂「子」當作「公」，可從。

〔六〕正統本同，明道本無「公」字，據正文，似當從無。

〔七〕明道本、正統本無「也」字，《考正》從删，是。

見苦成叔子，苦成叔子〔一〕，郤犨也。○王符《潛夫論・志氏姓》：郤犨食采于苦，號苦成叔。又曰：苦成，城名也，在河東鹽池東北。◎志慧按：苦成，即苦城，因鹽池而得名，今屬山西省運城市。叔子曰：「抑年少而執官者衆，執官，爲大夫也。吾安容子？」◎志慧按：表面上，郤犨借口年少而執官者衆，故不能給趙武安排一個要職，深層次上，郤犨忌憚不久前被平反的趙氏孤兒來染指這個由郤氏三卿五大夫把持的權力拼盤，吃相如此難看，故引來下文張老「亡人之言」的惡評。

【彙校】

〔一〕苦，弘治本作「若」，後者形訛，正文不誤。

見溫季子，溫季子，郤至也。季子曰：「誰之不如，可以求乎〔一〕？」言汝不如誰，可以求其次。不欲其高遠也。○《存校》：可以求爲卿也，注未然。誰之不如，言其無有不如者，故可以求爲卿也。○《備考》：言誰不如汝，豈可以求從政乎。○《補正》：謂擇勢位所不如者而往求之。○《辨正》：「可以求」於此處不通，當爲「何以求」之誤。此句謂你小子誰都比不上，還想圖什麽出人頭地？如此，方與郤錡、郤犨之言半斤八兩。從文獻中這一類疑問句的表述習慣看，有「何以求之」，也有「何以求之乎」、「何以求諸」，但「何以求乎」的語例卻難得見到，兩下對比，明道本稍優，抑或諸本各有脱文。

【彙校】

〔一〕乎，葉邦榮本、張一鯤本、李克家本、閔齊伋本同，明道本、遞修本、正統本、静嘉堂本、南監本、弘治本、許宗魯本作「之」，《斠證》以爲此當爲肯定句，金李本蓋涉上文諸「乎」字而誤，可從。嗣後諸本承金李本之誤。

見張老而語之，張老，晉大夫張孟也。◎志慧按：語之，語以諸大夫之教。張老曰：「善矣，從欒伯之言，可以滋；滋，益也。范叔之教，可以大；○《略説》：可大其德。韓子之戒，可以成。○《略説》：可成其善。物備矣，志在子。物，事也。人事以備〔一〕，能行與否〔二〕，在子之志也。○龜井昱：《樛木》言之次敘正同。若夫三郤，亡人之言也，何稱述焉？不足稱述。◎志慧按：何稱述焉，各本同，但句法不完，疑本作「何可稱述焉」，究其致誤之由，或因古文字「何」「可」同形或共享一個部首，只書作一字，復在其下添一重文號，如杭世駿《訂訛類編》卷三揭「秦刻石鼓文『旭日杲杲』，『日』字但於『旭』之下作『＝』，借『旭』之『日』爲下『日』字也」，傳抄過程中漏抄重文號，遂成目前之狀。然文獻不足徵，姑揭出以俟高明。知子之道善矣，道，訓也。是先主覆露子也〔三〕。」先主，謂成、宣也。露，潤也。○賈逵：覆，蓋也，蔭也（釋慧琳《一切經音義》卷一引）。○浦起龍《古文眉詮》：禮，既冠，遂以成人禮見于鄉先生。此文古意盎然，可附入《冠義》。冠禮廢久矣，閱此如摩挲上世法物。○《述聞》：露與「覆」同義，覆露之言覆慮也、包絡也。○《補正》：露，猶孤露之「露」，因其露而覆之，故云覆露，非對文也。

【彙校】

〔一〕以，明道本、正統本作「已」，秦鼎從明道本，「以」、「已」古通，不必强同明道本。

〔二〕否，《補音》摘作「不」。

〔三〕先主，《文選》潘安仁《楊荆州誄》李善注「主」作「王」，疑後者訛。

2 范文子不欲伐鄭

厲公將伐鄭，厲公，晉景公之子州蒲也〔一〕。伐鄭，鄭從楚故也。在魯成十六年。范文子不欲，曰：「若以吾意，諸侯皆畔〔二〕，則晉可爲也。爲，治也。唯有諸侯，故擾擾焉。○賈逵：擾，攘𦧺也，肆志從欲之貌也（釋慧琳《一切經音義》卷九十五引）。○《廣雅》：擾擾，亂也。凡諸侯，難之本也。畔輒伐之，故爲難本。得鄭，憂滋長，安用鄭〔三〕！」楚必救之，故憂益長。○《正義》：得鄭，則君心益侈，內變立作，故憂滋長。韋解言楚必救鄭，猶是外患，其憂尚未甚也。○《辨正》：范文子所言之「憂」，並非楚救鄭拒晉。除非是聖人纔可望既無外患，又無內憂，否則必居其一，所謂「偏而在外，猶可救也」，故有「諸侯皆畔，則晉可爲也」的論斷，准此，得鄭之隱憂是內亂，即外患纔平，內鬥又起。郤至曰：「然則王者多憂乎？」文子曰：「我王者也乎哉？言俱諸侯也。○穆文熙：我王者也乎哉，語佳而有含蓄，善聽者不必用解矣，王者以德言，觀下文自見，注非（《國語評苑》）。○《備考》：王者，謂成德之人，如堯、舜、禹、湯也。夫王者成其德，而遠人以其方賄歸之，故無憂。方，所在□方賄□□〔四〕。今我寡德而求王者之功，故多憂。我，晉也。子見無土而欲富者樂乎哉？」寡德求富〔五〕，行不得息。○皆川淇園：德，福之基也，此謂土以喻德也。○《補正》：樂乎哉，言不樂也。

【彙校】

〔一〕州蒲，《春秋·成公十八年》及《左傳·成公十年》同作，《史記》之《晉世家》及《十二諸侯年表》作「壽曼」，《考正》謂當作「州滿」，於史實可從，形訛。

〔二〕畔，明道本、正統本作「叛」，下同。

〔三〕安，明道本、正統本作「焉」，古通。

〔四〕此注弘治本同，静嘉堂本、南監本已殘缺，葉邦榮本、張一鯤本、穆文熙編纂本、道春點本徑删空缺，明道本、遞修本、正統本、許宗魯本、李克家本、《正義》作「方，所在之方。賄，財也」，可從，疑金李本所據之南監本已不可識，許宗魯本已從别本改，秦鼎從明道本。

〔五〕寡德，明道本、正統本作「無土」，遞修本、南監本該處殘缺，疑金李本據義臆補，秦鼎本、《正義》從明道本，據正文當從，《斠證》更進一步以爲作「寡德」者係涉前文「今我寡德」而誤，亦是也。

3 晉敗楚師於鄢陵

厲公六年，伐鄭，六年，魯成十六年。且使苦成叔及欒黶興齊、魯之師。苦成叔，郤犨。欒黶，欒書之子桓子也〔一〕。郤犨如齊，欒黶如魯，皆乞師。楚恭王帥東夷救鄭。恭王，莊王之子葴也〔二〕，或作審。東夷，楚東之夷也。○《辨正》：此「東夷」出自《國語》編者之語，故其所取方位並不隨楚國的立場而轉移。本條下文郤至云：「南夷與楚來而不與陳（陣）」，《左傳·成公十六年》相關文字作「蠻軍而不陳」，蠻與夷，對言之則謂南蠻、東夷，渾言之則無殊。此「東夷」亦指南中國廣大地區的少數民族，或居楚東，或居楚之西、南、北，未必如韋注所説皆居楚之東。楚半陳〔三〕，公令擊之〔四〕。欒書曰：「君使黶也興齊、魯之師，請俟之。」郤至曰：「不可。楚師將退，我擊之，必以勝歸。將退，無鬬心，故可勝也〔五〕。夫陳不違忌，一間也；違，避也。忌，謂晦也〔六〕。間，隙也。晦，陰氣盡，兵亦陰，故忌之。《經》書：「六月甲午，晦，晉侯及楚子、鄭伯戰于鄢陵。」○《司馬法》曰：「月食班師，所以省戰也。」注云：「謂春不成生，秋不伐熟。夫兵，陰象也，月食則陰毁，故息戰也。」（《御覽》時序部五引）○《正義》：《成十七年傳》孔疏：「日爲陽精，月爲陰精，兵尚殺害，陰之道也。行兵貴月盛之時，晦是月終，陰之盡也。故兵家以晦爲忌，不用晦日陳兵也。」○秦鼎：月爲陰精，晦是月盡，行兵貴月盛時故也。◎志慧按：間，猶可乘之機，猶今曰戰機。復次，「陳不違忌」於上文並無鋪墊，若無《春秋》及《左傳》參照，指代不明。這是記言之語重記言輕敘事的文體特點帶來的漏洞。**夫南夷與楚來而弗與陳〔七〕，二閒也；**南夷，據在晉南也。不與陳，不欲戰也。**夫楚與鄭陳而不與整〔八〕，三閒也；**雖俱陳，不整齊也。**且其士卒在陳而讙，四閒也；**讙，囂也。**夫衆聞讙則必懼，五閒也。**○《補正》：《内傳》作「六間」，多二卿相惡一條。**鄭將顧楚，楚將顧夷，莫有鬭心，不可失也。」公說。於是敗楚師於鄢陵，欒書是以怨郤至。**怨其反己，專其美也。○《詳注》：鄢陵，鄭邑，古鄢國地，鄭武公滅之爲邑，今河南鄢陵縣西南四十里有鄢陵城。

【彙校】

〔一〕桓，弘治本作「相」，蓋因其祖本南監本避諱缺末筆而致形訛。

〔二〕明道本、正統本句首有「楚」字，「蒇」作「箴」，形符更旁字也。

〔三〕陳，明道本、正統本作「陣」，下同，「陳」、「陣」古今字。

〔四〕令，明道本、正統本作「使」。

〔五〕明道本句首有「擊」字，《考正》從補。

〔六〕明道本、正統本無「謂」字，《斠證》以爲韋以晦説所忌之事，非謂忌之義爲晦也，則有「謂」字是，有理。《正義》「謂晦」作「諱」，疑擅改。

〔七〕弗，明道本、正統本作「不」，各本韋注同作「不」，故當作「不」。

〔八〕《校補》：「據韋注，下『與』字衍文，《資治通鑑外紀》卷六無下『與』字。」《標注》亦「疑衍文」，可備一説。

4 郤至勇而知禮

鄢之戰，郤至以韎韋之跗注，三逐楚平王卒〔一〕，三君云：「一染曰韎。」鄭後司農説以爲「韎，茅蒐染也。韎，聲也〔二〕」，昭謂：茅蒐，今絳草也，急疾呼茅蒐成「韎」也。凡染，一入爲縓。跗注，兵服，自要以下注於跗。　○《左傳·成公十六年》杜注：韎，赤色。跗注，戎服，若袴而屬於跗，與袴連。　○《舊音》：韎，木拜反，又音妹。跗，音膚。　○《札記》：「韎，聲也」上有「茅蒐」二字，此《瞻彼洛矣》箋注。於跗，謂屬袴於下，與跗相連。《成十六年傳》疏引鄭注可考。　○《正義》：古者以茅蒐染韎韐，而韎韐即爲「茅蒐」之轉聲，《爾雅》「茹藘茅蒐」郭注：「可以染絳。」《小雅》「瞻彼洛矣」毛傳：「韎韐者，茅蒐染艸也。」鄭箋：「韎韐者，茅蒐染也。茅蒐，韎韐聲也。」又《駁五經異義》云：「韎，草名，齊、魯之間言韎韐。」《鄭志》「韎韋之不」注：「不，讀如跗。跗，幅也。注，屬也，幅有屬也。以淺赤韋爲弁，又裁韋如布帛之幅，而連屬以爲衣，而表素裳白舄也。」○《集解》：跗，足後跟之上也。若據《周禮》孔〈賈〉疏引鄭《雜問志》，則以跗爲幅，注爲屬，謂「以韎韋幅（如布帛之幅）而連屬以爲衣，如素裳」，與諸家說不同。◎志慧按：茅蒐，《詩·鄭風·東門之墠》、《出其東門》作「茹藘」，今喚作茜草，係古代一種主要的紅色植物染料。**見王必下奔，**下，下車。奔，走也[三]。**退戰。王使工尹襄問之以弓，**工尹，楚官。襄，其名。問，遺也。○王鐸《手批》：問，不作遺解，本字以問訊爲優。○《辨正》：《春秋穀梁傳·宣公十年》謂「聘，問也」，准此，則問亦可釋爲「聘」。這裏有上古時期一種特有的禮俗，楚恭王使工尹襄問郤至以弓，正是當時一種禮尚往來，此弓未必作爲贈遺之物，而是藉以寄托一種禮意。楊伯峻《春秋左傳注·成公十六年》釋此云：「問，問訊，問好。但古代問好，必致送禮物以表示情意。《詩·鄭風·女曰鷄鳴》『雜佩以問之』、哀十一年《傳》『使問弦多以琴』，皆可證。」此說可補韋注之疏。**曰：「方事之殷[四]，**事，戎事也。殷，盛也。**有韎韋之跗注，君子也，**○秦鼎：言有著此服者，乃君子人也，與「郕夏曰『射其御者，君子也』」同。○《集解》：楚共王不詳其人姓名，故但狀其衣，謂衣韎韋之跗注者。**屬見不穀而下[五]，無乃傷乎？」**屬，適也。傷，恐其傷也。○户埼允明：方戎事酣而下車，恐其傷也。○《集解》：諸侯中惟楚僭稱王，故曰不穀。不穀，不善也。**郤至甲冑而見客，免冑而聽命，**免，脱也，脱之，爲障耳[六]。○《備考》：免冑，是亦禮耳，注非。**曰：「君之外臣至，以寡君之靈，間蒙甲冑，**蒙，被也，被介在甲冑之閒。　○《刪補》：《左傳》杜注：「閒，猶近。」　○《補正》：「閒」字宜從《内傳》杜注訓「近也」。　○《辨正》：《左傳・成公十六年》亦載其事，其中「閒蒙甲冑」句杜注曰：「閒，猶近也。」釋文：「近，如字，一本或作『與』，音預。」《補正》從杜注訓爲「近」，此是當下之事，釋作「近蒙甲冑」似不確，不如依一本作「與」爲勝，《左傳・莊公十年》「肉食者謀之，又何閒焉」杜注：「閒，猶與也。」義正與此同。**不敢當拜君命之辱，爲使者故，敢三肅之。」**禮，軍事肅拜。肅拜，下手至地也。　○《略説》：當，任當也。禮，介者不拜，故其言如此。　○《正義》：《少儀》「婦人有肅拜、手拜」鄭注：「肅拜，拜低頭。手拜，手至地。」則肅拜手不至地矣。《公羊傳》何注：「揖於師中，介冑不拜。」《周禮釋文》：「撎，即今之揖。」則肅拜不至地益明。**君子曰：「勇以知禮。」**禮，軍禮也。　○《備考》：禮，泛言之也，不必軍禮。

【彙校】

〔一〕平王，所見唯閔齊伋本、盧之頤本、《集解》作「共王」，宋刻《河東先生集》引同，閔齊伋云：「共，本俱作『平』，誤。」《存校》謂當作「恭王」，《考正》、《刪補》、《略説》、《增注》、《札記》、《備考》、《正義》亦作如是説，於史實則是，疑盧本據閔齊伋本改，他本《國語》則係文本之舊，《國語》與史實不合者不少，過而存之，要不視其爲史實可也。

〔二〕「韎聲也」前，《説文·韋部》「韎」下段注根據《詩·小雅·瞻彼洛矣》鄭箋謂當有「茅蒐」二字，可從。

〔三〕明道本、正統本此注作「下車奔走」。

〔四〕明道本、正統本句下有「也」字，《考正》從補。

〔五〕《左傳·成公十六年》本句作「識見不穀而趨」。

〔六〕《元龜》卷七三八引同，明道本無「脱之爲障耳」五字，疑脱。

5 范文子論内睦而後圖外

鄢陵之役〔一〕，大夫欲争鄭〔二〕，與楚争鄭。范文子不欲，曰：「吾聞人臣者〔三〕，能内睦而後圖外，睦，親也。不睦内而圖外〔四〕，必有内争〔五〕，盍姑謀睦乎！姑，且也。考訊其阜以出，則怨靖。」訊，問也。阜，衆也。靖，安也。言内且謀相親愛〔六〕，乃考問百姓，知其虚實，然後出軍用師，則怨惡自安息也。○《標注》：以出，謂舉行政令也，非出軍。

【彙校】

〔一〕鄢陵，明道本、正統本無「陵」字。

〔二〕大夫，明道本、正統本作「晉人」，秦鼎從明道本，於義同。

〔三〕明道本、正統本「聞」下有「之爲」二字，秦鼎從有「爲」者。

〔四〕明道本無「内」字，脱，正統本有之。

〔五〕明道本無「有」字，脱，正統本有之。

〔六〕且，明道本作「直」，後者字之訛也。

6 范文子論外患與内憂

鄢陵之役〔一〕，晉伐鄭，荆救之。荆，楚也。大夫欲戰，范文子不欲，曰：「吾聞君人者刑其民〔二〕，以刑正其民。成〔三〕，而後振武於外，成，平也。○皆川淇園：成，刑成也。○《補正》：宜以「成」字爲句，注亦宜在「成」字下。是以内龢而外威〔四〕。威，畏也。今吾司寇之刀鋸日弊，刀鋸，小人之刑也。弊，敗也，日敗，用之數也。而斧鉞不行。斧鉞，大刑也。不行，不行於大臣。内猶有不刑，而況外乎？夫戰，刑也，言用兵猶用刑也。○《辨正》：先秦文獻中，每視甲兵之事爲刑罰的一種，而不是如韋注所説的「用兵猶用刑」，如《魯語上·臧文仲説僖公請免衛成公》即云：「大刑用甲兵，其次用斧鉞，中刑用刀鋸，其次用鑽笮，薄刑用鞭扑，以威民也。」刑之過也。刑殺有過者。○《平議》：之，猶其也。過由大[五]，由大臣也。而怨由細，怨望者由小。細，民也。○《述聞》：言刑之失，由大臣有罪而不刑也。○《增注》：大臣犯法則不敢督，斯刑之過也。細民有罪則不敢宥，斯怨之所由也。○秦鼎：過惡由大臣而出，怨望由小民而出。故以惠誅怨，誅，除也。以忍去過。忍，以義斷也。○秦鼎：忍，即刑也。細無怨而大不過，而後可以武刑外之不服者。今吾刑外乎大人[六]，外者，刑不及。而忍於小民，忍行刑於小民[七]。將誰行武？武不行而勝，幸也。幸，僥幸也[八]。幸以爲政，必有内憂。且唯聖人能無外患，又無内憂，詎非聖人[九]，必偏而後可。詎，猶自也。偏，偏有一也。○秦鼎：孟子所謂「無敵國外患者，國恒亡」也。○《補正》：詎無自義，《玉篇》云：「至也。」訓「至」較順。○《辨正》：王引之《經傳釋詞》卷五「詎、距、鉅、巨、渠、遽」條云：「詎，猶苟也。」即舉此條爲證，王氏並説：「成十六年《左傳》作『自非聖人』，意亦同也。」又在同書卷八「自」條下云：「自猶苟也。」亦舉上引《左傳》文字爲證。釋「詎」、「自」爲苟，於此條文通句順，較韋注僅解作「自」明白。偏而在外，猶可救也；在外，外有患也。疾自中起，是難。○李慈銘：公序《補音》難爲乃旦反，此似當如字讀，是難猶寔難，實、寔字同也。此下卷十四「夫戮出於身實難」，注云：「難居也。」則不以「難」字讀去聲，公序彼文《補音》亦云：「又如字。」○《補正》：是難，猶實難也。◎志慧按：《周語下》「人犧實難，己犧何害」與此用語同，可爲李、吴説補證。**盍姑釋荆與鄭以爲外患乎？」**釋，置也。

【彙校】

〔一〕明道本、正統本無「陵」字。

〔二〕明道本、正統本「聞」下有「之」字，文獻中引述成語時，「聞」和「聞之」兩作。民，《平議》據下文「内猶有不刑」以爲當作「内」，謂「文子之意，欲以刑正其臣，非欲以刑正其民，豈反以刑其民爲勸乎」，《集解》從之。

〔三〕陳氏《考正》以爲宜在「成」下斷，《補正》亦持此説，今從之。

〔四〕龢，明道本、正統本作「和」，古同。

〔五〕《述聞》：「『刑之過也由大』本連讀，言刑之失也由大臣有罪而不刑也。『由大』上無『過』字。」《平議》則以爲不可從。

〔六〕刑外，正統本同，明道本作「外刑」，李慈銘斷明道本誤倒，據義可從。

〔七〕刑，明道本、正統本作「之」，義同。

〔八〕僥幸，明道本、正統本作「徼倖」，聲同義同。《舊音》出「儌」。

〔九〕距，明道本、正統本、《元龜》卷七三二引作「詎」，「距」通假字，「詎」本字，下同。

7 范文子論勝楚必有内憂

鄢陵之役〔一〕，晉伐鄭，荆救之。欒武子將上軍，范文子將下軍。上下，中軍之上下也。《傳》曰：「欒書將中軍，士燮佐之。」又曰：「欒、范以其族夾公行。」 ○孔晁：上下，中軍之上下也。《傳》曰：「欒書將中軍，士燮佐之。」又曰：「欒、范以其族夾公行。」（《左傳·成公十六年》正義引，汪、黄、蔣輯） ○孔穎達：分中軍爲二，將將上而佐將下（《左傳·成公十六年》正義）。 ○張以仁《論〈左傳〉與〈國語〉的關係》：中軍爲三軍之長，例以上卿帥之，當以《左傳》之説爲當。欒武子欲戰，范文子不欲，曰：「吾聞之，唯厚德者能受多福，無德而服者衆，必自傷也。不義而彊，其斃必速。稱晉之德，諸侯皆叛〔二〕，國可以少安。稱，副也，副晉之德而爲之宜。諸侯皆畔〔三〕，不復征伐，還自整脩，則國可以少安。 ○《存校》：稱，量也，言度量晉之德。 ○《辨正》：「自」與「服者（諸侯）」相對，其意爲外面諸侯歸服者衆，則勢必引起内争，這就是「自傷」。今我寡德，不配享有外附内睦的福份，不是外敵壓境，就是内亂頻生，所以衹有諸侯皆叛，國内纔可以稍安。相反，若諸侯皆服，就要擔心禍起蕭牆。唯有諸侯，故擾擾焉，凡諸侯〔四〕，難之本也。且唯聖人能無外患，又無内憂，距非聖人，不有外患，必有内憂，盍姑釋荆與鄭以爲外患乎？諸臣之内相與，必將輯睦。不復征伐，無所争也。○《辨正》：范文子之意，晉國諸臣之輯睦，蓋源於鄭、楚等外患猶存，因而需要晉國内部同仇敵愾，上下一心，韋昭説「不復征伐」，取義正相反對。今我戰又勝荆與鄭，吾君將伐知而多力〔五〕，力，功也。將自伐其知，自多其功也。怠教而重斂，大其私暱而益婦人田，暱，近也，私近，謂嬖臣也。大，謂增其禄也。婦人，愛妾也。不奪諸大夫田，則焉取以益此？諸臣之委室而徒退者，將與幾人？徒，空也。與，辭也。幾人，言必多也〔六〕。○《古文析義》：委，棄也。甘心棄其家而空退不作亂者，能有幾人？言臣必不能忘情於見奪也。○《存校》：言必被誅戮，不能徒退也。與幾人，言能有幾人。○《發正》：言委室徒退而不作亂者有幾人乎。○《集解》：與，即「歟」字。◎志慧按：《存校》所謂之「必被誅戮」，有增字解經之嫌，林雲銘與汪遠孫之説較勝。戰若不勝，則晉國之福也；戰若勝，亂地之秩者也，亂地，亂故地也。秩，常也。○《略説》：蓋亂封地之常也，豈謂大私匿、益婦田歟？○《增注》：亂地之秩，言將亂壤地次序也。○《標注》：地秩，猶言天常，言不德而勝大敵，非天地之常經也，乃紊其秩者。其産將害大，盍姑無戰乎！」産，生也，言其生變，將害大臣。○《存校》：當作「其産害將大」，産，猶生也，言其生害方大，注以「大」爲大臣，未然。○《略説》：第八篇陽畢曰：「復産害矣。」據此當作「其産害將大」，文義明順。 ○《備考》：害大者，泛言爲國害之大，韋注恐非。 ○《增注》：其産將害大，言將生大害。 ○李慈銘：此以田事爲喻，言戰若勝，則亂之根，如種之在地，其所生産必將有大害也，韋注恐非。 ◎志慧按：據韋注，正文無誤，《存校》倒文説無據。産，除人名子産外，《國語》中僅見於晉語：《晉語六·趙文子冠見諸大夫》「草木之産」，《晉語九·董安于辭趙簡子賞》「苛慝不産」，《晉語九·晉陽之圍》「沈竈産鼃」。《左傳》中晉國語境之外僅見於《哀公二十三年》：「不腆先人之産馬。」可知該「産」字指向普泛意義的「生」，而不僅僅李慈銘之「以田事爲喻」也。

【彙校】

〔一〕鄢陵，明道本、正統本無「陵」字。

〔二〕叛，此處公序本用字與前文不一，但其中盧之頤本仍作「畔」，通假字。

〔三〕正文各本皆作「叛」，但注文公序本用其通假字「畔」，明道本、正統本仍從本字作「叛」。

〔四〕《考正》疑「凡諸侯」三字衍，有理，但證據不足。

〔五〕知，明道本、正統本作「智」，注同，下「伐知」同。

〔六〕必多，《文章正宗》卷五議論三引同，《考異》疑「必」當作「不」，據義是。

欒武子曰：「昔韓之役，惠公不復舍；韓之役〔一〕，秦獲惠公，在魯僖十五年。邲之役，三軍不振旅；楚敗晉師於邲，在魯宣十二年。師敗衆散〔二〕，故不能振旅而入。○《正義》：《爾雅·釋詁》：「旅，衆也。」是振旅爲整衆也。莊八年《公羊傳》何注：「振旅，壯者在後，復長幼且衞後也。」○《釋地》：邲，在開封府滎澤縣西北。◎志慧按：泌水入滎陽段又稱「蒗蕩渠」，《水經注·河水》：「又東過滎陽縣北，蒗蕩渠出焉。」《呂氏春秋·至忠》、賈誼《新書·先醒》皆有載「戰於兩棠」，兩棠、蒗蕩及狼湯、藺蕩皆一詞之音變。箕之役，先軫不復命；晉人敗翟于箕，先軫死之，故不反命於君，在魯僖三十三年。○《詳注》：箕，在今山西蒲縣。晉國固有太恥三〔三〕。今我任晉國之政，任，當也。武子時爲上卿。不損晉恥〔四〕，又以違蠻夷以重之〔五〕，違，避也。蠻夷，楚也。雖有後患，非吾所知也。」不能慮遠。

【彙校】

〔一〕役，明道本、正統本作「戰」，與正文異，似不必。

〔二〕衆，明道本、正統本作「軍」。

〔三〕晉國，《元龜》卷七三二、《文章正宗》卷五引同，明道本、正統本作「晉國之政」，疑涉下句衍。太恥，靜嘉堂本、南監本、弘治本、葉邦榮本同，疑因南監本補版之誤，後二者因之，明道本、遞修本俱作「大恥」，許宗魯本、張一鯤本、李克家本已校正。

〔四〕損，正統本同，《元龜》卷七三二、《文章正宗》卷五引同，明道本作「毀」。

〔五〕明道本、正統本無次「以」字，《考正》從删，似無者較勝。

范文子曰：「擇福莫若重，擇禍莫若輕〔一〕，有二福，擇取其重；有二禍，擇取其輕〔二〕。**福無所用輕，禍無所用重，晉國固有大恥**〔三〕，**與其君臣不相聽，以爲諸侯笑也，**不相聽，謂惠公不與慶鄭相聽以殞於韓〔四〕，先縠不與林父相聽以敗於邲，先軫不與襄公相聽以亡於箕。　○穆文熙：不相聽，即上「内憂」。言固有大恥，孰若内憂，云爲諸侯笑也（《國語評苑》）。　○《古文析義》：君奪臣田，臣不忘情於見奪，謂之不相聽，内憂大作，貽笑諸侯，此禍之重者。　○《存校》：謂君將誅其臣，臣將弑其君，故曰「君臣不相聽」，注非是。三郤與厲公之禍，文子蓋預見之矣，故云然。　○《略説》：文子言固有大恥，而君臣不相和以爲諸侯笑也，是尤恥之大者爾。　○《述聞》：君臣不相聽，指厲公與欒、郤、中行諸人而言，韋以欒武子所説三事當之，誤矣。　○李慈銘：「與其」二句，是逆指後日之語，非指前事也，注誤。　○《補正》：「與其」二字，與下「盍姑」二字相應，皆論厲公，謂與其勝楚之後君臣不相聽，爲諸侯笑，盍姑以違蠻夷爲恥，韋所引不合。　◎志慧按：范文子所憂者，乃目下及日後君臣不相聽，韓之役、邲之役、箕之役則爲之前三大恥，韋誤合之。**盍姑以違蠻夷**

爲恥乎？」

【彙校】

〔一〕《書鈔》政術部四引「若」作「如」，次同。

〔二〕次「取」字，許宗魯本同，明道本、遞修本、正統本作「就」，静嘉堂本、南監本、弘治本則作「既」，《考正》從「就」，遞修本該葉爲宋刻原葉，南監本爲明補版，疑作「既」者爲補版之誤，金李本亦據義補。

〔三〕固有，正統本同，《元龜》卷七三二引同，明道本作「故」一字，「故」或係「固」之假，無「有」者疑脱。

〔四〕殞，明道本、正統本作「隕」，《説文》有「隕」無「殞」，「殞」後起，係爲「隕」的引申義所造的分化字。

欒武子不聽。遂與荆人戰於鄢陵，大勝之。鄢陵，鄭地。於是乎君伐知而多力，怠教而重斂，大其私暱，殺三郤而尸諸朝，三郤〔一〕，錡、犨、至也。尸，陳也。「産將害大」是也。納其室以分婦人，納，取也。室，妻妾、貨賄也〔二〕。○賈逵：納，取也（《原本玉篇殘卷·糸部》

引）。　○户埼允明：室，謂室家器械也。　○《標注》：室，謂家産貨寶也，此不數妻妾可也。**於是乎國人弗蠲**〔三〕，蠲，潔也。不潔公所爲。　○《補音》：蠲，古玄反。**遂殺諸翼**〔四〕，**葬之翼東門之外**〔五〕，**以車一乘**。　翼，故晉都，匠麗氏也〔六〕。厲公侈，多外嬖，反自鄢陵〔七〕，欲盡去羣大夫，而立其左右，欲以胥童、夷羊午〔八〕、長魚蟜爲卿〔九〕，故殺三郤。長魚蟜又以兵劫欒書、中行偃，將殺之，公不忍，而復其位〔一〇〕。　魯成十七年冬，厲公游于匠麗氏〔一一〕，欒書、中行偃執公。十八年正月，使程滑殺公〔一二〕，葬之以車一乘，不成喪。　○《集解》：諸侯葬，車七乘，此不以君禮葬也。　◎志慧按：翼，在今山西翼城南梁鎮故城村。《左傳·成公十七年》杜注：「匠麗，嬖大夫家。」

【彙校】

〔一〕郤，静嘉堂本、南監本、弘治本作「公」，誤，許宗魯本從他本而不誤。

〔二〕賄，明道本、正統本作「財」，疑後者據後世用詞習慣改。

〔三〕弗，明道本、正統本作「不」。

〔四〕殺，明道本、正統本作「弑」，出本字也。

〔五〕之，明道本、正統本作「於」，《左傳·成公十八年》作「葬之于翼東門之外」，然亦不必强合於《左傳》。

〔六〕秦鼎謂：「『匠麗氏』三字可削。下文解云：『匠麗氏，晉嬖大夫也。』」李慈銘亦持此説，有理。

〔七〕明道本、正統本無「陵」字。

〔八〕夷羊午，明道本、正統本作「夷羊五」，次「夷羊午」後二本亦作「夷羊五」。

〔九〕蟜，明道本作「矯」，次同，正統本先作「驕」，後作「矯」，影鈔本校語謂古鈔本作「矯」，當從。

〔一〇〕而，明道本、正統本作「使」。

〔一一〕游，明道本、正統本作「遊」。

〔一二〕殺，明道本、正統本作「弑」，觀《補音》三十餘次「殺，申志反」，則是明道本改從本字。

厲公之所以死者，唯無德而功烈多、服者衆也。烈，業也。服者衆，謂魯成十二年會于瑣澤，敗狄于交剛〔一〕；十三年敗秦于麻隧；十五年盟于戚，會吴于鍾離；十六年敗楚于鄢陵，會于柯陵，伐鄭〔二〕；十七年同盟于柯陵。　○孫鑛：范文子四章似一事而所傳各異，此章蓋集大成者，精語萃矣（盧之頤校訂《國語》）。　○户埼允明：服者衆，謂諸侯服從者衆多，注數往年盟會，非也。　◎志慧按：各本皆將本段上屬，玩其語氣，當係後人抑或是這一部分言類之語的編者對上述材料的總結性評論，《左傳》「君子曰」差近之，兹特予提行。

【彙校】

〔一〕狄，公序本多作「翟」，此與明道本同，作「狄」者全書僅三例，此其一。

〔二〕此六字，明道本、正統本僅作「並會伐鄭」，疑有脱誤，《考異》謂會於柯陵即《左傳》「次于鄭西」之師也，杜注：「柯陵，鄭西地。」明道本以《春秋》十六年無會柯陵之事，故改易之，非韋氏之舊，其説可從。

8 范文子論德爲福之基

鄢陵之役〔一〕，荆厭晉軍〔二〕，厭，謂掩其不備也〔三〕。《傳》曰：「甲午，晦，楚晨厭晉軍而陳〔四〕。」○《略説》：厭，逼窄也。軍，營壘也。蓋謂楚師遽來，逼窄晉營，使不得出，且無陳兵之地。軍吏患之，將謀。謀所以距扞〔五〕。范匄自公族趨過之，匄，范文子之子宣子也〔六〕。自公族，爲公族大夫。○秦鼎：大夫之子，晉謂之公族，掌之者爲公族大夫。范匄，公族也，此時未爲公族大夫，韋解偶失考。○《辨正》：「自公族」的意思當爲「從公族的陣營中……」，而不是韋昭所説的「爲公族大夫」。曰：「夷竈堙井，非退而何。」夷，平也。堙，塞也。使晉軍平塞井竈〔七〕，示必死，不復飲食。非退而何，言楚必退也。《傳》曰「塞井夷竈，陳於軍中，而疏行首」是也。○賈逵：夷，毁也（釋玄應《一切經音義》卷九引，汪、蔣輯）。　○《舊音》：堙，音因。　○皆川淇園：言楚軍夷竈堙井，是將退，故如此，是其厭不足患也。　○《平議》：乃因楚壓晉軍而陳，地勢迫狹，故平塞井竈以爲戰道，《左傳》所謂「將塞井夷竈而爲行也」，非「示必死，不復飲食」也。將謀者，蓋將謀退也，非畏楚而欲逃，乃欲少退，使有戰地耳。然軍勢一動，不可復止，必有潰敗之憂，故范匄爲夷竈堙井之策，如此則不必退，而自有戰地，乃不退之退也，故曰「非退而何」。　◎志慧按：據《左傳·成公十六年》可知，「塞井夷竈」者乃晉軍，而非楚軍，皆川氏理解有誤。且「塞井夷竈而爲行」正是范宣子「塞井夷竈，陳於軍中，而疏行首」的建議。曲園分析有理，因爲「荆厭晉軍」而列陣，晉軍若要排兵布陣就非退兵不可，但一退兵，則有可能動摇軍心，於是范宣子想出了「夷竈堙井」的辦法，疑原文應該是「非退而可」，因爲戰國古文字常常「可」、「何」通作，隸定時誤將「可」字書作「何」，遂不得解，《詩·魏風·葛屨》「糾糾葛屨，可以履霜」毛傳：「葛屨非所以履霜。」釋「可」作「何」，可爲佐證。**范文子執戈逐之，曰：「國之存亡，天命也，童子何知焉？且不及而言，姦也，必爲戮。」**言義不及匄〔八〕，而匄言之，是爲有姦，故必爲戮。　○《集解》：《淮南·主術訓》：「各守其職，不得相姦。」高注：「姦，亂也。」此文「不及而言」，即不守其職之意，則姦亦當訓「亂」。　◎志慧按：前文范文子曰：「戰若不勝，則晉國之福也；戰若勝，亂地之秩者也。」范文子從戰略高度爲晉國謀長遠，故於此戰一心求敗。范宣子則從技戰術上獻取勝之計，范文子先言天命，其次才責怪兒子，原因在此。苗棼皇曰：「善逃難哉！」文子欲匄讓大臣〔九〕。不蓋掩人〔一〇〕，是爲避難。◎志慧按：苗棼皇，即鬬賁皇，其父鬬越椒仕楚莊王令尹，作亂被殺，賁皇奔晉，食采於苗，故名。既退荆師於鄢陵〔一一〕，將穀，穀，處其館、食其穀也。《傳》曰：「晉師三日館穀。」范文子立於戎馬之前，公戎車馬前也。曰：「君幼弱，諸臣不佞，佞，才也。◎志慧按：幼弱，《左傳·成公十六年》或作「幼」，時在晉厲公六年，在老臣范文子眼裏，晉厲公尚在少不更事之列，故云。吾何福以及此！吾聞之：『天道無親，唯德是授。』吾庸知天之不授晉且以勸荆乎〔一二〕？庸，用也。焉用知天不先授晉以福，使勝楚〔一三〕，而以勸楚脩德以報晉乎？○户埼允明：庸，安也。○《增注》：庸，豈也。○《補正》：庸知，即焉知，可不必添「焉」字。◎志慧按：户埼允明以下諸解皆是也。君與二三臣其戒之！戒，備也。夫德，福之基也，○賈逵：基，址也（《法華經釋文》中引）。無德而福隆，猶無基而厚墉也，其壞也無日矣。」隆，盛也。墉，牆也。○賈逵：隆，豐也（釋慧琳《一切經音義》卷一引）。

【彙校】

〔一一〕明道本、正統本無「陵」字。

〔二〕厭，遞修本、南監本正文同，後二者韋注俱作「壓」，疑金李本整齊之，明道本、正統本經注及《舊音》俱作「壓」，後者云：「本或作『厭』。」下同。

〔三〕《正義》無「掩」字，脱。

〔四〕明道本、正統本無「晨」字，「陳」作「陣」，但下文韋注「陳於軍中」之「陳」各本同，《左傳·成公十六年》同金李本，唯「厭」作「壓」，《説文·厂部》「厭」下段注謂「乃古今字之殊」，「陣」亦「陳」之後起分化字。

〔五〕距，明道本、正統本作「拒」，《説文》無「拒」字，疑後者依常用字改。扞，弘治本作「杆」，後者形訛。

〔六〕明道本無「宣子」二字，疑脱。

〔七〕平塞井竈，明道本、正統本作「塞井夷竈」。

〔八〕義，明道本、正統本作「議」，秦鼎從明道本，是。

〔九〕匃，明道本作「興」，李慈銘指後者誤，其説是，上海師大本徑改從公序本。

〔一〇〕蓋掩，明道本、正統本作「掩蓋」。

〔一一〕明道本、正統本無「陵」字，《考異》謂《内傳》作「鄢陵」，《外傳》作「鄢」，今本不一例者，恐依後人增改也。

〔一二〕荆，明道本、正統本作「楚」，《考異》謂《内傳》作「楚」，《外傳》作「荆」，此其例。

〔一三〕正統本同，明道本無「焉」、「不」字，無「不」者疑脱。《札記》引段玉裁説云：「『用』字衍，焉即用。」「焉」、「用」必有一衍。

9 范文子論私難必作

反自鄢，范文子謂其宗、祝〔一〕宗，宗人。祝，祝史也〔二〕。○《備考》：宗謂祭時拂拭神主之人。祝，司贊名者，即今讀祝文之人也，注云「祝，祝史」，恐非。曰：「君驕泰而有烈，烈，功也。夫以德勝者猶懼失之，而況驕泰乎？君多私，今以勝歸，私必昭。私，嬖臣妾也。昭，顯也。◎志慧按：《魯語下·子叔聲伯辭邑》中魯國的子叔聲伯亦謂厲公「驕而多私」，時在魯成公十六年，晉厲公六年，知厲公多私的名聲已然在外。彼韋注作「多嬖臣也」，此處多一「妾」字，從前文《范文子論勝楚必有内憂》范文子「大其私暱而益婦人田」之預測和「納其室以分婦人」的作者敘述看來，此解較勝。然尚有未盡之義，私與公相對，則厲公之多私指向其淩駕於規則之上、罔顧程序、公器私授的各種劣跡，包括但不限於嬖臣妾，如放任三郤迫害伯宗、輕放曹成公、執魯國季文子等等。究其原因，出於對自身安全的考量，防範與猜忌權臣，甚至輪番整肅大臣就成爲題中應有之義，至此，即使是文武滿朝，仍嫌無人堪用。陽消陰長，於是各路宵小之徒因緣而生。韋昭所揭者正是此類現象，而欒書構陷郤至之所以得逞，原因也在此。**昭私，難必作，**寵私必去舊，去舊必作難。**吾恐及焉。凡吾宗、祝，爲我祈死，**祈，求也。**先難爲免。」**免，免於亂。○《集解》：爲，猶「以」也。**七年夏，范文子卒。**晉厲公七年，魯成十七年。**冬，難作，始於三郤，卒於公。**公殺三郤，欒、中行畏誅，乃殺公〔三〕。◎志慧按：《春秋·成公十六年》：六月，「甲午晦，晉侯及楚子、鄭伯戰于鄢陵。楚子、鄭師敗績。」《左傳·成公十七年》：「六月戊辰，士燮卒。」《春秋·成公十八年》：正月，「庚申，晉弑其君州蒲。」三個時間點分别是公元前五七五年六月六日、公元前五七四年五月六日和十二月二十四日。敘述者未出示「反自鄢」的時間，又借《晉語》使用夏曆的方便將厲公被弑的時間安排在厲公七年，於是，反自鄢——范文子祈死——范文子卒——難作——厲公被弑一系列事件給讀者一氣呵成的感覺，藉以突顯范文子之料事如神，所言不虛。

【彙校】

〔一〕祝，静嘉堂本、南監本、弘治本作「祀」，形訛，三本注文不誤。

〔二〕祝史，明道本、正統本作「家祝」，秦鼎從明道本。

〔三〕殺，明道本、正統本作「弑」。

10 欒書構陷郤至〔一〕

既戰〔二〕，獲王子發鉤。發鉤，楚公子茷也。《傳》曰：「囚楚公子茷〔三〕。」○《舊音》：茷，音吠。○《補音》：茷，扶廢反。○秦鼎：「發」、「茷」音通，《内傳》疏云：此人蓋名發字鉤。◎志慧按：《發正》以爲當依《左傳》作「茷」，而茷是「發鉤」的合音，《集解》、《詳注》從之，唯《左傳》並無此作，「發鉤」的合音也不會是茷。《左傳》成公十六年及十七年皆作「茷」，「茷」「發」上古同爲月部字，故可假借。王引之《經義述聞》卷十二《春秋名字解詁》謂名鉤字發，「茷」係借字，「古人名字並稱者，皆先字而後名」。俞樾《春秋名字解詁補義》更指該名字取自《詩·大雅·皇矣》：「以爾鉤援，以爾臨衝，以伐崇墉。」謂名鉤字伐，「發」係借字。其説甚辨，然未見直接證據，且無法解釋以下現象：《左傳·文公九年》復有一楚公子「茷」，也做了戰俘。姑且存疑。欒書謂王子發鉤曰：「子告君使告晉君。曰：『郤至使人勸王戰，及齊、魯之未至也。言勸楚王使與晉戰也，晉乞師於齊、魯〔四〕，時尚未至，言晉可敗也。且夫戰也，微郤至，王必不免。』微，無也，言郤至見王必下趨，故王得免〔五〕。吾歸子。」子告晉軍如此〔六〕，吾令子歸楚也。發鉤告公，公告欒書〔七〕，欒書曰：「臣固聞之，固，久也。○《增注》：固，故也。郤至欲爲難，使苦成叔緩齊、魯之師，己勸君戰，己，郤至也〔八〕。戰敗，將納孫周，孫周，悼公周也〔九〕。事不成，故免楚王。然戰而擅舍國君〔一〇〕，而受其問，不亦大罪乎？問，謂引也〔一一〕。且今君若使之於周，○虞翻：周，京師（《史記·晉世家》集解引，汪、黄輯）。必見孫周。」公曰：「諾。」欒書使人謂孫周曰：「郤至將往，必見之！」郤至聘於周，公使覘之，見孫周。覘，微視之〔一二〕。是故使胥之昧與夷陽午刺郤至、苦成叔及郤錡〔一三〕，胥之昧，胥童也，及夷陽午〔一四〕，皆厲公嬖臣。郤錡謂郤至曰：「君不道於我，我欲以吾宗與吾黨夾而攻之，雖死必敗國，國敗〔一五〕，君必危，其可乎？」郤至曰：「不可。至聞之，武人不亂，勇而不義，則不爲武。知人不詐〔一六〕，爲詐，則不爲知。仁人不黨。不羣黨也。夫利君之富，○《平議》：利，賴也。富以聚黨〔一七〕，利君寵禄以得富〔一八〕，得富故有徒黨。利黨以危君，君之殺我也後矣。後，晚也。且衆何罪？鈞之死〔一九〕，不若聽君之命。」鈞，等也，等一死，不欲爲亂也。是故皆自殺〔二〇〕。《傳》曰：「三郤將謀於榭，長魚蟜以戈殺之。」言自殺，取其不校自殺之道。○《國語箋》：此亦《國語》駁文語，明云自殺，非謂不校自甘死也，亦不必求合《内傳》，《楚語》言長魚矯殺三郤於榭，彼爲得之。

既刺三郤〔二一〕，欒書殺厲公〔二二〕，乃納孫周而立之，是爲悼公〔二三〕。○《晉世家》：厲公六年閏月乙卯，厲公游匠麗氏，欒書、中行偃以其黨襲捕厲公，囚之。殺胥童而使人迎公子周于周而立之，是爲悼公。悼公元年正月庚申，欒書、中行偃弒厲公。◎志慧按：正月庚申，當前五七四年夏曆十一月初五。復次，「既刺三郤」以下，在欒書構陷郤至的敘述框架之外，爲編者總結之筆，所見今人整理本皆屬上，今提行。此下二篇則係厲公末年大亂的兩個細節，作爲整個事件的補敘。

【彙校】

〔一〕傅庚生選本題作「欒書構陷郤至」，上海師大本題作「欒書發郤至之罪」，似前者更切合文意，敢從之。

〔二〕由此至「是爲悼公」，公序本、《集解》屬上，明道本單列，秦鼎本改從明道本，且云「以下别是一章」，觀上文載范文子祈死，下文載欒書設局陷害三郤，知秦鼎之説是，故從之。

〔三〕囚，静嘉堂本、南監本、弘治本、張一鯤本作「因」，形訛。

〔四〕明道本無「晉」字，疑脱。

〔五〕明道本無「王」字，疑脱，正統本有之。

〔六〕軍，穆文熙編纂本、道春點本同，他本皆作「君」，《删補》謂當作「君」，蓋音之誤，《訂字》、《略説》從之，是。

〔七〕二「公」字，正統本同，明道本俱作「君」，下一「公曰」明道本亦作「君曰」。

〔八〕明道本無此韋注，疑脱，正統本有之。
〔九〕明道本、正統本無「周」字。
〔一〇〕舍，明道本、正統本作「捨」，「舍」、「捨」古今字。
〔一一〕引，遞修本、静嘉堂本、南監本、弘治本、許宗魯本、葉邦榮本同，疑寫工之誤，明道本、正統本作「弓」，張一鯤本、李克家本已改作「弓」。
〔一二〕之，明道本、正統本與《正義》作「也」，當作「也」。
〔一三〕夷陽午，明道本、正統本、《左傳・成公十七年》作「夷羊五」，注同。剌，遞修本、許宗魯本同，明道本、弘治本、葉邦榮本、張一鯤本、李克家本作「剌」，形訛。苦，遞修本、静嘉堂本、南監本、弘治本作「若」，形訛。
〔一四〕明道本無「及」字，據韋注下文有「皆」字，則有「及」者是。
〔一五〕明道本無「國國敗」三字，李慈銘斷其脱，是，正統本有之。
〔一六〕知，明道本、正統本作「智」，注同。
〔一七〕《平議》以爲衍「富」字，《集解》從之，然不可必，《元龜》卷七四六引亦有，如目前之頂真句式，在《國語》中亦頗常見。
〔一八〕得，明道本、遞修本、正統本、《鈔評》同，張一鯤本、李克家本、穆文熙編纂本、《增注》、《正義》作

「爲」,疑張一鯤本誤,其後四種承之。

〔一九〕明道本、正統本句下有「也」字,於語氣,似有者稍長。

〔二〇〕自殺,《補正》疑爲「見殺」之譌,但《元龜》卷七四六及《通鑑外紀》卷六引皆同。

〔二一〕刺,明道本、弘治本、李克家本作「剌」,後者形訛。

〔二二〕殺,明道本、正統本作「弑」。

〔二三〕是,明道本、正統本作「寔」。

11 長魚矯欲殺欒中行不獲命奔翟避禍〔一〕

長魚矯既殺三郤〔二〕,乃脅欒、中行,謂與胥童共脅之也。脅,劫也。欒,欒書。中行,中行偃。○賈逵:愶,劫也(釋慧琳《一切經音義》卷十八引)。○《補音》:行,户郎反。而言於公曰:「不殺此二子者,憂必及君。」言二子懼誅,必將圖君。公曰:「一旦而尸三卿,不可益也。」○秦鼎:尸,陳其尸也。對曰:「臣聞之:亂在内爲軌〔三〕,在外爲姦。禦軌以德,禦姦以刑〔四〕。禦,止也。以德,以德綏之。以刑,謂誅除也。今治政而内亂,不可謂德。除鯁而避强,不可謂刑。鯁,害也。○賈逵:梗,害也(釋慧琳《一切經音義》卷五十引)。○《略説》：强，勢强也。言惟殺郤而不忍欒、中行，是避强也。**德刑不立，姦軌並至，臣脆弱，弗能忍俟也**[五]。」○《正義》：脃，《説文》：「小耎易斷也。」《莊子》曰：「其生也柔脃。」《管子·事語篇》「城脃致衝」是也。**乃犇翟**[六]。**三月，厲公殺**[七]。魯成十七年十二月，長魚蟜奔翟。閏月，欒、中行殺胥童。十八年正月，厲公殺。○《集解》：魯正月，晉三月也，晉行夏時。◎志慧按：晉正月，魯三月，「三月厲公殺」之「三月」指的是三個月之後。復次，穆文熙《鈔評》謂長魚矯「灼知禍本，脱屣榮位，可謂異人」，得編者之意。唯長魚蟜小人得志，肆無忌憚，如何能得編者青睞？替厲公干臟活、開殺戒之後，編者又何以單單看中了其預見力？究其原因，一是敘述者爲可能的利益攸關方——譬如因爲三郤的倒臺，在晉國的政治拼盤中獲得了更大的份額；二是《左傳》與《國語》的復仇敘事掩蓋了長魚蟜等的血腥與殘忍，或者三郤的顢頇跋扈使長魚蟜等的血腥殘忍獲得了某種正當性。在復仇的快感中，編者與受衆的價值認知出現倒退，柳宗元《非國語》斥其「惑甚也夫」，甚是。如果再比較文公朝趙衰舉賢、平公朝郤獻子分謗，靡笄之役後郤獻子與范文子、欒武子一干臣工各推功於上，可見晉國貴族精神和道德的滑坡。

【彙校】

〔一〕傅庚生《國語選》該篇題作「長魚矯脅欒中行」，今人注本如上海師大校點本及薛安勤、王連生

《譯注》皆承之，穆文熙《鈔評》題作「長魚蟜奔翟」，《左傳·成公十七年》林堯叟注謂「長魚矯請去以避禍」，柳宗元《非國語》則批評《國語》「著其言而徵其效，若曰矯知幾者」，其説得《國語》言類之語的體例，今綜合林、穆二氏之意並從編者立場施題。

〔二〕蟜，明道本、正統本與《左傳·成公十七年》作「矯」，下同。

〔三〕軌，《左傳》同，釋文云：「本又作『宄』。」明道本、正統本作「宄」，「軌」通假字，「宄」本字，下同。

〔四〕明道本首「禦」作「御」，次「禦」與公序本同，疑爲依《左傳·成公十七年》文修改又修改未盡之跡。《左傳·成公十七年》「軌」與「姦」互乙，户埼允明謂本文「德」、「刑」字以傳寫誤。《左傳》前文曰：「亂在外爲姦，在内爲軌。」據愛有等差原則，原意當爲對内以德，對外以刑，如此則更可能是《左傳》誤倒，原文當如下：亂在外爲姦，在内爲軌。御軌以德，御姦以刑。如此語序切近上古A、B——B、A的連珠表達式，傳寫過程中，因後來者習慣於A、B——A、B的順序表達式，遂誤倒了「姦」和「軌」。

〔五〕弗，明道本、正統本作「不」。

〔六〕犇，明道本、正統本作「奔」。

〔七〕殺，明道本、正統本作「弑」，注同，下同。

12 韓獻子不從欒中行召

欒武子、中行獻子圍公於匠麗氏〔一〕，匠麗氏，晉嬖大夫也〔二〕。乃召韓獻子，獻子辭曰：「殺君以求威〔三〕，非吾所能爲也。求威，求立威也。威行爲不仁，事廢爲不知〔四〕，威行於君爲不仁，事廢不成爲不知。享一利亦得一惡，非所務也。○《略説》：利，謂立威也。惡，謂弑逆也。昔者吾畜於趙氏，畜，養也。韓獻子見成養於趙盾。孟姬之讒〔五〕，吾能違兵。孟姬，趙盾之子趙朔之妻，晉景公姊也〔六〕，與盾之弟樓嬰通，嬰兄趙同、括放之。姬譖同、括於景公，景公殺之。時獻子能違其兵難，卒存趙氏〔七〕。未可脅與殺君也〔八〕。在魯成十八年〔九〕。○《左傳·成公十七年》杜注：違，去也。韓厥少爲趙盾所待養，及孟姬之亂，晉將討趙氏，而厥去其兵，示不與黨。言此者，明己無所偏助。孟姬亂在八年。人有言曰：『殺老牛莫之敢尸。』而況君乎？尸，主也。○《爾雅·釋詁》：尸，主也。○《正義》：尸，主也。《爾雅·釋詁》文，《禮·學記》「當其爲尸」鄭注：「尸，主也。爲祭主也。」◎志慧按：主，猶主其事，猶今言出頭。二三子不能事君，安用厥也！」中行偃欲伐之，欒書曰：「不可。其身果而辭順。果，謂敢行其志也。順無不行，果無不徹。順者，人從之，故無不行。果者，志不疑，故無不徹。徹，達也。犯順不祥，伐果不克。克，勝也。夫以果戾順行〔一〇〕，民不犯也。戾，帥也，以果敢帥順道而行之，故民不犯。○《略説》：戾，至也，至亦有達意。言果則必至，順則必行也。○《備考》：戾，定也，果敢以定事，和順以行政，則民無犯者。注訓戾爲帥，恐非。○《平議》：《爾雅·釋詁》曰：「戾，止也。」以果戾順行，謂以果戾，以順行也。非謂以果帥順而行也。止所當止，其止也果矣，是謂果戾。行所當行，其行也順矣，是謂順行。◎志慧按：戾有至義，復有定義，唯於此似釋爲與「至」、「定」義有交集的「止」更密合，韋昭「以《爾雅》齊其訓」，不知何以於「果戾」一詞別立新説。吾雖欲攻之，其能乎！」乃止。

【彙校】

〔一〕圍，《述聞》：「當作『園』，因形似而誤。」其説於義是，《集解》從之。

〔二〕晉嬖大夫也，明道本、正統本作「嬖大夫家」。

〔三〕殺，明道本、正統本作「弑」。

〔四〕知，明道本、正統本作「智」。

〔五〕「孟姬」前，明道本、正統本有「趙」字，《考異》疑衍，是。

〔六〕姊也，明道本作「之姊」，正統本作「之姊」。

〔七〕氏，明道本、正統本作「武」。
〔八〕與，明道本、遞修本、正統本同，《增注》、《正義》作「以」。
〔九〕十八年，明道本、正統本作「八年」，事在魯成公八年，公序本衍。
〔一〇〕明道本無「順行」二字，據注當脱，李慈銘、《集解》、《斠證》亦作如是説。

晉語六卷第十二

國語卷第十三

晉語七

1 悼公新政〔一〕

既弒厲公〔二〕，**欒武子使知武子、彘恭子如周迎悼公**〔三〕。武子，欒書也。知武子，荀罃也。彘恭子，士魴也，食邑於彘。悼公，周子也，時年十四。○《正義》：《漢（書）·地理志》：「河東郡彘縣，霍太山在東，周厲王所奔。」○《發正》：《內傳·成十八年》杜注云：「魴，士會子。」又《宣十二年》「先縠佐中軍」注：「彘季。」服注云：「食采於彘。」十三年，殺先縠，盡滅其族。十六年，士會將中軍。蓋先氏滅後，以與士氏，故魴亦食邑於彘也。○《補正》：先縠初食采於彘，謂之彘季，當是先氏滅後，以與士氏，故士魴稱彘恭子也。○《集解》：事在魯成十八年正月。**庚午，大夫逆于清原**，清原，晉境。○《集解》：即晉文公八年行蒐之地。◎志慧按：庚午，時在周曆正月十五日，夏曆前五七二年十一月十五日。**公言於諸大夫曰：「孤始願不及此**，及，至也。**孤之**

及此，天也。引天以自重。抑人之有元君，將稟命焉。元，善也。稟，受也。○龜井昱：元，首之義也。○《集解》：稟，疑當爲倉廩之「廩」，蓋謂人之有元君，猶有倉廩以資生命也，故下即言穀。若讀爲稟受之「稟」，則下云「焚穀」、「穀不成」義不相屬矣。◎志慧按：《楚語上》：「王言以出令也，若不言，是無所稟令也。」「稟令」即此稟命，猶受命，徐氏求之過深，韋注無誤。若稟而棄之，是焚穀也；穀，所仰以生也〔四〕。○吳闓生：此借稟爲「廩」也。其稟不材〔五〕，是穀不成也。不材，不可用也。不成，謂秕也。○《備考》：不材，不用也，注「可」字可刪。穀之不成，孤之咎也；成而焚之，二三子之虐也。孤欲長處其願〔六〕，出令將不敢不成，不敢爲秕政也。二三子爲令之不從，故求元君而訪焉。訪，謀也。爲民不從大夫之命〔七〕，故求善君而謀之。○《存校》：言前者君令之不從，故求元君。注謂民不從大夫之命，未然。孤之不元，廢也，其誰怨？廢，以不善見廢。○帆足萬里：不元，猶不君也。元而以虐奉之，二三子之制也。制，專制也。若欲奉元以濟大義，將在今日；若欲暴虐以離百姓，反易民常，亦在今日。反易民常，下不事上也〔八〕。圖之進退，願由今日。」悼公承篡殺之後，嫌臣下不從，故以此約厲焉〔九〕。

◎志慧按：薛安勤、王連生《譯注》：「（悼公）的訓話演説很有氣魄，義正辭嚴，寓强於弱，柔中透剛，具有震懾人心的力量。」其説是。可是，在群狼環伺的晉國朝堂——悼公口中兩個「虐」、一個「暴虐」即可見形勢的凶險與悼公心中的恐懼，一個十四歲的少年又如何於柔弱中滋生出剛强的力量？還是韋注有識見：「引天以自重。」在天命觀念相對比較流行的晉國，用天作爲其權力合法性的依據，比德行、能力等更有説服力。在這個邏輯下，順勢舉行了一場盟誓儀式，《左傳・成公十八年》：「二三子用我今日，否亦今日。共而從君，神之所福也。」爲其權力再加了一道保險。韋昭引而未發，特爲之釋證。**大夫對曰：「君鎮撫羣臣而大庇廕之**〔一〇〕，**無乃不堪君訓而陷於大戮，以煩刑史**〔一一〕，刑，刑官，司寇也。史，大史〔一二〕，掌書法也。○《述聞》：無乃，猶得無也。刑史，謂刑官之史，掌刑書以贊治者。陷於大戮，則刑官之史得書其罪，故曰「以煩刑史」。○秦鼎：言君德意欲撫群臣，而群臣或有不堪君訓，則恐陷於大戮，辱君之命，故不得不承業也。○《標注》：煩刑史，猶言煩簡書也。刑史，指書獄之吏也，非兩官。○《集解》：史，疑爲「吏」字之脱譌。刑吏，即謂刑官之司寇也。◎志慧按：先秦時期秉筆以事君者皆可謂之史，《集解》之疑未見所據。**辱君之允令，**允，信也。**敢不承業？」乃盟而入。**承，奉也。業，事也。

【彙校】

〔一〕穆文熙《鈔評》題作「悼公新政」，葉明元《抄評》題作「悼公入晉」，「二月乙酉」下二本俱單列，題作「悼公用人復伯（霸）」，傅庚生選本題作「欒武子立悼公」，上海師大本承之。似《鈔評》最勝，今從之。

〔二〕弑，明道本、遞修本、正統本、葉邦榮本同，静嘉堂本、南監本、弘治本、許宗魯本、張一鯤本、李克家本作「殺」，《舊音》出「殺」，云：「式志反。」則各有所本。

〔三〕知武子，《補音》：「知，本或作『智』。」明道本、正統本作「智武子」，下同。

〔四〕生也，秦鼎從陳臥子本作「生者」，於句法可從。

〔五〕「不材」前，明道本、正統本有「而」字，似可從，《考正》從增。

〔六〕願，秦鼎疑「元」之訛，有理，但各本及《文章正宗》卷十六引同。

〔七〕命，明道本、正統本作「令」，命爲「令」的孳乳字，戰國文字中常通作。

〔八〕明道本、正統本句首有「謂」字，《考正》、秦鼎從明道本，可從。

〔九〕明道本、正統本無「下」、「焉」二字，疑無「下」字者脱。

〔一〇〕蔭，明道本、正統本作「廕」，義符更旁字也。

〔一一〕斷句從《述聞》之説

〔一二〕大史，明道本作「太史」。

辛巳〔一〕**，朝于武宮。**武宮，武公廟。○孔晁：以辛未盟入國，辛巳朝祖廟〔二〕，取其新也（《左傳·成公十八年》正義引，汪、黄、蔣輯）。○秦鼎：成公、悼公皆即位武宮，蓋用文公例。◎志慧按：辛巳，時在前五七四年夏曆十一月二十六日。**定百事，立百官，**議定百事，而立其官，使主之。謂改其舊時之非者。○《標注》：兩「百」字，並語多數也，而各言之耳，不當相紐結。**育門子，選賢良，**門子，大夫適子〔三〕。《周禮》曰：「其正室皆謂之門子。」育，長也。長育其材〔四〕，選用賢良也。○《正義》：《周禮・小宗伯》鄭注：「正室，適子也，將代父當門者也。」《内傳》「鄭伯及晉盟於戲，六卿及門子皆從」，又，「子孔爲載書，大夫與門子弗順」，出列會盟，入參謀議，列國之重門子如此。長育其材，即下文「使惇惠者教之」之等也。**興舊族，出滯賞，**舊族，舊臣之子孫。滯賞，謂有功於先君未賞者，謂呂相之屬也。**畢故刑，赦囚繫，**故刑，若今被刑居作者。畢之，不復作也〔五〕。囚繫者赦之，《傳》曰「宥罪戾」是也。**宥閒罪，薦積德，**閒非〔六〕，刑罰之疑者。宥，赦也。薦，進也，積德之士，進用之。**逮鰥寡，**逮，及也，惠及之也〔七〕。**振廢淹，**振，起也。淹，久也。謂本賢人，以小罪久見廢〔八〕，起用之。○《標注》：亦有不幸，亦有連累，亦有讒冤，不必論，注「小罪」失當。◎志慧按：《爾雅・釋詁上》：「淹，久也。」韋昭有據。唯此「廢淹」與「鰥寡」、「老幼」、「孤疾」並列，則「淹」爲名詞而非形容詞，《左傳・昭公十四年》敘楚平王善政，其中一段文字與晉悼之善政多同，云：「長孤幼，養老疾，收介特，救災患，宥孤寡，赦罪戾，詰奸慝，舉淹滯。」杜注：「淹滯，有才能而未敘者。」是「淹」亦滯者、留者。**養老幼，**養有常餼。**恤孤疾，**無父曰孤。疾，廢疾也。**年過七十者**〔九〕，**公親見之，**謂賢知事者。**稱曰王父，王父不敢不承**〔一〇〕。稱曰王父，尊而親之，所以盡其心也〔一一〕，故王父不敢不承命。　○《略說》：王父即祖父，尊親之稱也。言公既尊稱王父，不敢不承事焉。　○秦鼎：王父，猶曰「仲父」。又曰：故老大臣，大抵偃蹇，不肯屈事，今尊親之以盡其心，是以不得不承君命也。　○《補正》：「敢不承」三字，乃公語七十者之謙詞也，注非。　◎志慧按：王父即祖父，晉悼公即位時纔十四歲，稱年過七十者爲王父並不費解，韋注、《略說》、《補正》說皆是也，秦鼎誤。

【彙校】

〔一一〕巳，臧琳《經義雜記》卷十七云：「庚午既盟而入，故明日辛未即朝於始祖廟，若作『辛巳』，則與盟而入之日相去十有二日，久入而不朝，何也？《國語》『巳』字誤。」《正義》據服虔本《左傳》作「辛未」，謂「若辛巳，則上距庚午已十日，此一旬中，豈悼公安居伯子同氏而任君位之虛懸乎？知服本之可信矣」。《發正》亦謂當作「未」，謂盟之次日，《集解》從改。《斠證》則謂：「悼公遠質於周，因强臣之協議入而爲君。厲公既弑，有兄無慧，年幼遠質，私黨未成。內無爭位之族，外無猜忌之臣。雖逐不臣者七人，皆夷羊五厲公嬖幸之臣也。是以朝廟後五日始即位，想見其從容大雅之態，與晉文之亟亟情形殊難類比，則作『辛巳』未必非是。故杜注亦云：『朝廟五日而即位也。』即位爲乙酉，五日正是辛巳，是杜本《左傳》作『辛巳』明甚。《內外傳》

既同，如無確證，不當輕從異説也。」張氏證據詳實，分析縝密，結論可以采信。

〔二〕《輯存》：「今本《左傳》『辛巳朝于武宫』，服虔本作『辛未』，故孔晁據之。」

〔三〕明道本、正統本「適子」前有「之」字。

〔四〕材，明道本、正統本作「才」。

〔五〕也，明道本作「矣」。

〔六〕非，明道本、遞修本、正統本、南監本等作「罪」，作「非」者字殘。

〔七〕惠及之也，明道本、正統本作「謂惠及也」，疑脱「之」字。

〔八〕久，遞修本、静嘉堂本、南監本、弘治本、許宗魯本作「人」，形訛。

〔九〕明道本無「者」字，疑脱，正統本有之。

〔一〇〕明道本、正統本正文不重「王父」，韋注「故」下明道本、正統本亦無「王父」二字，《考正》從有，《考異》、李慈銘謂當删，據義，似皆當從無。明道本、正統本正文亦無首「不」字，據韋注各本作「不敢不承」及前文悼公對諸大夫言「出令將不敢不成」，則是有首「不」者是。

〔一一〕其，弘治本作「共」，後者字訛，遞修本「其」字有明顯補刻痕跡。

二月乙酉〔一〕，公即位。先館於外，至此乃就宫朝也。《傳》曰「館于伯子同氏」是也。○孔晁：二月即位，（《晉語》）言正月者，記者誤也（《左傳·成公十八年》正義引，汪、黄、蔣輯）。◎志慧按：《左傳·成公十八年》：「二月乙酉朔，晉悼公即位于朝。」使呂宣子佐下軍〔二〕，宣子，呂錡之子呂相也。曰：「邲之役，呂錡佐知莊子於上軍〔三〕，上，當爲「下」，字之誤也。呂錡，廚武子也。知莊子，荀首也，時爲下軍大夫。事在魯宣十二年。唐尚書云「荀首時將上軍」〔四〕，誤矣〔五〕。◎志慧按：唐固蓋未嘗深考史實也，韋昭有訂誤之功。獲楚公子穀臣與連尹襄老，以免子羽。連尹，楚官名。子羽，知莊子之子罃之字也〔六〕。邲之戰，楚人囚知罃〔七〕，莊子以其族反之，廚武子御莊子，射襄老，獲之。遂載其尸，射公子穀臣，囚之。以二者歸。魯成三年，晉人歸楚穀臣與襄老之尸，以求知罃，楚人許之，故曰「以免子羽」。鄢之役，親射楚王而敗楚師〔八〕，魯成公十六年〔九〕，晉楚戰于鄢陵〔一〇〕，呂錡射楚恭王，中目，楚師敗。楚養由基射呂錡，中項而死。以定晉國而無後，無後，子孫無在顯位者。其子孫不可不崇也〔一一〕。」崇，高也。使彘恭子將新軍，曰：「武子之季、文子之母弟也。季，少子也。武子，士會。文子，士燮也。母弟，同母弟也。武子宣法以定晉國，至於今是用。宣，明也。法，《執秩》之法。○户埼允明：宣，布也。下「宣惠」同。文子勤身以定諸侯，至於今是賴。定諸侯，謂爲軍帥，能使諸侯事晉也。賴，蒙也。○《述聞》：佐下軍者，彘恭子，非呂宣子也……將新軍者，呂宣子，非彘恭子也。傳寫者上下錯亂耳。○《增注》：賴，諸侯倚賴於晉也。夫二子之德〔一二〕，其可忘乎？」故以彘季屏其宗。屏，藩也。使令狐文子佐之，文子，魏犨之孫、魏顆之子魏頡也〔一三〕。令狐，邑名。○《正義》：令狐，在今山西平陽府猗氏縣境内。曰：「昔克潞之役〔一四〕，秦來圖敗晉功，魏顆以其身卻退秦師于輔氏〔一五〕，親止杜回，其勳銘于景鍾。克，勝也。魯宣十五年六月癸卯，晉荀林父將滅赤翟潞氏。七月，秦桓公伐晉，次于輔氏，欲敗晉功〔一六〕。壬午，晉景公治兵以略翟土〔一七〕。及洛〔一八〕，魏顆敗秦師于輔氏，獲杜回。輔氏，晉地。杜回，秦力士也。勳，功也。景鍾，景公之鍾〔一九〕。○賈逵：潞，夷狄姓也（邵思《姓解》卷一引）。○《正義》：景，大，《爾雅·釋詁》文。○《釋地》：潞，赤翟潞氏，隗姓，子爵，其故城在今潞安府潞城縣東北四十里。輔氏，晉地，今同州府朝邑縣西北十三里有輔氏城。○《補正》：景，大也，謂大鍾，不訓景公。◎志慧按：今山西省潞城市辛安泉鎮潞河村、古城村一帶尚存春秋潞子國都城遺址，附近續村有潞子嬰兒墓。輔氏，在今陝西大荔縣，一九五八年，因修三門峽水庫，朝邑併入大荔縣。關於「景」之義訓，董、吴説是。魯宣十五年六月癸卯，當公元前五九四年夏曆四月十八日；七月壬午，五月二十八日。至于今不育，其子不可不興也。」育，遂也。○《辨正》：育不該釋作「遂」，而是通作「胄」，《説文·肉部》：「胄，胤也。」同部：「胤，子孫相承續也。」《尚書·洛誥》「予乃胤保」孔安國傳：「胤，訓繼也。」《左傳·隱公十一年》「大岳之胤也」杜注同。育、胄古文中常常互相通用，王引之《經義述聞·書·教胄子》云：「教胄子，《説文》引作『教育子』。」《爾雅·釋詁》：「胄，長也。」郝懿行《義疏》亦云：「育，又通作『胄』。」皆其例也。至於今不育（胄），意爲至今尚無人繼承魏顆的地位。

【彙校】

〔一〕此至「使爲贊僕」，公序本、《集解》屬上，明道本單列，此與上下文皆述悼公「定百事，立百官，育門子，選賢良……」等新政，不當分割，秦鼎本改從明道本，實非。《正義》云：「（孔）晁及（孔）穎達所見《國語》並是『正月』，今本作『二月』，後人依《內傳》擅改，此傳於義雖得，而非《傳》文之舊。」《述聞》云：「晉行夏時，二月當爲十二月。」並謂《左傳正義》「正」字即「十二」之合譌。秦鼎云：「《傳》疏引此云：『正月乙酉，公即位。』然則《國語》舊作『正月』，宋公序輩改爲『二月』耳。」其實，乙酉係周曆正月之晦，公曆一月十八日，孔晁所見《國語》原作「正月乙酉」無誤，《左傳》作「二月乙酉朔」，係一種曲筆，蓋晦日不宜舉大事，記録時臨時將二月朔日前置，亦逢兇化吉的權宜之計。《正義》及秦鼎謂《國語》今本作「二月」，係後人依《左傳》改。《述聞》之誤源於未查朔日干支而流於猜測，《補正》云：「此因《內傳》而誤，晉用夏正，周之正月，夏之十二月也。」更不知今夕何夕。

〔二〕佐，《左傳·成公十八年》正義引同，明道本、正統本作「將」，《述聞》謂當作「佐」，是。又，《述聞》綜合《左傳》及杜注、《晉語七》下文謂佐下軍者彘恭子，先趙文子而將新軍者吕宣子，非彘恭子，並謂《晉語》本部分傳寫錯亂。《述聞》於史實之考訂誠是，然謂錯在傳抄過程則無據，《國語》原始文本與史實相睽者不少，要不全視爲史實可也。

〔三〕知，明道本、正統本作「智」，下同。

〔四〕明道本、正統本無「時」字，疑脱。

〔五〕矣，明道本、正統本作「也」。

〔六〕「罃」前，明道本、正統本有「智」字，疑公序本脱「知」字，秦鼎從補。

〔七〕囚，靜嘉堂本、南監本、弘治本作「因」，字訛。

〔八〕躲，明道本、正統本、靜嘉堂本、南監本、弘治本作「射」，《考正》據《補音》謂「躲」即「射」字，斷古本如是。「躲」爲「射」之古字。

〔九〕遞修本、南監本同，明道本、正統本、《增注》無「公」字，韋注上下文多省「公」字，此疑後增。

〔一〇〕《述聞》據《左傳·成公十八年》正義引無「孫」字，斷「孫」字衍，《考異》並謂與下文「其子不可不興也」句法正同，當據以訂正，二説皆可從。

〔一一〕二子，明道本、遞修本、正統本同，張一鯤本、李克家本、《增注》、《正義》作「二三子」，《訂字》、《略説》、户埼允明、《考正》俱斷其衍，是，蓋言武子、文子也。

〔一二〕明道本、正統本無次「魏」字。

〔一三〕潞，《文選》楊德祖《答臨淄侯箋》李善注引作「路」，古通。

〔一四〕《左傳·成公十八年》正義、《初學記》樂部下、《事類備要》外集卷十三樂器門引無「其」字，前二者「秦」下並無「師」字。

〔一五〕功，明道本、正統本作「兵」，《考異》斷「功」字誤，是。

〔一六〕土，明道本同，遞修本、弘治本、許宗魯本、葉邦榮本作「士」，後者字訛。静嘉堂本、南監本漫漶不可識。

〔一七〕洛，明道本、正統本、《正義》與《左傳·宣公十五年》作「雒」，張一鯤本似作「潞」之殘字，孔氏詩禮堂本作「潞」，《考正》謂當以「洛」字爲正，是。《正義》據明道本修訂，但未説明。

〔一八〕之鍾，明道本、正統本作「鍾」。

君知士貞子之帥志博聞而宣惠於教也〔一〕，使爲太傅。貞子，晉卿，士穆子之子士渥濁。帥，循也。宣，徧也。惠，順也。○皆川淇園：志，記也。知右行辛之能以數宣物定功也，使爲司空〔二〕。右行辛，晉大夫賈辛也。數，計也。宣，明也。物，事也。能以計數明事定功，故使爲司空〔三〕。司空掌邦事，謂建都邑、起宮室、經封洫之屬。○《補正》：《内傳·僖十年》有右行賈華〈辛〉，殆其後，故以官爲氏。元司空，司空之長，與下元尉、元司馬、元候同。知欒糾之能御，以和於政也，使爲戎御。欒糾，晉大夫卞糾也〔四〕。政，軍政〔五〕。戎御，御公戎車也。知荀賓之有力而不暴也，使爲戎右。荀賓，晉大夫。戎右，公戎車之右。有力而不暴，故可親近之〔六〕。

【彙校】

〔一〕君，各本同，《訂字》謂宜作「公」，似兩通。

〔二〕司空，明道本、正統本作「元司空」，下文有「元司馬」、「元候」，《考正》謂按注不當有「元」字，《考異》謂元者大也，大司空居卿官而實非卿，李慈銘云：「此本涉下『元司馬』而誤衍耳。下文『元尉』、『元司馬』、『元候』，皆以元爲中軍之稱。韋於下『元』字皆有注，而此處僅注司空，則本無『元』字可知。以大司空爲元司空，古所未聞，《左傳正義》引此正無『元』字。」右行辛爲司空，見載《左傳·成公十八年》，李説詳密，可以采信，《斠證》亦以無「元」字爲是。

〔三〕明道本無「使」字，疑脱。

〔四〕卞，明道本、正統本與《左傳·成公十八年》作「弁」，《考異》謂「卞」係「弁」之俗寫。弘治本、許宗魯本作「子」，形訛，疑因其祖本南監本殘損不可識也。

〔五〕軍，弘治本作「事」，字訛。

〔六〕明道本、正統本「近」下無「之」字，明道本「有力」前有「知」字。

欒伯請公族大夫，欒伯，欒武子。公族大夫，掌公族與卿之子弟。○孔晁：公族大夫，掌公族及卿大夫子弟之官（《左傳・宣公二年》正義引，汪、黄輯）。○《左傳・宣公二年》正義：公族大夫，是公族主教誨也。○《標注》：公族大夫，唯以教導卿大夫之子弟爲職也，若公族，晉無之。**公曰：「荀家惇惠，**荀家，晉大夫。**荀禬文敏**〔一〕，荀禬，荀家之族。○《舊音》：禬〔二〕，古外反。《内傳》作「會」，本亦無此「禬」字，但從《傳》，未知孰是。**黶也果敢，**黶，欒書之子桓子也。**無忌鎮靖**〔三〕，無忌，韓厥之子公族穆子也。鎮，重也。靖，安也。**使茲四人者爲之。**茲，此也。○《備考》：孔晁云：「備公族大夫，則韓無忌先爲公族大夫，今言使爲之者，悼公始命百官更改新授之。」按下章云：「韓獻子老，使公族穆子受事于朝，辭曰：『厲公之亂，無忌備公族，不能死。』」故孔晁之言如此。◎志慧按：《備考》所引孔晁之語見載《左傳・成公十八年》正義。**夫膏粱之性難正也**〔四〕，膏，肉之肥者。粱，食之精者。言食肥美者率多驕放，其性難正也。○賈逵：膏，肉之肥者。粱，食之精者。言其食肥美者率驕放，其性難正也（《文選》王子淵《聖主得賢臣頌》李善注引，王、汪、黄、蔣輯）。○葉明元《抄評》：時多用公卿之子，故慎所以教之如此，然未有如公之曲盡者。**故使惇惠者教之，**教之道藝。**使文敏者道之**〔五〕，道其志也。**使果敢者諗**

之，諗，告也，告得失也。○《補音》：諗，式荏反。◎志慧按：《説文·言部》：「諗，深諫也。」側重在失，而「得」義不與焉。**使鎮靖者脩之。**脩治其氣性。**惇惠者教之，則徧而不倦；**倦，懈也。**文敏者道之，則婉而入；**婉，順也。○《標注》：婉有逍遥、逶迤之意，注「順」字未允。**果敢者諗之，則過不隱；鎮靖者脩之，則壹。**」壹，均一也[六]。○《增注》：壹，其心志不二也。**使茲四人者爲公族大夫。**◎志慧按：本句非悼公之言，點校本《集解》置於下引號之内，誤。

【彙校】

〔一〕荀襘，《通鑒前編》卷十四引同，明道本、正統本作「荀會」，注同，《左傳·宣公二年》正義及《元龜》卷二三九皆引作「會」，是明道本改從《左傳》，還是《國語》傳本原有歧異，皆無可考知。

〔二〕襘，遞修本正文作「禬」，此誤，次同。

〔三〕靖，明道本、正統本作「静」，古通，次同。

〔四〕膏粱之性，郭璞《山海經傳·海内經》引作「膏粢之子」，但《文選·君子有所行》李善注引作「膏粱之性」，並引賈逵注曰：「膏，肉之肥者。粱，食之精者。」與韋注同，疑郭璞誤引。難正，《顏氏家訓·音辭篇》引古人云：「膏粱難整。」亦疑係意引。

〔五〕道，明道本、正統本作「導」，出本字也，次同。

〔六〕均，静嘉堂本、南監本「均」字兩點脱爛，弘治本作「切」，字訛。

公知祁奚之果而不淫也，使爲元尉。祁奚，晉大夫，高梁伯之子也。元尉，中軍尉也。○《略説》：《内傳》疏云：「元，大也。中軍尊，故稱大也。」元司馬、元侯義同。○《補正》：祁，姬姓，晉獻侯四世孫，食邑於祁。《吕覽》高注：「奚，字黄羊。」◎志慧按：《莊子·至樂》陸德明《釋文》：「羊奚，草名，根似蕪菁。」則奚與黄羊皆草名，故得一名一字。**知羊舌職之聰敏肅給也，使佐之。**羊舌職，晉羊舌大夫之子。敏，達也。肅，敬也。給，足也。○賈逵：給，足也（《原本玉篇殘卷·糸部》引）。○《述聞》：肅之言速，給之言急也。《爾雅》曰：「肅，速也。」肅、速，疾也。《論語·公冶長篇》：「禦人以口給。」孔傳曰：「佞人口辭捷給。」皇侃疏曰：「給，捷也。」是肅、給皆疾也。聰、敏言其通達也，肅、給言其敏捷也，四字義相貫注，韋注失之。○《標注》：敏是懈弛之反對，與「達」不同。◎志慧按：《爾雅·釋詁》：「肅，疾也。」又，「肅，敬也。」此與「給」同義合成，自當釋作「疾」，韋昭雖「以《爾雅》齊其訓」，然亦偶有取去不精者。**知魏絳之勇而不亂也，使爲元司馬。**魏絳，魏犨之子莊子也〔一〕。元司馬，中軍司馬也。**知張老之知而不詐也**〔二〕**，使爲元候**〔三〕**。**張老，晉大夫張孟也。元候，中軍候奄也。○秦鼎：候，掌斥候者，作「侯」非也。知鐸遏寇之恭敬而信彊也，使爲輿尉。遏寇，晉大夫。輿尉，上軍尉也。○《略説》：輿尉，《内傳》疏云：「輿，衆也，官與諸軍同，故稱衆也。」輿司馬義同。○《補正》：輿尉，主役屬徒衆之官，不必指上軍，下「輿司馬」亦不必專指上軍也。知藉偃之惇率舊職而共給也〔四〕，使爲輿司馬。藉偃，晉大夫，藉季之子藉游也。輿司馬，上軍司馬也。知程鄭端而不淫〔五〕，且好諫而不隱也，使爲贊僕。程鄭，晉大夫，荀驩之曾孫、程季之子〔六〕。端，正也。淫，邪也。贊僕，乘馬御也，六騶屬焉。○《左傳·成公十八年》：「程鄭爲乘馬御，六騶屬焉，使訓群騶知禮。」杜注：「乘馬御，乘車之僕也。六騶，六閑之騶。《周禮》諸侯有六閑馬，乘車尚禮容，故訓羣騶使知禮。」

【彙校】

〔一〕明道本、正統本無次「魏」字。

〔二〕知，明道本、正統本作「智」。

〔三〕候，《經子法語》引同，《删補》引作「侯」，並云「盧（之頤）本『候』爲『侯』，下『候奄』同。此本誤，盧本爲是」，《訂字》引作「侯」，並謂「他本並作『侯』，注並下同」。户埼允明同其説，皆可從。

〔四〕藉，明道本、正統本、《通鑑前編》卷十四、《元龜》卷二三九引皆作「籍」，注同，《考異》據《左傳・昭公十五年》「孫伯黶司晉之典籍，以爲大政，故曰籍氏」斷「籍」爲本字，可從，注同。率，明道本、正統本作「帥」，古通。共，明道本、正統本作「恭」，出本字也。給，《左傳・成公十八年》正義引作「儉」，上下文都言德性，似作「儉」更勝。

〔五〕「端」前，《左傳・成公十八年》正義引作「爲端」，據上文「勇而不亂」、「知而不詐」等並列句式，知「爲」字衍，疑涉《左傳》正文「爲乘馬御」而衍。《考正》則從補修本增「之」字，據句例可從。

〔六〕驩，《發正》謂當作「雖」，可從。

始合諸侯於虚朾以救宋〔一〕，虚朾，宋地。宋魚石叛宋而之楚〔二〕，楚伐宋，取彭城以封之，故悼公合諸侯以救宋。在魯成十八年。○《舊音》：虚，音祛。朾，音汀。○《補音》：虚，羌居反。朾，它丁反。◎志慧按：《左傳・成公十八年》「仲孫蔑會晉侯、宋公、衛侯、邾子、齊崔杼同盟于虚朾」杜注：「地闕。」《元和郡縣志》卷十「泗水縣」：「漢卞縣之地，即春秋之虚朾地。隋分汶陽縣，于此置泗水縣，屬兖州。」**使張老延君譽于四方，且觀道逆者。**延，陳也，陳君之稱譽於四方，且觀察諸侯之有道德與逆亂者。○賈逵：延，陳也（《文選》左太沖《魏都賦》李善注引，王、汪、黄、蔣輯）。○《述聞》：道，猶順也，謂觀察諸侯之順命與逆命者。○帆足萬里：道逆，從否也。◎志慧按：延君譽于四方，《齊語》載「爲游士八十人……使周游於四方，以號召天下之賢士」，爲相似的制度設計，《黄氏日抄》斥後者爲「以捭闔亂天下」之始作俑者，唯在秦漢以降天下國家的朝貢體制下失其必要性，一旦進入列國競争格局，又很容易卷土重來。**呂宣子卒，**宣子，呂相。**公以趙文子爲文也，**文子，趙武也。文，有文德。**而能恤大事，使佐新軍**〔三〕。説云：「新軍，中軍也〔四〕。」昭謂：時但言新軍〔五〕，新軍無中〔六〕。**三年，公始合諸侯。**悼公三年，魯襄之二年也〔七〕。悼公元年，始合諸侯于虚朾。此復言「始合」者〔八〕，謂四年將會于鷄丘，於此始命之〔九〕。

四年，諸侯會於鷄丘，鷄丘，鷄澤。在魯襄三年。○《釋地》：鷄丘，當在今廣平府永年縣境，若今鷄澤縣乃隋析廣平縣置。◎志慧按：《春秋・襄公三年》：「六月己未，同盟于雞澤。」嘉靖《廣平府志》卷一謂「澤曰雞澤，丘曰雞丘」，公元前五七〇年六月五日，晉悼公與宋、衛、鄭、莒等諸侯於此會盟，今河北省鷄澤縣吴官營鄉舊城營村建有會盟文化園。**於是乎布令**〔一〇〕**、結援、脩好、申盟而還。**令謂朝聘之數，同好惡、救灾患之屬。申，尋也。**令狐文子卒，**文子，魏頡。**公乃以魏絳爲不犯**〔一一〕，不犯，不可犯以非法也〔一二〕。○《略説》：後章及襄三年《傳》載魏絳書曰：「軍事有死無犯爲敬。」言守官不違也。此乃用其語矣。○户埼允明：太宰純曰：「不犯，言魏絳不犯法也。」○秦鼎：不犯，謂能守其職，不受人之犯也。謂若河曲之役，趙孟使人以其乘車干行，獻子執而戮之也；楊干亂行，魏絳斬其僕，是不被犯也。◎志慧按：三位日本學者所說皆可取，「不犯」乃指魏絳本人原則性强，不徇私，不枉法。**使佐新軍。**《傳》曰：「魏絳多功，以趙武爲賢，而爲之佐。」然則讓武使爲將，而絳佐之。**使張老爲司馬**〔一三〕，代魏絳也。**使范獻子爲候奄。**代張老。候奄，元候也。獻子，范文子之族昆弟士富也〔一四〕。**公譽達於戎。**戎，諸戎，無終子之屬。**五年，諸戎來請服，使魏莊子盟之，於是乎始復伯**〔一五〕。莊子，魏絳也。繼文公後，故曰「復霸」。

【彙校】

〔一〕此至「於是乎始復伯」，公序本、《集解》屬上，明道本單列，本段無《國語》常見的「言」，係悼公諸善政的邏輯結果，當依公序本屬上。

〔二〕次「宋」字，静嘉堂本漫漶似「宋」，南監本漫漶不可識，弘治本作「以」，後者誤。

〔三〕《述聞》：「下文始云『使魏絳佐新軍』，此不當與之複，故舊説以新軍爲新中軍，以别於下文之新軍，而韋氏駁之，以時無新中軍，則新軍與下文無别。下文『令狐文子卒，公乃使魏絳佐新軍』，則先魏絳而佐新軍者令狐文子，而非趙文子也，其不得以趙文子爲佐新軍明矣。今案：『佐』字涉下文『使佐新軍』而譌，『佐』當爲『將』，吕宣子本將新軍，宣子卒，故公使趙文子將新軍也。」《集解》據改。

〔四〕明道本無前一「軍」字。

〔五〕但，弘治本作「祖」，字訛。

〔六〕新軍無中，明道本作「無中軍」，《考異》從公序本。

〔七〕明道本、正統本無「之」字。

〔八〕復，明道本作「傳」，上海師大本徑删，似作「復」者稍勝。

〔九〕明道本無「之」字，疑脱。

〔一〇〕令，明道本、正統本作「命」，注同。

〔一一〕明道本、正統本無「乃」字，本句與上文並無明顯的順承關係，疑有者衍，《考正》從删。

〔一二〕本則韋注正統本同，明道本作「不可犯以罪」，似以「非法」取義較寬，《考異》從公序本，是。

〔一三〕司馬，明道本作「司徒」，據注當作「司馬」，蓋上文已云魏絳爲元司馬，此則張老代魏絳也。

〔一四〕士，静嘉堂本、南監本漫漶不可識，弘治本作「戈」，後者字訛。

〔一五〕伯，明道本、正統本作「霸」，「伯」本字，「霸」通假字，久借不歸，後世乃以「霸」爲本字，「伯」爲通假字，好改通假字爲本字的明道本作「霸」，或正因此。

2 魏絳守正不阿悼公知錯即改〔一〕

四年，會諸侯於鷄丘，述上會時。○《標注》：每章特起，何論前後稱述？魏絳爲中軍司馬，公子揚干亂行於曲梁〔二〕，揚干〔三〕，悼公之弟。行，行列也。曲梁，晉地。○《釋地》：曲梁，今廣平府永年縣東北有曲梁故城是也。◎志慧按：西漢曲梁侯國治在今河北鷄澤縣南部，此時曲梁屬晉，當即此地。魏絳斬其僕〔四〕。僕，御也。公謂羊舌赤赤，羊舌職之子銅鞮伯華也。曰：「寡人屬諸侯，屬，會也。魏絳戮寡人之弟，爲我勿失。」戮，辱也。爲我執之勿失也。赤對曰：「臣聞絳之志，○秦鼎：志，謂宿心素行也。有事不避難，有罪不避刑，其將來辭。」辭，陳其辭狀也。言終，魏絳至，授僕人書而伏劍。僕人，掌傳命。聞公怒〔五〕，欲自殺。士魴、張老交止之。交，夾也。僕人授公，公讀書曰：「臣誅於揚干，不忘其死。誅，責也。○《標注》：誅，即戮，不當訓責。日君乏使，使臣狃中軍之司馬。日，前日也。狃，正也。○皆川淇園：狃，習也，言使習其官事。○《增注》：狃，褻瀆也。此謙辭。○《補正》：狃，就也。◎志慧按：狃不訓正，也不訓就，字書中或訓習，或訓狎，或訓忕。此爲謙詞，有充數之義，與「狎」義近，皆川淇園與冢田虎説是也，《標注》亦謂「猶瀆也」。臣聞師衆以順爲武，順，順令也。**軍事有死無犯爲敬，**有死其事，無犯其令，是爲敬命。○帆足萬里：無犯，不爲人所干犯也。○《標注》：注「命」字蛇足。**君合諸侯，臣敢不敬？**敢不敬奉其職。**君不説，請死之。」**請就死〔六〕。**公跣而出，**跣，徒跣也。◎志慧按：古人燕居，脱履户外，「跣足而出」，不及履也，狀悼公急迫之貌。**曰：「寡人之言，兄弟之禮也。子之誅，軍旅之事也，請無重寡人之過。」反役，與之禮食，**反役，自役反也。禮食，公食大夫之禮。**令之佐新軍。**上章曰「以魏絳爲不犯，使佐新軍」是也。○《左傳・襄公三年》杜注：群臣旅會，今欲顯絳，故特爲設禮食。

【彙校】

〔一〕自此至「令之佐新軍」，公序本、《集解》另起，明道本屬上。上文概述悼公的新政與霸業，下文則述魏絳守正不阿、悼公知錯即改的美德，當依公序本別爲一章，今新施標題如上。

〔二〕揚，明道本同，許宗魯本作「楊」，注同，與各本異。

〔三〕韋注「楊」，弘治本、許宗魯本同，與正文異，疑寫工或刻工偶誤，靜嘉堂本、南監本漫漶不清，明道本、遞修本仍作「揚」。

〔四〕斬，明道本、遞修本同，靜嘉堂本、南監本脱爛不可識，弘治本、許宗魯本作「戮」，疑據下文臆補。

〔五〕「聞」前，明道本、正統本有「絳」字，秦鼎謂「似是」，《考正》從補，《考異》謂無者脱，可從。

〔六〕明道本無「死」字，李慈銘斷其脱，可從，上海師大本徑補。

3 祁奚薦子午以自代〔一〕

祁奚辭於軍尉，辭，請老也。公問焉，曰：「孰可？」誰可自代。對曰：「臣之子午可。人有言曰：『擇臣莫若君，擇子莫若父。』午之少也，婉以從令，少，穉也〔二〕。婉，順也。游有鄉，處有所，好學而不戲〔三〕。不戲弄也。○秦鼎：《增注》：「有鄉，所謂『遊必有鄉』也。有所，居所有常所也。」○《略説》：鄉，方向也。其壯也，彊志而用命，此「壯」謂未二十時。志，識也。命，父命也。○《存校》：壯，當作「長」。○《删補》：志，即志氣之「志」，不必訓識也。○帆足萬里：彊志，執志之强也。◎志慧按：韋注指「壯謂未二十時」，《禮記·曲禮上》則云：「二十曰弱，冠。三十曰壯，有室。」《存校》之疑有據，唯斷其當作「長」則無據，《晉語九·董安于辭趙簡子賞》有「臣之少……臣之壯……臣之長」的語序，《論語·季氏》「及其壯也，血氣方剛」，亦接續在「少之時，血氣未定」之後。《晉語六·趙文子冠見諸大夫》郤駒伯對行冠禮的趙文子云：「壯不若老者多矣。」則「壯」與冠外延有交集，疑其時「壯」之外延有寬窄之別，韋昭據其與「冠」相對，取其窄義，即少與冠之間也。守業而不淫。業，所學事業也。其冠也，和安而好敬，冠，二十也。○秦鼎：壯、冠，韋解似有誤。**柔惠小物，**柔，仁也。惠，愛也。**而鎮定大事，**鎮，安也。言知思能安定也〔四〕。○《標注》：鎮定大事，言其豪爽威重，足以鎮壓焉，非「知思」之謂。鎮又與安異科。**有直質而無流心**〔五〕，流，放也。**非義不變，**言從義也〔六〕。**非上不舉。**舉，動也。放上而動。○《平議》：放上而動，而但曰「非上不舉」，甚爲不辭。《周語》「賓之禮事，放上而動」，豈可曰「賓之禮事，非上不舉」乎？上，疑「止」字之誤，《詩・小旻篇》「國雖靡止」，鄭箋曰：「止，禮也。」《荀子・不苟篇》「見由則恭而止」，《大略篇》「盈其欲而不愆其止」，楊注並曰：「止，禮也。」非止不舉，即非禮不舉，與上句非義不變一律。○《補正》：謂非奉上令，不敢妄舉。注語未醒。**若臨大事，其可以賢於臣也**〔七〕。大事，軍事。○户埼允明：前「大事」與「小物」對，後「大事」爲軍事，一章中不可有之也。大事不可分前後，故此句又不可爲軍事，總爲國家大事可知也。**臣請薦所能擇，而君比義焉**〔八〕。**」**薦，進也。所能擇〔九〕，父能擇子也。比，比方也〔一〇〕。義，宜也。○《述聞》：「義」字當讀爲「儀」，《説文》曰：「儀，度也。」比儀者，比之、度之也。《楚語》「教之訓典，使知族類，行比義焉」及《楚語》「其智能上下比義」二處之「義」皆當讀爲「儀」。○秦鼎：比義，謂比於事宜而後用之也。《楚語上》云「行比義」，《解》：「義之與比也。」下云「上下比義」，《解》：「義，宜也。」**公使祁午爲軍尉。没平公**〔一一〕，**軍無秕政。**没，終也。平公，悼公之子彪也。秕，以穀諭也〔一二〕。○《集解》：殁平公，猶言終平公之世。下曰「殁平公之身」，義更顯明。軍無秕政，謂祁午也。

【彙校】

〔一〕上文「始合諸侯……三年……四年……五年」一段有似提綱，譬如《韓非子·儲説》中的經，其後「四年……魏絳佐新軍」和「五年……魏絳撫諸戎」，譬如《韓非子·儲説》中的説，中間夾著一段祁奚事蹟，頗爲不倫，疑該章當置於前文「公知祁奚果而不淫」之後，方得各從其類，所見各本並無異文，兹姑仍其舊，特表以出之。

〔二〕稺，明道本、正統本作「稚」，《考正》謂「稺」字正，古同。

〔三〕《考正》：「『游有鄉』句，『處有所』句，今學者以『處』字絶句，『有所』屬下爲句，『學』讀『斆』，皆非是。」

〔四〕知，遞修本、許宗魯本同，明道本、正統本作「智」，下文「知」作「智謀」解者同。思，明道本、遞修本、正統本、葉邦榮本、張一鯤本、穆文熙編纂本同，静嘉堂本、南監本漫漶不可識，弘治本、李克家本、《鈔評》、《增注》作「謀」，許宗魯本作「慮」，《考正》從之，《正義》亦作「慮」，未出所據。

〔五〕流，静嘉堂本漫漶不可識，且該本韋注「流」似「沈」，南監本正文並韋注「流」皆漫漶不可識，弘治本、葉邦榮本作「沈」，不知何所據，於義當訛，注同。

〔六〕從，《考正》據補修元本作「徙」，可從，蓋取《論語・顏淵》「崇德，徙義」之意。

〔七〕明道本、正統本無「也」字。

〔八〕「比義」下，弘治本有「使代」二字，其祖本南監本無之，當衍。

〔九〕弘治本無韋注「薦進也所」四字，疑脱。靜嘉堂本、南監本「薦進也所」皆漫漶不可識。

〔一〇〕比，弘治本作「此」，字訛。方，金李本原作「玄」，形訛，兹據明道本和遞修本改。

〔一一〕没，明道本、正統本作「殁」，注同，李慈銘云：「下文『是以没平公之身無内亂』、『自是没平公無楚患』，字皆作『没』，殁者，『歾』之俗字，雖於終義爲近，而經典相承，如『没世』、『没身』等字，皆借用『没』，無作『殁』者。」李氏最後幾例堪稱力證，《王力古漢語詞典》：「古人用沈没比喻死亡，没是死的委婉説法，後來易水旁爲歹旁，作『殁』。」可合參。

〔一二〕論，明道本同，與他處作「喻」者别。

4 魏絳諫悼公和諸戎〔一〕

五年，無終子嘉父使孟樂因魏莊子納虎豹之皮以龢諸戎〔二〕。悼公五年，魯襄四年。

無終，山戎之國，今爲縣，在北平〔三〕。子，爵也。嘉父，名。孟樂，嘉父之臣。莊子，魏絳也。和諸戎，諸戎欲服從於晉也。　○《春秋地理考實》卷二：《傳》「無終子嘉父使孟樂如晉」杜注：「山戎國名。」《彙纂》：「秦置無終縣，項羽封韓廣爲無終王，都無終，即今順天府玉田縣也。縣西有古無終城。」今按：顧炎武曰：「無終爲今之玉田無可疑者，然此年無終子使孟樂如晉，因魏莊子納虎豹之皮以請和諸戎，昭元年，晉中行穆子敗無終及羣狄於太原，《漢書·樊噲傳》『擊陳豨，破，得綦毋卬、尹潘軍於無終、廣昌』，則去玉田千有餘里，豈無終之國先在雲中代郡之境，後始遷右北平與？」按：顧氏此説是也，廣昌即今之廣昌縣，漢屬代郡，唐爲蔚州飛狐縣，明復改廣昌，屬大同府蔚州，今改屬直隸保定府。易州去玉田之無終遠，而史合言之，蓋舊時無終之地近廣昌也，晉自中行吴敗狄之後，漸擴代北之地，其後趙氏盡得代地，而無終之國乃在右北平。　○《釋地》：無終，今易州廣昌縣也。　◎志慧按：韋昭所注者爲其時無終地名之所在，《釋地》所指之廣昌在今河北淶源，爲無終氏在春秋時的活動地區，顧炎武與江永所揭者則針對無終部族與無終地名的變遷史，皆各有所當，要不張冠李戴可也。**公曰：「戎、翟無親而好得，不若伐之。」**無親，無恩親。好得，貪貨財。**魏絳曰：「勞師於戎，而失諸華，**諸華，華夏也。用師於戎，不得存恤諸侯，諸侯必叛，故失之〔四〕。**雖有功，猶得獸而失人也，安用之？且夫戎、翟荐處〔五〕，**荐，聚也。　○《左傳·襄公四年》正義引服虔注：「荐，草也，言狄人逐水草而居，徙無常處。」　◎志慧按：《集解》從服注，並引《漢書·終軍傳》「北胡隨畜薦居」蘇林注「薦，草也」爲證，可以采信。**貴貨而易土。**貴，重也。易，輕也。○秦鼎：戎逐水草而聚處，故輕易土地也。○《補正》：戎狄以遷徙爲俗，無戀土之心，故曰「易土」。**與之貨而獲其土**〔六〕**，其利一也；邊鄙耕農不儆，其利二也；戎、翟事晉，四鄰莫不震動，其利三也。**震，懼也。**君其圖之！」公説，故使魏絳撫諸戎，於是乎遂伯。**○穆文熙：和戎之利，爲千古良策，然必悼公主之，魏絳能行之，不然，廟略無定，則閫外失據，一有小虞，動爲庸人籍口，雖有百絳，其何濟哉（《國語評苑》）。

【彙校】

〔一〕穆文熙《鈔本》題作「魏絳和戎」，葉明元《抄本》、湯賓尹《秇型》同，上海師大本題作「魏絳諫悼公伐諸戎」，今綜合各家並以「和」易「伐」。

〔二〕龢，明道本、正統本作「和」，本條韋注各本皆作「和」。

〔三〕北，金李本與葉邦榮本作「比」，字之訛也，兹據其他各本改。

〔四〕明道本無「之」字，疑脱。

〔五〕處，《左傳·襄公四年》作「居」，戰國文字中二字每有通作。

〔六〕與，明道本、正統本作「予」。

5 悼公使韓穆子掌公族大夫

韓獻子老，韓獻子〔一〕，韓厥也。説云：「爲公族大夫，老而辭位。」昭謂：韓厥，晉卿也。魯成十六年《傳》曰：「韓厥將下軍。」十八年，晉悼公即位，《傳》曰：「韓獻子爲政。」○《標注》：老，謂歸老于家也。使公族穆子受事於朝。穆子，厥之子無忌也〔二〕。唐尚書云：「獻子致仕，而用其子爲公族大夫。」昭謂：悼公元年〔三〕，使無忌爲公族大夫。後七年〔四〕，獻子告老，欲使爲卿，有廢疾，讓其弟起，公聽之，更使掌公族大夫，在魯襄七年。○《存校》：《内傳》：穆子有廢疾，不立。而《外傳》稱穆子辭位。然厲公之亂，厥方在卿位，非穆子所及也，當從《内傳》。◎志慧按：關於韓獻子告老與穆子無忌辭卿位的記載見載於《左傳·襄公七年》，穆子掌公族大夫的日期在周曆該年冬十月庚戌，公曆九月三日，與《國語》在時間上並無歧異，韋注頗能揭其委曲，王氏似誤將穆子辭卿位事置於厲公之亂時。辭曰：「厲公之亂，無忌備公族，不能死。亂，謂見殺。公族，同姓也。○孔晁：備公族大夫，則韓無忌先爲公族大夫（《左傳·成公十八年》正義引，汪、黄、蔣輯）。臣聞之曰：『無功庸者，不敢居高位。』國功曰功，民功曰庸。今無忌知不能匡君〔五〕，使至於難；仁不能救，勇不能死，敢辱君朝以忝韓宗，請退也。」固辭不立。悼公聞之，曰：「難雖不能死君，而能讓，不可不賞也。」使掌公族大夫。掌，主也。初爲公族大夫，今使主之，以是爲賞〔六〕。

【彙校】

〔一〕明道本、正統本無此「韓」字。

〔二〕厥之子，明道本、正統本作「厥之長子」，《考正》、秦鼎從明道本。

〔三〕明道本、正統本句前有「初」字，惟既有「悼公元年」，似不必更有「初」字。

〔四〕七年，遞修本、静嘉堂本、南監本作「十年」，弘治本、許宗魯本襲後者之訛，或者公序本經金李校正。

〔五〕知，明道本、正統本作「智」。

〔六〕明道本、正統本無「以」字，疑脱。

6　悼公使魏絳佐新軍

悼公使張老爲卿，卿，佐新軍也。辭曰：「臣不如魏絳。夫絳之知能治大官，大官，卿也。其仁可以利公室不忘，不忘，不忘利公室也。○吕邦燿：不忘，即没世不忘之謂，言其利可以使公室之利求（長）久而不忘也（《國語髓析》）。○《平議》：如韋義，則當云「其仁不忘利公室」，於文方明，乃曰「可以利公室不忘」，不可通矣。忘，當讀爲「亡」，《漢書·武五子傳》「臣聞子胥盡忠而忘其號」師古注曰：「忘，亡也。」是忘與「亡」義通。《莊子·刻意篇》「無不忘也，無不有也」，忘與「有」對文，忘即「亡」也。令聞不忘，即令聞不亡，猶《漢書·賈山傳》曰「功德立於後世而令聞不亡也」。是可證忘爲「亡」之假借字。其勇不疚於刑，疚，病也。勇[一]，能斷決也。○《補正》：謂勇而能守法，故不至以陷於刑爲疚病也，訓斷決非。○《集解》：刑，法也。謂勇而不以法爲疚病也，即勇而守法之意。其學不廢其先人之職。若在卿位，外內必平。且鷄丘之會，其官不犯不犯，戮楊干也[二]。而辭順，不可不賞也。」公五命之，固辭，乃使爲司馬。使魏絳佐新軍。事已見上，欲見張老之讓，故復言之。◎志慧按：這是《晉語七》第三次敘述魏絳佐新軍，或者是編者想從張老的角度進行點染，但其事在悼公四年雞丘之會之後，悼公五年撫戎之前，上章公族穆子掌公族大夫在悼公八年，下章悼公賜魏絳女樂在悼公十二年，故此章明顯錯置。

【彙校】

〔一〕明道本無「勇」字，疑脱。

〔二〕楊，各本同，又與前文相異，此亦寫本時代常見問題，又如衤與礻、巾與忄、瓜與爪、己已巳等，多可據義分辨，此處作「楊干」抑或「揚干」，無從詳考其實，姑且過而存之。

7 悼公賜魏絳女樂歌鍾

十二年，公伐鄭，軍於蕭魚。悼公十二年，魯襄十一年。鄭從楚，故伐之。軍蕭魚，鄭服也。

○《釋地》：蕭魚，在今許州界。○《詳注》：蕭魚，鄭地，一作修魚，《路史·國名紀》謂少昊後，嬴姓國，後爲鄭地。◎志慧按：蕭魚不在許昌，而在今河南省新密市尖山鄉蕭魚口，其時屬鄭國，今俗訛作「蕉峪」，蓋因精母、心母旁紐相通，《左傳·襄公十一年》所載蕭魚之會即此。修魚亦鄭地，在今河南省原陽縣西南，前三一七年，秦將樗里疾在此大敗韓、趙、魏聯軍。鄭伯嘉來〔一〕，納女、工、妾三十人〔二〕，女樂二八，嘉，鄭僖公子簡公也。女，美女。工，樂師，《傳》曰「賂晉以師悝、師觸、師蠲」是也〔三〕。妾，給使者。工、妾〔四〕，凡三十人。女樂，今伎女也。八人爲佾〔五〕，備八音也。或云：「女工〔六〕，有伎巧者也〔七〕。」與《傳》相違，失之矣。賈侍中云：「妾，女樂也。」下別有女樂二八，則賈君所云似非也。○皆川淇園：女工，織紝之女也。○《備考》：鄭玄注《周禮》云：「女工，女奴曉裁縫者。」女工妾，即鄭玄所謂女奴曉裁縫者也，韋、賈並非。○《述聞》：或説差爲近之，蓋女工妾長於女工之妾也。○《補韋》：女工妾三十人，謂精女工之妾凡三十人也，若以工爲樂師，豈可溷樂工於女妾之中而統舉其人數乎？○《標注》：佾是舞列之名，以此爲説，女樂是舞女十六人也，若備八音，是絲竹之伎，不得稱佾矣。◎志慧按：事又見《左傳·襄公十一年》。王引之以爲《内》、

《外傳》不可强同，今人彭益林《〈國語·晉語〉「女工妾」補證》一文更據《周禮·天官·縫人》及鄭注、《齊語》蠶妾和雲夢秦簡中的女漿、女工、女酒等職司，補證韋注所引或説爲是，其説材料詳實，唯文獻未見以「女工妾」爲一詞者，故仍以「女、工、妾」分釋，或説將美女與樂工誤合成「女工」，遂使美女之義頓失，仍當以韋注爲周密。關於「工」，韋注於《傳》有據，上揭四位後來者之説未見其是，三國時從吴國赴日本的縫織女對日本的紡織技術與服飾影響甚大，日本學者多持織衽之女説，蓋由所知障致之。韋昭以備八音訓「女樂二八」，確有未允，《標注》所揭者是。**歌鍾二肆**，歌鐘，歌時所奏[八]。肆，列也。凡縣鐘磬[九]，全爲肆，半爲堵。○《周禮·春官·小胥》鄭注：凡縣鍾磬，半爲堵，全爲肆。鍾磬者，編縣之二八十六枚，而在一虡謂之堵，鍾一堵、磬一堵謂之肆，半之者謂諸侯之卿大夫士也。諸侯之卿大夫半天子之卿大夫。西縣鍾，東縣磬。士亦半天子之士，縣磬而已。○孔晁：歌鐘，鐘以節歌也（《左傳·襄公十一年》正義引，汪、黄輯）。○《翼解》：歌鍾，即《周禮》磬師所掌之編鐘，蓋小鐘而編次成列者。○《集解》：襄十一年《左傳》杜注云：「懸鍾十六爲一肆，二肆三十二枚。」據此，不必有鍾有磬而後謂之肆也。《左傳》於「歌鍾二肆」下曰：「及其鎛磬。」可證磬不在二肆之内。韋本《周禮·小胥》鄭注訓之，似於《傳》文不合。肆者，一虡二筍，筍各八鍾，共十六鍾也。**及寶鎛**[一〇]，鎛，小鐘也。寶，鄭所寶。○《補音》：鎛，伯各反。○《補正》：《説文》：「鑮，大鐘。」即鎛字，訓小，非。○《集解》：《周語》：「細鈞有鍾無鎛，大鈞有鎛無鍾。」是鎛爲大鍾也。◎志慧按：寶鷄青銅器博物館藏有秦（武）公鎛，體量不小，可爲《説文》説之實證。**輅車十五乘**。輅，廣車也。車〔一一〕，軘車也。十五，各十五也。《傳》曰：「廣車、軘車，淳十五〔一二〕，凡兵車百乘。」淳，偶也。○《左傳・僖公二十八年》正義引鄭玄云：「廣車，横陳之車。」《左傳・宣公十二年》正義引服虔云：「軘車，屯守之車。」○《略説》：輅車，大車也，蓋所傳不同矣。舊注分爲廣、軘，似强爲解。○《述聞》：輅車者，路車也。不得以輅車爲二物。◎志慧按：闕、王二氏説可從，則十五乘不必爲各十五，而「輅車」中間亦不需斷，敢從之。韋昭之誤蓋在强《國語》以合《左傳》。**公賜魏絳女樂一八、歌鐘一肆**〔一三〕，**曰：「子教寡人和戎、翟而正諸華**〔一四〕，○孔晁：歌鐘，鐘以節歌也（《左傳・襄公十一年》正義）。○《集解》：在魯襄四年。**於今八年，七合諸侯，寡人無不得志，請與子共樂之。」**八年，和戎、翟後八年也。七合諸侯，一謂魯襄五年會于戚，二謂七年會于鄬，三謂八年會于邢丘〔一五〕，四謂九年同盟于戲，五謂十年會于柤，六謂十一年會于亳城北〔一六〕，七謂會于蕭魚〔一七〕。○孔晁：不數救陳與戍鄭虎牢，餘爲七也（《左傳・襄公十一年》正義引，汪、黄輯）。○《補音》：《内》、《外傳》文辭自有詳略，不必同也。○秦鼎：《傳》云九合，今言七者，孔晁云五年會於城棣救陳、十年戍鄭虎牢，皆不數，故七也。◎志慧按：《史記會注考證・晉世家》云：「九，猶九天、九地之『九』，言其多也，義與齊桓九合同，《晉語》作『七合』。」其説是，《晉世家》作「九合」，此作「七合」，泛指其多，不必拘泥於具體次數。**魏絳辭曰：「夫和戎、翟，臣之幸也**〔一八〕。幸，幸而合也。八年七合諸侯〔一九〕，君之靈也，靈，神也。○《述聞》：凡《傳》「以君之靈」、「以大夫之靈」者，「靈」皆謂福也。○《集解》：《廣韻》：「靈，福也。」疑不訓神。◎志慧按：王、徐説是，《晉語四》重耳語「若以君之靈，得復晉國」韋注亦釋「靈」爲神，亦當依改。二三子之勞也，謂諸軍帥。臣焉得之？」焉得專之〔二〇〕。公曰：「微子，寡人無以待戎，無以濟河，微，無也。濟河，南服鄭。二三子何勞焉？子其受之。」君子曰：「能志善也。」志，識也〔二一〕。

【彙校】

〔一〕《標注》：「嘉，疑衍文，蓋注文誤入于正文也。凡諸侯，非大事不稱其名，是經傳之通例。」可備一説，然果如此，則其衍在韋昭之前。

〔二〕斷句從韋注。

〔三〕晉，明道本、正統本與《左傳·襄公十一年》俱作「晉侯」，《考正》、秦鼎從之，是。

〔四〕明道本、正統本「工、妾」前有「女」字，據下文是也，《考正》從增，公序本脱。

〔五〕佾，金李本原作「脩」，疑爲寫工或刻工之誤，兹據明道本、遞修本等改。

〔六〕女工，張一鯤本同，静嘉堂本、南監本、弘治本、許宗魯本、李克家本作「女子」，似誤，疑李克家本據弘治本修訂。

〔七〕明道本無「巧」字，疑脱。
〔八〕所，明道本作「通」，疑後者誤。
〔九〕縣，明道本、正統本作「懸」，古今字也。
〔一〇〕《左傳·襄公十一年》作「及其鎛、磬」，劉炫云：「《傳》言『歌鐘二肆，及其鎛、磬』，則鎛、磬亦二肆。肆之爲名，實由鐘、磬相對，但《傳》於磬下不復更言其數，於鐘則言二肆，明鎛、磬數與之同，乃成肆，若磬無二肆，則「半賜魏絳」，無磬矣，安得有金石也？」可補原文未竟之義。
〔一一〕明道本、正統本無「也車」兩字，李慈銘斷其脱，據韋注「各十五也」，可從。
〔一二〕「十五」下，《左傳·襄公十一年》尚有「乘」字，韋昭蓋約引，《增注》據補，似失韋注本來。
〔一三〕賜，明道本、正統本作「錫」，古同。
〔一四〕「戎」前，明道本有「諸」字，但下文正文「和戎、翟（狄）」各本同，則此處照例不必有「諸」字，明道本或依《左傳·襄公十一年》文增。
〔一五〕邢，遞修本、静嘉堂本、南監本、弘治本、許宗魯本作「鄗」，後者涉上句而誤。
〔一六〕十一，張一鯤本、李克家本、孔氏詩禮堂本、《正義》作「十二」，秦鼎云：「舊作『十二年』，今從明本。」《左傳·襄公十一年》載其事云：「秋七月己未，同盟于亳城北。」
〔一七〕「會」前，明道本、正統本有「今」字，可從。

〔一八〕臣，正統本同，明道本作「君」，秦鼎從之，但《元龜》卷二四二引亦作「臣」，《補正》謂作「臣」義較長。《左傳·襄公十一年》本句作「國之福」。

〔一九〕八年，明道本、正統本作「八年之中」，疑後者依《左傳·襄公十一年》文增。

〔二〇〕明道本、正統本無「之」字。

〔二一〕識，弘治本作「識記」二字，衍。

8 司馬侯薦叔向

悼公與司馬侯升臺而望〔一〕，曰：「樂夫！」司馬侯，晉大夫汝叔齊〔二〕。樂，見士民之殷富也。對曰：「臨下之樂則樂矣，德義之樂則未也。」善善爲德，惡惡爲義。公曰：「何謂德義？」對曰：「諸侯之爲，日在君側，爲，行也。以其善行，以其惡戒，可謂德義矣。」○秦鼎：言外諸侯所爲善惡日聞君側。聞其善，則擇而行之；聞其惡，則戒而改之，蓋因臨下以論其視聽之所遠及也。公曰：「孰能？」對曰：「羊舌肸習於《春秋》。」肸，叔嚮之名〔三〕。《春秋》，紀人事之善惡而目以天時，謂之「春秋」，周史之法也。時孔子未作《春秋》。○《補正》：孟子曰：「晉之《乘》，楚之《檮杌》，魯之《春秋》。」似《春秋》專爲魯史之名，其實列國之史皆謂之「春秋」，如申叔時、司馬侯皆云《春秋》，不言《乘》與《檮杌》也，蓋《春秋》者，乃史之别名耳，不獨魯也。

乃召叔嚮，使傅太子彪。彪，平公也。

【彙校】

〔一〕自此至本卷結尾，公序本、《集解》皆單列，明道本、《補正》屬上，上海師大本從明道本出，亦單列，此下言主和所述之事與上文俱不相蒙，當單列。

〔二〕汝叔齊，明道本同，遞修本、《左傳·昭公元年》作「女叔齊」，「女」、「汝」古通，静嘉堂本、南監本、弘治本、許宗魯本作「費叔齊」，無據。

〔三〕嚮，明道本、正統本作「向」，次同。

《晉語七》卷第十三

國語卷第十四

晉語八

1 陽畢教平公滅欒氏

平公六年，平公，悼公之子彪也。六年，魯襄二十一年。**箕遺及黄淵、嘉父作亂，不克而死。**箕遺、黄淵、嘉父，皆晉大夫，欒盈之黨也。欒黶所取范宣子之女曰欒祁[一]，生盈。黶卒，祁與其老州賓通，盈患之。祁懼，愬諸宣子，曰：「盈將爲亂。」盈好施，士多歸之[二]。宣子執政，畏其多士，使城箸[三]。將逐之，箕遺、黄淵等知之而作亂。宣子殺遺、淵、嘉父及司空靜[四]、羊舌虎[五]等十人。○賈逵：十子皆欒盈之黨，知范氏將害欒氏，故先爲之作難，討范氏，不克而死（《左傳·襄公二十一年》正義引）。**公遂逐羣賊，**羣賊，欒盈之黨。謂知[六]起、中行嘉[七]、州綽、邢蒯之屬。逐之出奔齊。**謂陽畢曰：「自穆侯以至於今，亂兵不輟，**陽畢，晉大夫。穆侯，唐叔八世之孫、桓叔之父也[八]；晉亂自桓叔始。輟，止也。○《正義》：《晉世家》：「唐叔子燮，是爲晉侯。晉侯子甯族，是爲武侯。武侯子服人，是爲成侯。成侯子福，是爲厲侯。厲侯子宜臼，是爲靖侯。靖侯卒，子釐侯司徒立，卒，子獻侯籍立，卒，子穆侯費王立。穆侯十年，伐千畝，有功，生少子，名曰成師。」即桓叔也。◎志慧按：前七三九年，晉大夫潘父弒昭侯，迎立曲沃桓叔，曲沃桓叔欲入晉都翼，未果，晉人立昭侯之子平，是爲晉孝侯。前七二四年，桓叔之子曲沃莊伯弒孝侯。前六七八年，莊伯之子曲沃武公先後弒小子侯、晉侯緡，吞併晉國，爲晉武公。其後武公之子獻公盡滅桓、莊之族。驪姬之亂，詛無畜群公子。重耳入晉，刺懷公於高梁。靈公弒於趙穿，欒書弒厲公，是爲「亂兵不輟」之大略也。韋注謂「晉亂自桓叔始」，雖係歷史事實，但似未探陽畢溯及穆侯的觀念，《左傳·桓公二年》載：「晉穆侯之夫人姜氏以條之役生太子，命之曰仇。其弟以千畝之戰生，命之曰成師。師服曰：『異哉，君之名子也！夫名以制義，義以出禮，禮以體政，政以正民，是以政成而民聽。易則生亂。嘉耦曰妃，怨耦曰仇，古之命也。今君命太子曰仇，弟曰成師，始兆亂矣。兄其替乎！』」民志無厭[九]，禍敗無已。厭，極也。已，止也。○《讀〈國語〉小識》：不厭，猶今言不滿，訓「極」非。○《辨正》：釋厭爲「極」未安，「厭」有飽足之義，觀下文叔魚母謂叔魚「谿壑可盈，是不可饜也」之語，「饜」與「盈」並列，而「厭」、「饜」又常常互相通假，又俱有飽足之義，可知此「厭」實即知足、飽足。離民且速寇，恐及吾身，若之何？」速，召也。陽畢對曰：「本根猶樹，本根，亂本，謂欒氏猶尚樹立也。枝葉益長，本根益茂，是以難已也。今若大其柯，柯，斧柄，所操以伐木。去其枝葉，絕其本根，可以少閒。」

閒，息也。謂滅欒氏而去其黨。○《舊音》：閒，音閑。

【彙校】

〔一〕明道本、正統本句首有「盈父」二字，無「所」字，《考正》從删，不敢必。明道本、正統本「取」作「娶」，用今字也，《考正》從之以與《左傳》合。明道本「欒祁」作「叔祁」，《札記》謂作「欒」臆改耳，秦鼎從明道本。

〔二〕明道本無「多」字，疑脱，正統本有。

〔三〕箸，明道本、遞修本、正統本作「著」，古同，《左傳·襄公二年》杜注：「著，晉邑。」

〔四〕明道本、正統本無「及」字，《考正》從删，「静」作「靖」，《左傳·襄公二十一年》亦作「靖」，其下尚有「邴豫、董叔、邴師、申書、羊舌虎、叔羆」十三字，正好十人，或者明道本從《左傳》增補。

〔五〕《元龜》卷二五二引本句同。羊舌虎，《舊音》出「舌虒」，明道本正作「羊舌虒」，《補音》以爲《舊音》作「虒」者或傳寫之誤，秦鼎亦以爲作「虎」是。疑因平公名彪，羊舌虒爲避諱才易名爲「虎」，故文獻或從其原名作「虒」，或從其避諱作「虎」，非有正誤之别。「叔虎（虒）」下，明道本尚有「叔羆」二字。

〔六〕知，《舊音》「或爲『智』」，明道本作「智」，下文凡作姓氏或表「智謀」義者皆同此。

〔七〕嘉，明道本、正統本作「喜」，秦鼎從《左傳》作「喜」，二字形近易混，必有一訛，《考正》則斷「嘉」字誤。

〔八〕明道本、正統本無「之」字，《考正》從删。

〔九〕無，正統本同，明道本作「不」。《舊音》出「無厭」，云：「或爲『饜』。」

公曰：「子實圖之。」陽畢曰〔一〕：「圖在明訓，訓，教也。○《略説》：圖，計度也。當由明訓以計度之。○秦鼎：言君欲圖之，則在明君臣之道而訓敕之也。◎志慧按：《晉語四》寺人伯楚即有「君君臣臣是謂明訓」之説，蓋爲其時通識，一百多年以後孔子在《論語·顏淵》中有所討論，秦鼎將「明訓」釋爲「明君臣之道而訓敕之」則有增字解經之嫌。明訓在威權，言既有明教，當有威權以行之〔二〕。威權在君。言不在臣。○《略説》：君自秉威權，不可借人，故治國則當親計度之。君掄賢人之後有常位於國者而立之，掄，擇也。常位，謂世有功烈於國而中微者。○帆足萬里：常位，謂世禄大臣也。○《辨正》：在當時的晉國，世卿世禄制度已經式微，一些世家大族日漸失勢，故陽畢向平公進言，要恢復他們家族歷史上很長一段時期中曾經擁有的地位，這就是「常位」，而韋昭用下文「有力於先君而子孫不立者」之義作解，於「常位」一詞並不貼切。亦掄逞志虧君以亂國者之後而去之，逞，快也。是遂威而遠權〔三〕。遂，申也。遠權，權及後嗣。○賈逵：遂，信也，從也（釋慧琳《一切經音義》卷一引）。○《備考》：遂，達也，不必訓申也。此止言威權遠及也，韋氏以爲權及後嗣，非。○《辨正》：遠權，當與下文陽畢之言合觀：「夫正國者，不可以暱於權，〈行權〉不可以隱於私。暱於權，則民不道；〈行權〉隱於私，則政不行。政不行，何以道民？民之不道，亦無君也。」其中的「權」與韋注之「久長計」正相反對，故不當訓作「權及後嗣」，以至於與「不可以暱於權」自相矛盾，而是權宜之計的意思。**民畏其威，而懷其德，莫能勿從。**言皆從君。**若從，則民心皆可畜。**皆可畜養而教導之。**畜其心而知其欲惡，民孰偷生**〔四〕？欲惡，情欲好惡也。偷，苟也。○秦鼎：言善畜其心，不令惡長，使其知欲惡之鄉，則民不苟生也。示之以好惡，則民知禁是也。○《辨正》：「欲」「惡」對文，欲爲所好，即追求；惡爲所惡，即憎厭。韋注解作「情欲好惡」不夠精審。◎志慧按：欲惡，詞同後世「好惡」，多見於《墨子》、《莊子》、《荀子》，疑韋昭時已不復使用，故不免望文生義。龜井昱謂「秦（鼎）曰欲惡係君，誤矣」，據「畜其心」句二「其」字皆指民，知龜井昱說是。**若不偷生，則莫思亂矣。且夫欒氏之誣晉國也久矣**〔五〕，誣，罔也。以惡取善曰誣。謂欒書雖殺厲公〔六〕，然人被其德〔七〕，不以爲惡。《傳》曰：「武子之德在人，如周人之思邵公〔八〕。」○賈逵：以惡取善曰誣（《原本玉篇殘卷·言部》引）。○帆足萬里：誣，謂弑其君仍立本朝也。○《校補》：誣，讀爲侮，輕也。**欒書實覆宗，殺厲公以厚其家，**覆，敗也。宗，大宗也。謂殺厲立悼，以取重於國，厚其家也。○《國語箋》：覆，宜解作覆庇。宗，宜解作宗族。言欒書庇廕其族，故殺厲公，專國柄，以厚其家也。○《標注》：覆宗，猶言滅族也。若滅欒氏，則民威矣。威，畏也。今吾若起瑕、原、韓、魏之後而賞立之，則民懷矣。瑕，瑕嘉；原，原軫；韓，韓萬；魏，畢萬之後〔九〕：皆晉賢人有常位於國者〔一〇〕。威與懷各當其所，則國安矣，君治而國安，欲作亂者，誰與？」○秦鼎：言有欲作亂者，誰其黨之乎？◎志慧按：平公所問者乃穆侯以來亂兵不輟、禍敗無已的原因及應對之策，陽畢放著晉國王族內部累世相斫不提，焦點轉向欒盈，令人費解，《非國語》曾有說，云：「當其時不能討，後之人何罪？盈之始，良大夫也，有功焉，而無所獲其罪。陽畢以其父弒君而罪其宗，一朝而逐之，激而使至乎亂也。且君將懼禍懲亂耶，則增其德而修其政，賊斯順矣，反是，順斯賊矣，況其胤之無罪乎？」其中除「其父弒君」當作「其祖弒君」外，頗可參。

【彙校】

〔一〕陽畢曰，明道本作「對曰」，《考異》據下文亦作「陽畢曰」，謂當從公序本，可從。

〔二〕當有，明道本、正統本作「在」，疑後者涉正文而誤。

〔三〕遠權，各本同，《左傳·襄公二十一年》正義引其下有「也」字，《考異》謂當從補，據文法可從。

〔四〕民，明道本、正統本作「人」，上文「民心」各本同，則此似亦當作「民」字。

〔五〕也久矣，明道本作「久也」，似正統本、公序本更合文法。

〔六〕明道本無「雖」。殺，明道本、正統本作「弑」，下文凡下犯上之「殺」皆同此。

〔七〕人，明道本、正統本作「民」。

〔八〕明道本、正統本前一「人」作「民」，「如」作「若」，《左傳・襄公十四年》作「武子之德在民，如周人之思召公焉」，「邵」爲「召」之義符加旁字，但作爲地名如《詩・召南》、陝西扶風召公鎮仍不加邑部。

〔九〕萬，弘治本作「常」，後者誤，係與下句「常」字互乙而致誤。

〔一〇〕常，弘治本作「萬」，係與上句「萬」字互乙而致誤。

君曰〔一一〕：「欒書立吾先君，先君，悼公。欒盈不獲罪，如何？」言盈不得罪於國，爲其母范祁所譖耳，如何可滅？　◎志慧按：此范祁已嫁與欒氏家族，按當時稱謂通例，似當稱之爲欒祁。放下欒盈父祖的罪錯與積怨不提，單從欒盈本人看，本卷下文《韓宣子憂貧叔向諍以憂德》中，叔向謂欒盈「改桓之行，而脩武之德」，亦不以欒盈爲有罪。欒盈不獲罪，這是平公與陽畢對話的前提，也是整個事件的背景，「大其柯，去其枝葉，絶其本根」則是陽畢設定的目標。在前提與目標之間，是陽畢設下的一個局。「没平公之身無内亂」，則是敘述者給出的正當性證明，同時也是《國語》言類之語第三段的歧出。楊慎、穆文熙等一干評點家大肆肯定陽畢的做法，發人深思。陽畢曰：「夫正國者，不可以暱於權，暱，近也。言當遠權爲久長計也。○《存校》：此「權」字當指權臣。暱，親也，與下「行權」二字義各别。○《略説》：不可以親暱權臣而縱之。行權不可以隱於私。以私恩隱蔽其罪，無以正國也。暱於權，則民不道〔二〕，不可道訓也〔三〕。行權隱於私，則政不行。○《辨正》：二「行權」當爲衍文，第一處係涉「權」字的注文而衍，第二處則又因第一處而誤增。理由有二：一是陽畢明確反對行權，一曰「遠權」，再曰「不可以暱於權」，因此不可能自相矛盾地再談「行權」；二是從句法上看，「不可以暱於權，不可以隱於私。暱於權，則民不道；隱於私，則政不行。政不行，何以道民？」乾脆利落，擲地有聲，若再加上「行權」二字，反而顯得枝蔓拖沓。檢《册府元龜》列國君部十八行罰所引已是目前之狀，則可知其誤必在公序本、明道本之前。政不行，何以道民？民之不道，亦無君矣〔四〕，與無君同。則其爲暱與隱也，復産害矣〔五〕，且勤君身〔六〕。復，反也。勤，勞也。反害於國而勞君身。君其圖之！若愛欒盈，則明逐羣賊〔七〕，而以國倫數而遣之〔八〕，羣賊，盈之黨。倫，理也。○《補音》：數，所主反。○《增注》：欒書殺厲公以厚其家，如是者亂國倫也。厚戒箴，國以待之〔九〕。箴，猶敕也。待，備也。◎志慧按：各標點本皆未於「厚箴戒/戒箴」下斷句，依句義，當斷。彼若求逞志而報於君，罪孰大焉，滅之猶少。猶少，滅之恐少耳。○《備考》：少，猶輕也。○秦鼎：國倫，國政之倫理，謂弑君者必刑之之類也。言逐群賊者，明其罪而正之；遣欒盈者，因其父有罪而逐之。逐之不以其身有罪，是愛其人，且正國法也。既逐大家，故國不可無備也。滅，謂滅其族也，其罪大，故雖滅一族猶少之。少，猶輕也。○《補正》：謂雖滅之，猶未滿其罪，故曰少。◎志慧按：弑厲公者爲欒盈之祖父欒書，而非其父欒黶，秦鼎偶誤。**彼若不敢而遠逃，乃厚其外交而勉之，以報其德，不亦可乎？**」謂賂其所適之國，厚寄託之而勸勉焉。○《述聞》：此謂寬其死罪，無取於勸勉也。勉，當讀爲「免」，古字通。遠逃者以免死爲幸也。○《補正》：勉，古與「免」通，謂免其死也，不訓勉勵。◎志慧按：王、吴説是，《詳注》亦持此説。《左傳·襄公二十二年》：「冬，會于沙隨，復錮欒氏也。」則不僅未見厚其外交，反而窮追不捨，致其退無可退。可並觀。

【彙校】

〔一〕君，李克家本作「公」，其餘各本同，《考正》謂疑當作「公」，據上文文例可從。

〔二〕道，明道本、正統本作「導」，出本字也，下文凡導引義之「道」皆同此。

〔三〕道訓，明道本、正統本作「訓導」。

〔四〕矣，明道本、正統本作「也」。

〔五〕明道本、正統本無「産」字。

〔六〕明道本、正統本無「君」字，依注疑脱。

〔七〕明，所見各本唯《增注》作「及」，並云：「一作『明』，或作『民』，不是也。」千葉玄之已云：「『則明』之『明』，華本作『民』，蓋『明』音之誤乎。」其所據之華本實明清人的評點本，版本價值不大，此處冢田虎亦未能揭出何以必須作「及」之理由，故皆不予采信。

〔八〕以，明道本作「知」，疑後者誤。

〔九〕厚戒箴國，遞修本、《元龜》卷二五二引同，明道本、正統本作「厚箴戒圖」，「厚戒箴國」不辭，與前一句「君其圖之」合觀，則本句當以「圖以待之」結句，「國」字或係因「圖」字之形近而訛。

公許諾，盡逐羣賊，而使祁午及陽畢適曲沃逐欒盈，祁午，中軍尉。曲沃，欒盈邑。**欒盈出奔楚。**○《備考》：曲沃，公邑，而欒氏所掌也，非欒氏邑。○《正義》：如此傳文，宣子殺十子在逐欒盈之前，《内傳》言：「秋，欒盈出奔楚，宣子殺箕遺、黄淵、嘉父、司空靖、邴豫、董叔、邴書、申書、羊舌虎、叔羆。」如《内傳》，則先逐欒盈，後殺十子，《内傳》孔疏引賈逵云：「十子，皆盈之黨。知范氏將害欒氏，故先爲之作難，討范氏，不克而死。」然則欒盈城著，十子在國謀殺宣子，不克，宣子先殺之，乃使適著，逐欒盈。非是欒盈既奔之後殺十子也。《内傳》言城著而遂逐之，此傳言適曲沃，逐欒盈，彼疏云曲沃是欒氏之采邑，蓋就著逐其身，適曲沃逐其家也。**遂令於國人曰：「自文公以來，有力於先君而子孫不育者**〔一〕，**將授立之，得之者賞。」**授之爵位而立之〔二〕。○秦鼎：育，遂也。得之，求而得其人也。○《集解》：得之者賞，謂得其子孫者有賞也。居三年，後三年。欒盈晝入，爲賊于絳。欒盈在楚一年而奔齊。魯襄二十三年，齊莊公使析歸父以藩載盈及其士，納之曲沃〔三〕。夏四月，盈帥曲沃之甲，因魏獻子以晝入絳。○《左傳·襄公二十三年》杜注：藩，車之有障蔽者。○《釋地》：絳，晉都新田也。晉自景公徙都新田，更命新田爲絳，而舊都謂之故絳。范宣子以公入于襄公之宫，襄宫完固，故就之。《傳》曰：「奉公以如固宫。」○《標注》：固宫，宫名，杜注亦誤。欒盈不克，出奔曲沃，《傳》曰：「晉人圍曲沃。」遂刺欒盈，滅欒氏。刺，殺也。《傳》曰：「晉人克欒盈于曲沃，盡殺欒氏之族黨。」是以沒平公之身無内亂也。

【彙校】

〔一〕育，明道本、正統本及《通鑒外紀》卷七作「立」，據下句，似作「立」者較優。

〔二〕之，明道本、正統本作「以」。

〔三〕明道本無「以」字，疑脱。《補音》出「蕃」，並云「《内傳》作『藩』」，今各本俱已作「藩」。之，《左傳·襄公二十三年》、明道本、正統本作「諸」，《考正》從之。

2 辛俞犯令從欒氏出奔[一]

欒懷子之出[二]，懷子，盈也。出，奔楚。執政使欒氏之臣勿從[三]，執政，正卿，即范宣子[四]。從欒氏者爲大戮施[五]。施，陳也，陳其尸也。〇《補正》：施，加也。謂加以大戮也。〇《校補》：《晉語三》：「秦人殺冀芮而施之。」韋注：「陳屍曰施。」《左傳·昭公十四年》：「施生戮死可也。」杜注：「施，行罪也。」《晉語九》作「請殺其生者而戮其死者」，可知「施」爲先殺而後陳屍示衆。欒氏之臣辛俞行，行，從盈也。〇《補音》：俞，以朱反。吏執而獻之公[六]。公曰：「國有大令，何故犯之？」對曰：「臣順之也，豈敢犯之？執政曰『無從欒氏而從君』，是明令必從君也。臣聞之曰：『三世仕家[七]，君之；三世爲大夫家臣，事之如國君也。再世以下，主之。』大夫稱主。〇《正義》：《昭元年傳》：「醫和謂趙孟曰：『主是謂矣。』」《襄二十八年傳》：「魏戊曰：『主以不賄聞於諸侯。』」故知大夫稱主。閻若璩曰：「《周禮·大宰職》云：『主以利得民。』鄭注：『主謂公卿、大夫。』是大夫稱主，周之制也。」『事君以死，事主以勤。』君之明令也。◎志慧按：末一「君」字，與前後文辛俞重新定義的「君」内涵有别，而與下文「受君賜」以下四「君」字同一指向，即晉平公。自臣之祖，以無大援於晉國，世隸欒氏[八]，於今三世矣，臣故不敢不君〔九〕。今執政曰『不從君者爲大戮』，臣敢忘其死而叛其君，以煩司寇？」敢，不敢也。言不敢忘死而叛其君，煩君司寇以刑臣也。公説，説其執義。固止之，不可，可，肯也〔一〇〕。厚賂之，辭曰：「臣嘗陳辭矣，心以守志，辭以行之，所以事君也。若受君賜，是隋其前言〔一一〕。隋，壞也。臣無二君，若受君賜，是有二心也。◎志慧按：謂接受君賜而不從欒氏有二心是也，謂「臣無二君」，則是韋昭離開文本與策名委質的時風所賦之新義，亦所知障耳。君問而陳辭〔一二〕，未退而逆之，何以事君？」逆，反也。君知其不可得也，乃遣之。○《補正》：謂不可得而用之也。

【彙校】

〔一〕穆文熙《鈔評》題作「辛俞從欒氏出奔」，上海師大本同，葉明元《抄評》題作「辛俞犯令從欒盈」，今合之以見其詳。

〔二〕自此至「乃遣之」，公序本屬上，明道本、《集解》單列，《考正》「依宋本跳行另起」，秦鼎云：「以下别是一章。」《斠證》亦謂當單列，上文載晉大夫陽畢助晉平公剷除欒盈之黨，下文載欒盈家臣辛俞如何忠於故主，其所記之言與事皆有明顯的獨立性，當依明道本單列。

〔三〕從，《通鑒外紀》卷七引同，《記纂淵海》卷五十八作「行」，《校證》並指下文「辛俞行」字亦作

「行」，似謂當從，唯前有「出」，後有「從」，繼而又「行」，義亦暢達。

〔四〕明道本、正統本無「即」字，《考正》從删，疑公序本涉「卿」字而訛。

〔五〕明道本、正統本無「爲」字，就句法而言，「爲大戮」與「大戮施」皆通，據辛俞答語，宜作「爲大戮」；據韋注，其所見者有「施」字。

〔六〕明道本、正統本本句作「吏執之，獻諸公」。

〔七〕仕，明道本、正統本作「事」，依注當作「事」，《四庫薈要》據改。

〔八〕明道本、正統本「欒氏」前有「於」字。

〔九〕君，《記纂淵海》卷五十八引作「行」，於前後文義，作「君」者勝。

〔一〇〕明道本無此韋注，正統本該三字屬《音訓》，疑非韋注。

〔一一〕隋，《補音》：「許規反，亦作『隳』。」明道本、正統本作「墮」，注同，《説文・肉部》：「隋，裂肉也，从肉，陸省聲。」段注：「徒果切。今《儀禮注》『隋』皆作『墮』，誤。」又《説文・陸》云：「敗城𨸏曰陸。」段注：「『𡏳』爲篆文，則『陸』爲古籀可知也。『𡏳』隸變作『墮』，俗作『隳』，用『墮』爲崩落之義，用『隳』爲傾壞之義。」

〔一二〕而，明道本、正統本作「之」，疑後者誤。

3 叔向母知叔魚伯石之敗〔一〕

叔魚生，其母視之，叔魚，晉大夫，叔向母弟羊舌鮒也。視，猶相察也〔二〕。**曰：「是虎目而豕喙，**虎視眈眈〔三〕。豕喙長而鋭也。○《略説》：豕喙謂其口狀長鋭，則虎目亦謂目狀必矣。◎志慧按：關説是也，今人譯本如陳桐生、薛安勤、王連生皆譯爲虎眼，相學有虎眼者不利於子孫之説，與叔魚母親的擔心正可互證。**鳶肩而牛腹，**鳶肩，肩井升出〔四〕。牛腹，脅張也〔五〕。○《後漢書・梁冀傳》「鳶肩豺目」注：「鳶，鴟也，鴟肩上竦。」○《備考》：肩井，孔穴名，在肩上陷中缺盆上，大骨前一寸半。**谿壑可盈，是不可饜也，**水注川曰谿。壑，溝也〔六〕。○《爾雅・釋水》：水注川曰谿。**必以賄死。」**後爲贊理，受雝子女而抑邢侯〔七〕，邢侯殺之。**遂弗視**〔八〕。不自養視也。

【彙校】

〔一〕穆文熙《鈔評》題作「叔向母知叔魚伯石之敗」，上海師大本題作「叔向母謂羊舌氏必滅」，似穆氏更切合文意，故從之。

〔二〕明道本、正統本無「猶」字，《舊音》出「視相」，《考正》、《考異》據此斷「猶」字衍。

〔三〕眈，明道本、遞修本、靜嘉堂本、南監本、弘治本、許宗魯本、葉邦榮本、張一鯤本、李克家本、閔齊伋本作「耽」，《備考》、《略説》謂當作「眈」，《補音》摘「眈眈」，正統本已從改作「眈」，上海師大本亦從金李本徑改，據義字當從目。

〔四〕升，明道本、遞修本、正統本、靜嘉堂本、南監本、弘治本、許宗魯本、《正義》作「斗」，秦鼎從明道本，謂「『斗』、『阧』通用，阧，峻絶也」。虞萬里《清華簡〈説命〉「鵑肩女惟」疏解》一文認爲作「斗出」是，肩井係肩上穴位名，「斗出」爲像斗形一樣，中間低而兩端高出，但既然像斗形一樣，就只能是陷而不是「出」了，這裏是指一種特殊的形相，即肩井高聳，當以作「升」者爲優，「升」與「竦」、「騰」義近，《説文·禾部》：「秳，稻一秳爲粟二十斗；禾黍一秳爲粟十六斗大半斗。」段注：「斗，宋刻皆譌『升』。」西周中期器友簋之「升」字作「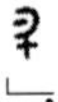」，與「斗」字的金文、隸書與楷體皆逼似；二〇〇七年，安徽六安雙墩一號漢墓考古發掘得一樊氏銅壺，今存六安皖西博物館，中有銘文云：「樊氏容十升重廿八斤十四兩。」其中隸定作「升」者亦作「」，目測該器絶不可能容十斗。此二例可證「升」字極易訛作「斗」。

〔五〕張，明道本、正統本作「脹」，《説文·疒部》：「瘨，一曰腹張。」段注：「古無脹字。《左傳》『晉侯獳將食，張，如廁』，即今之『脹』字也。」可知二者爲正俗字。

〔六〕溝，靜嘉堂本、南監本、弘治本、許宗魯本作「池」。

〔七〕雝，明道本、正統本作「雍」，古同。

〔八〕弗，明道本、正統本作「不」。

揚食我生〔一〕，揚，叔向邑也。食我，叔向子伯石也，其母夏姬之女。**叔向之母聞之，往，及堂，聞其號也，乃還，曰：「其聲，豺狼之聲也**〔二〕，○《正義》：《大戴記·官人篇》：「以其聲，處其氣。初氣生物，物生有聲。心氣鄙戾者，其聲斯醜。」《禮·內則》注：「沙，猶嘶也。」孔疏：「嘶，謂酸嘶。」斯醜之聲，擬之以豺狼之嘷。《漢書·王莽傳》莽「大聲而嘶。待詔曰：『莽所謂鴟目虎吻，豺狼之聲者也。』」顏注：「嘶，聲破也。」**終滅羊舌氏之宗者，必是子也。」**宗，同宗也。食我既長，黨於祁盈，盈獲罪，晉殺盈及食我〔三〕，遂滅祁氏、羊舌氏，在魯昭二十八年。○《存校》：宗，族也。注謂同宗，未然。○《正義》：《昭五年傳》「羊舌四族」杜注：「銅鞮伯華、叔向、叔魚、叔虎兄弟四人。」疏引《家語》「孔子曰銅鞮伯華不死，天下其定矣」，其人名赤；叔魚名鮒，見《昭十三年傳》；叔虎見《襄二十一年傳》。又引《世本》「叔向兄弟有季夙」，劉光伯曰：於時叔虎已死，別有季夙。《唐書·宰相世系表》：羊舌生職，五子赤、肸、鮒、虎、季夙。赤字伯華，肸字叔向，鮒字叔魚，虎字叔羆，號羊舌四族。其母言羊舌氏之宗，當指四族之子孫言之。若《昭三年傳》叔向言肸之宗十一族，此與羊舌並生，皆肸之疎屬，當非其母所憂，且久別爲氏，罪亦不相及也。◎志慧按：《左傳·昭公二十八年》亦載叔向母預知揚食我敗之事，穆文熙在《國語評苑》中云：「食我之母，乃夏姬之女，應《左傳》『甚美必有甚惡』句。」

【彙校】

〔一〕揚，正統本同，明道本作「楊」，注同。

〔二〕明道本無「也」字，《考正》從删，不可必。

〔三〕明道本無「及食我」三字，疑脱。

4 魯叔孫穆子論死而不朽〔一〕

魯襄公使叔孫穆子來聘，聘在襄二十四年〔二〕。范宣子問焉，宣子，晉正卿士匄。曰：「人有言曰『死而不朽』，何謂也？」言身死而名不朽滅。穆子未對。宣子曰：「昔匄之祖，自虞以上爲陶唐氏，言在舜世，不改堯號。○《釋地》：堯初受封於陶，在今山西汾州府平遥縣。後徙封唐，爲唐侯。自唐侯踐天子位，故稱陶唐氏。唐城在今霍西。《水經》云「汾水又南，過永安縣西，歷唐城東」是也。在夏爲御龍氏，夏，夏后孔甲之世也。《傳》曰：「陶唐氏既衰，其後曰劉累，學擾龍於豢龍氏，以事孔甲，能飲食龍〔三〕，夏后嘉之，賜氏曰御龍〔四〕。」○《正義》：《内傳》孔疏引服虔注：「御，亦養也。」養馬曰圉，御與「圉」同，言養龍猶養馬，故稱「御」」。**在商爲豕韋氏，**商，謂武丁之後。爲豕韋氏，初，祝融之後彭姓爲大彭，大彭、豕韋二國〔五〕，爲商伯。其後商滅豕韋，劉氏自御龍代豕韋，故《傳》曰：「以更豕韋之後。」○《補正》：滅豕韋，以劉氏代，在商武丁之世，見《史記·夏本紀》集解。**在周爲唐杜氏。**周，武王之世。唐、杜，二國名。豕韋自商之末改國於唐〔六〕，周成王滅唐而封弟唐叔虞，遷唐于杜，謂之杜伯。○賈逵：武王封堯後爲唐、杜二國（《左傳·襄公二十四年》正義引，汪遠孫輯）。○《發正》：唐、杜二國，武王所封，堯後。此韋本賈説也。韋解本《内傳》杜解及《竹書紀年》，二説不同，宏嗣則合爲一説矣。考《逸周書·王會解》「成周之會，唐叔、荀叔、周公在左」，孔晁注云：「唐、荀，國名，皆周成王弟。」「堂下之右，唐公、虞公南面立焉」，孔晁注云：「唐、虞二公，堯、舜後也。」二唐同列，並非滅堯後之唐始封叔虞也。賈以爲唐、杜並時所封，當别有據，故劉光伯取賈以規杜爾。○《釋地》：《括地志》：故唐城在絳州翼城縣西二十里，堯裔子所封。《傳》曰：「成王滅唐而封太叔焉。」即今平陽府翼城縣地也。杜，西周畿内國名，《地理志》：「杜，京兆〈尹〉杜陵縣，故杜伯國。」杜陵故城在今西安府東南十五里。《汲冢紀年》云：「成王八年冬十月，王師滅唐，遷其民於杜。」○《補正》：遷唐於杜，而仍録以舊名，故曰「唐杜」。秦置杜縣，漢改杜陵，故城在今陝西西安府東南五十里。◎志慧按：上海師大整理本作「唐、杜氏」、點校本《集解》不斷，韋昭既云「遷唐於杜」，則當從《補正》説，「唐」下不斷。**周卑，晉繼之，爲范氏，其此之謂乎**〔七〕**？」**卑，王室微也。晉繼之者，謂爲盟主，總諸侯也〔八〕。爲范氏者，杜伯爲宣王大夫，宣王殺之，其子隰叔去周適晉，生子輿，爲晉理官。其孫士會爲晉正卿，食邑於范，是爲范氏〔九〕。○《補正》：范，今山東曹州府范縣東南二十五里。◎志慧按：韋昭以「爲盟主，總諸侯」釋「繼之」，疑基於後世中央集權體制下之君臣觀念，在春秋時代，周衰，周弊，周卑，大國代興卻是一般知識與觀念，而此代興則未必僅僅主盟而已。《左傳·襄公二十四年》作「晉主夏盟，爲范氏」，將主盟改作「繼之」，與本卷下文《鄭子産論黄能》「周室少卑，晉實繼之」疑皆爲編者有意改易。韋昭用《左傳》文釋此，實難密合編者之意。至於范宣子宣示的這一華麗世繫，觀其跋扈之態，似不宜貿然目爲信史。

對曰：「以豹之所聞〔一〇〕**，此之謂世禄，非不朽也。**世禄，世食官邑。**魯先大夫臧文仲，其身没矣**〔一一〕**，其言立於後世，**言有立言可法者〔一二〕，謂若教行父事君、告糴於齊之屬〔一三〕。○《删補》：教行父事君，事見《左傳·文公十八年》。告糴於齊，同見《莊公二十八年》。行父，即季文子也，行父其名。此一條入《魯語》亦可也，然載之此者，其人魯，而其事於晉，故在《晉語》。**此之謂死而不朽。」**

【彙校】

〔一〕此《晉語》，故在上海師大校點本基礎上加一「魯」字。

〔二〕明道本、正統本無「聘」字，依注例，疑公序本涉正文衍。

〔三〕龍，《左傳·昭公二十九年》作「之」。

〔四〕御龍，《左傳·昭公二十九年》同，明道本尚有「氏」字，前已有「賜氏」，疑明道本衍。

〔五〕明道本不重「大彭」二字，疑脱。

〔六〕末，明道本作「未」，後者字訛。

〔七〕乎，明道本作「也」，表疑問語氣，以作「乎」爲優。

〔八〕總，明道本、正統本字從手，義符更旁字也，後二者該字前有「以」字。

〔九〕明道本、正統本無「是」字。

〔一〇〕明道本、正統本無「之」字，《考正》從删，不可必。

〔一一〕没，明道本、正統本作「殁」，出本字也。

〔一二〕有，明道本、正統本作「其」，《正義》從明道本。

〔一三〕行父事君，明道本、正統本作「行父之事君」。

5 訾祏止范宣子與龢大夫争田〔一〕

范宣子與龢大夫争田〔二〕，久而無成。成，平也。龢，晉邑之大夫也〔三〕。争田之疆界，久而不平。宣子欲攻之，問於伯華。伯華，羊舌赤也。魯襄三年，代父職爲中軍尉之佐〔四〕。伯華曰：「外有軍，内有事。赤也，外事也，言主軍也。不敢侵官。非其官與之〔五〕，爲侵官。且吾子之心有出焉〔六〕，可徵訊也。」出，以軍旅出也〔七〕。徵，召也。訊，問也。○陶望齡：心有出焉，只是意思，不必説到軍旅。伯華心欲止之，故虚婉其辭耳（盧之頤校訂《國語》）。○秦鼎：欲攻之，是似外事不可之甚者，故伯華以内事言之。○《補正》：謂己主外事，若有出軍之事，可召而問之，他非所知也。◎志慧按：宣子因争田之事欲攻龢大夫，此係内事，秦鼎誤讀，當從陶、吴之説。問於孫林父〔八〕，林父，衛大夫孫文子。魯襄十四年〔九〕，逐衛獻公，立公孫剽〔一〇〕。二十六年，甯喜殺剽而納獻公，林父遂以戚叛，事晉。孫林父曰：「旅人，所以事子也，唯事是待。」旅，客也。言客寄之人〔一一〕，不敢違命。問於張老，三君云：張老，中軍司馬也。昭謂：魯襄三年，悼公以張老爲司馬，至襄十六年〔一二〕，平公即位，以其子張君臣代之，此時爲上軍將。張老曰：「老也以軍事承子，非戎，則非吾所知也。」戎，兵也。○龜井昱：藉偃以悼公元年爲上軍司馬，而曰「從於張孟」，則張老今爲上軍將，上軍是中軍之承。○《補正》：張老對與伯華同。問於祁奚，祁奚既老，平公元年，復爲公族大夫。祁奚曰：「公族之不恭，公室之有回〔一三〕，回，邪也。内事之邪〔一四〕，内，朝内也。○龜井昱：公族之有事於公室，是内事也。大夫之貪，是吾罪也。大夫，公族大夫，然則祁奚掌之。若以軍官從子之私〔一五〕，懼子之應且憎也〔一六〕。」外應受我，内憎其非。○《翼解》：《内傳》云：「實應且憎。」《周語》亦有「應且憎」文，惠徵士所謂「是當時有此語也」。◎志慧按：《周語中·襄王拒晉文公請隧》：「叔父實應且憎。」韋注：「應，猶受。憎，惡也。」《左傳·成公十三年》亦有「狄應且憎」語，杜注：「狄雖應答秦，而心實憎秦無信。」惠棟所言是也。問於藉偃〔一七〕，藉偃，上軍司馬藉游也〔一八〕。藉偃曰：「偃以斧鉞從於張孟〔一九〕，孟，張老字。曰聽命焉〔二〇〕，若夫子之命也，何二之有？夫子，張孟也。○秦鼎：若，順也。◎志慧按：范宣子爲晉正卿，張孟職在范宣子之下，藉偃又在張孟之下，藉從張孟而不從范宣子，例同《左傳·僖公二十三年》「晉人伐諸蒲城。蒲城人欲戰」，春秋時期我主之主非我主的層級關係與後世大異其趣。釋夫子而舉，釋，舍也。舉，動也。是反吾子也。」吾子，宣子。宣子爲上卿，本使我聽命於張孟，今若背之而從子之私〔二一〕，是反子之前令〔二二〕。問於叔魚，叔魚，叔向之弟。叔魚曰：「待吾爲子戮之〔二三〕。」◎志慧按：《左傳·昭公十四年》：「晉邢侯與雍子爭鄐田，久而無成。士景伯如楚，叔魚攝理。」孔穎達正義引孔晁云：「景伯，晉理官，叔魚佐之。景伯聘楚，叔魚專斷。」叔魚此言活現出「一朝權在手，便把令來行」的作派，見其母之擔心不爲無因，亦爲其最後以賄死作張本。

【彙校】

〔一〕穆文熙《鈔評》題作「訾祏止范宣子争田」，葉明元《抄評》題作「范宣子與龢大夫争田」，上海師大本同，兹合之以見其詳。

〔二〕龢，明道本、正統本作「和」，下同。

〔三〕明道本、正統本「邑」前有「和」字，秦鼎從補。《考異》謂「龢（和）」下，「當作『和大夫，晉和邑之大夫也』十字，今各本誤奪。」其説是，《集解》徑從改。

〔四〕明道本、正統本無「中」字，疑脱。

〔五〕明道本、正統本「與之」前有「而」字，《考正》、秦鼎從補，是。

〔六〕秦鼎疑「且」係「若」字之誤，但《元龜》卷七三二引同作，誤字説不可必。

〔七〕旅，明道本作「族」，作「族」者訛。

〔八〕父，明道本、正統本作「甫」，《補音》「晳父」下云通作「甫」，是，下同。

〔九〕十四年，弘治本作「公四年」，後者誤改。

〔一〇〕明道本無「公」字，脱。

〔一一〕客寄，明道本、正統本作「寄客」。

〔一二〕十六年，静嘉堂本、南監本漫漶不可識，弘治本作「十九年」，後者誤。

〔一三〕有，所見中土版唯張一鯤本作「不」，《删補》、《訂字》、皆川淇園引作「不」，前者曰作「有」爲是，《略説》、户埼允明亦依盧之頤本作「有」，可從。

〔一四〕邪，孔氏詩禮堂本作「朝」，疑涉注文而誤。

〔一五〕軍，明道本、正統本作「君」，是，公序本因音同而誤，秦鼎從改。

〔一六〕憎，正統本同，明道本作「增」，《札記》據《墨子·非命》「帝式是增」、《韓非子·説難》「論其所增」等語例，斷「增」即「憎」也，有理；《經義叢鈔》、《考異》亦舉《周語中》「其叔父實應且憎」證成之。《補正》、吴闓生則據《左傳》謂當作「憎」。「增」、「憎」古曾通假，注同。

〔一七〕藉，明道本、正統本及《左傳》作「籍」，次同。

〔一八〕游，明道本、正統本作「遊」。

〔一九〕偃，明道本、正統本作「偃也」，《考正》從增。

〔二〇〕曰，公序本各本及正統本同作，明道本、《元龜》卷七三二引作「日」，《考正》謂當作日月之「日」，甚得古意，係正統本從公序本改，抑或黄刊明道本據義改，俱不可知。

〔二一〕背，遞修本、静嘉堂本、南監本、弘治本作「皆」，後者形訛，許宗魯本已改從「背」。

〔二二〕子，明道本、正統本作「吾子」，據正文當脱。

〔二三〕戮，明道本、正統本作「殺」。

叔向聞之，見宣子曰：「聞子與龢未寧，寧，息也。徧問於大夫，又無決，盍訪之訾祏。訾祏實直而博〔一〕，直能端辯之〔二〕，端，正也。辯，别也。訾祏，宣子家臣。　○《補音》：祏，常隻反。博能上下比之，且吾子之家老也。家臣室老。吾聞國家有大事，必順於典刑，典，常也。刑，法也。而訪咨於耇老〔三〕，而後行之。」司馬侯見〔四〕，侯，汝叔齊〔五〕。曰：「聞吾子有龢之怒，吾以爲不信。諸侯皆有二心，是之不憂，二心，欲叛晉。而怒龢大夫，非子之任也。」祁午見，午，中軍尉〔六〕。曰：「晉爲諸侯盟主，子爲正卿，若能靖端諸侯，使服，聽命於晉〔七〕，晉國其誰不爲子從，何必龢？言皆從子之命，何但龢大夫乎〔八〕。　◎志慧按：近見吴銘《〈國語〉「服聽命於晉」獻疑》一文，謂「服聽命」信息冗餘，且不合文法，故疑「聽命」係「服」字的注文闌入正文，説雖有理，唯無文獻依據；若在「服」下斷句，「聽命於晉」作爲對「服」的補充，合於文法，語意亦完足，故不取吴説。上海師大本、點校本徐元誥《集解》、薛安勤與王連生《譯注》、陳桐生《國語》、鄔國義、胡果文、李曉路《譯注》等皆未將「服聽命」斷開，致啟疑竇，今斷。盍密和，和，和平也〔九〕。　○《存校》：密，猶親也。　○《增注》：密，與龢和也。　○秦鼎：密，宥密之「密」。　◎志慧按：此「和」當指龢（和）邑或龢（和）大夫，係名詞，下句「和」纔是動詞，疑係書手或寫工誤將韋注前置，但各本均如此作，知其誤已久。**和大以平小乎！**」勸以大德平小怨。　○《增注》：和大，謂靖端諸侯。平小，謂若平龢之怨也。　○《補正》：大指諸侯，小指和大夫，注非。　◎志慧按：吴説是。復次，「司馬侯見」以下至此，各本皆横亙在叔向勸宣子訪之訾祏及宣子問於訾祏二事之間，疑當前置於「叔向聞之」之前，或因叔魚而及叔向，遂致錯簡。

【彙校】

〔一〕博，明道本同，遞修本、静嘉堂本、南監本、弘治本作「搏」，疑爲寫工或刻工之誤，許宗魯本已改從「博」，次「博」字各本同。

〔二〕辯，明道本、正統本作「辨」，古通，注同。

〔三〕咨，明道本、正統本作「諮」，後者爲「咨」之義符加旁字，下同。

〔四〕見，静嘉堂本、南監本字殘，似「目」，弘治本作「目」，未與他本核對之故也。

〔五〕汝叔齊，《左傳·昭公元年》作「女叔齊」，「女」、「汝」通。

〔六〕尉，弘治本作「卿」，後者誤，蓋因其祖本南監本脱爛而臆補。

〔七〕聽，弘治本、李克家本作「朝」，静嘉堂本、南監本脱爛，弘治本臆補，李克家本又據弘治本誤改張一鯤本。

〔八〕何但，弘治本作「也況」，静嘉堂本、南監本此處脱爛不可識，弘治本以意補。

〔九〕明道本、正統本不重「和」。

宣子問於訾祏，訾祏對曰：「昔隰叔子違周難於晉國，隰叔，杜伯之子。違，避也。宣王殺杜伯，隰叔避害適晉。**生子輿，爲理，**子輿，士蔿之字。理，士官也。○賈逵：隰叔，杜伯之子。周宣王殺杜伯，其子逃奔晉。子輿，士蔿也。武子，蔿之孫，即士會也（《左傳·文公十三年》正義引，汪、蔣輯）。○《辨正》：考載籍中杜伯後人的身世：《今本竹書紀年》載：「（周宣王）四十三年，王殺大夫杜伯，其子隰叔奔晉。」時在前七八五年。《周語上》「其（周）衰也，杜伯射王于鄗」韋注：「《周春秋》曰：『宣王殺杜伯而無辜，後三年，宣王會諸侯田于圃，日中，杜伯起於道左，衣朱衣、朱冠，操朱弓、朱矢，射宣王，中心折脊而死。』」周宣王卒於前七八二年，則《周春秋》所載較《竹書紀年》晚一年。這還不是大問題，因爲有可能是二書所依從的曆法差異所致，或者是「二年」係「三年」之形殘。問題在於：若隰叔爲杜伯之子，同時士蔿爲隰叔之子，則杜伯被害的當年，隰叔應已出生；士蔿在《左傳》中首次出現是在莊公二十三年（前六七一），是年士蔿爲晉獻公謀去群公子，上距杜伯被殺時間（亦其父生年的下限）達一百一十四年或一百一十三年；莊公二十六年（前六六八），士蔿爲晉大司空；僖公五年（前六五五），士蔿受晉獻公之命爲二公子筑蒲與屈，是年距杜伯被害一百三十年。此後在《左傳》中再未見他直接露面，可以看成是告老隱退了。從時間上推算，士蔿作爲杜伯之孫的可能性極微。因此，《晉語》正文與韋注及《今本竹書紀年》必有一誤。◎志慧按：《晉語》未明言隰叔爲杜伯之子，疑韋昭據「違周難」一語徑謂之爲杜伯之子，作《今本竹書紀年》者又據韋注。**以正於朝，朝無姦官；爲司空，以正於國，國無敗績。**績，功也。**世及武子，佐文、襄爲諸侯**〔一〕**，諸侯無二心。**父子爲世。及，至也。謂士蔿生成伯缺，成伯缺生武子士會〔二〕。文公五年，士會攝右，爲大夫，佐襄公以伯諸侯，諸侯無二心者〔三〕。○賈逵：宣王殺杜伯，其子逃而奔晉。子輿，士蔿字。武子，士會也，會，士蔿之孫。是隰叔四世及士會食邑於范爲范氏也（《左傳·襄公二十四年》正義引，汪遠孫輯）。○《訂字》：爲，治也。**及爲卿，以輔成、景，軍無敗政。**文公生成公，成公生景公。**及爲成師**〔四〕**，居太傅，**唐尚書云：「爲成公軍師，兼太傅官。」昭謂：此「成」當爲「景」字誤耳。魯宣九年，晉成公卒，至十六年，晉景公請于王，以黻冕命士會將中軍，且爲太傅。**端刑法，緝訓典**〔五〕，緝，和也。○《平議》：訓典不可言「和」，「緝」與「集」古字通。◎志慧按：《周語中·定王論饗禮》載隨武子「講聚三代之典禮，修執秩以爲晉法」，可並觀。**國無姦民，**士會爲政，盜逃奔秦是也〔六〕。**後之人可則，是以受隨、范。**隨、范，晉二邑也。○《釋地》：范，今東昌府范縣東南二十五里有故范城，本赤狄潞氏之邑，魯宣公十五年，晉滅潞氏，其地入晉。○《詳注》：隨，今山西介休縣東有隨城。**及文子，成晉、荆之盟，**文子，武子之子燮也。晉使士燮盟楚於宋西門之外，在魯成十二年。**豐兄弟之國，使無有閒隙，**豐，厚也。閒隙，瑕釁也。兄弟，鄭、衛之屬。晉、楚爲好，不相加戎，所以厚兄弟之國。**是以受郇、櫟。**郇、櫟，晉二邑也。○《舊音》：郇櫟，上音詢，下音鑠，晉地也。按：《左傳·桓十五年》「鄭伯突入于櫟」，音歷，在陽翟。《漢書》「高祖初都於櫟」，音藥，在高陵，凡有三音。○《詳注》：櫟，今河南禹縣有陽翟城，即櫟邑也。○《集解》：櫟有三，亦有三音，此文櫟音櫟（鑠），杜氏《釋例》云：「在河北。」桓十五年《左傳》「鄭伯突入於櫟」，音歷，在陽翟。《漢書》「高祖初都於櫟」，音藥，在高陵。沈（鎔）謂禹縣之櫟，蓋非此也。◎志慧按：郇，地在今山西臨猗，荀伯大父盨、旬伯簋、旬伯甗即該國之器。關於櫟，其時晉地未至今河南禹州境，《集解》説較長，唯《春秋釋例》杜預云：「河東北閒。」徐氏失檢。**今吾子嗣位，於朝無姦行，於國無邪民，於是無四方之患，而無外内之憂，賴三子之功而饗其禄位。**三子，子輿、武子、文子。○《略説》：四方，謂諸侯也。故外謂國，内謂朝。**今既無事矣，而非龢，**非，恨也。○《標注》：非，仍是非薄之「非」，以和爲曲也。**於是加寵，將何治爲？」**晉加寵於子，將何所爲治乎[七]。○《訂字》：或曰：「加寵，和大夫益其田，不爭而服之也。注非。」○《略説》：今既無事，不可立功，非攻龢加榮，則將何所爲治乎？○《增注》：言於此無事時，自加寵禄，與龢爭田，將何治之爲乎？無所以爲治也。　○吴汝綸：治，謂與和爲難，韋注誤，《史記》「與窋何治乎」正與此同。　○《補正》：謂將何以治國也。　◎志慧按：吴氏所引《史記》語見《曹丞相世家》。范氏經士蔿、范武子、范文子數代經營，至范文子、范宣子臻於極盛，范宣子不復有乃父臨深履薄、寵至益戒之風，在叔孫穆子前誇耀不朽，與穌大夫争田，其女董祁顛頇跋扈，這是本則各色人等活動的背景，也是理解范氏家臣訾祏幾諫的鑰匙。其後范宣子另一女兒欒祁淫亂招禍的史實，反過來也會影響到文獻對范氏家族的整體敘述。**宣子説，乃益穌田而與之和。**以所争田益之，與之平和。

【彙校】

〔一〕秦鼎云：「爲，治也。或云：『據注，則霸字之誤。』」或説有理，但《元龜》卷七三二引同。

〔二〕金李本「成伯」之名或作「缺」，或作「缺」，明道本、遞修本皆作「缺」，後者似從俗。唯明道本在「士蔿生成伯」下作「成伯生缺，缺生武子士會」，中間又多了一代，《札記》據《史記·趙世家》索隱引《世本》之文，謂當從公序本，《考異》從其説，據賈逵注亦當從公序本，《新唐書》卷七二上《宰相世繫表》、南宋鄧名世《古今姓氏書辯證》卷一八、二八所載皆同，則士其氏，會其名，季其字，武其謚，隨、范俱其采邑名。

〔三〕明道本、正統本無「者」字。

〔四〕師，《補校》、《述聞》皆謂係「帥」之誤，爲成帥者，爲成公之中軍帥也，據注可從，《集解》徑改，《左傳·襄公二十七年》正義「宜其光輔五君」下引此「成師」則作「元帥」。《略説》並謂注文「軍師」亦爲「軍帥」之訛，是，《增注》已改作「帥」。

〔五〕輯，明道本作「緝」，《補正》謂「輯訓和，緝不訓和」、「公序本是也」，似當從曲園先生訓集，則「緝」爲通假字，「輯」爲本字，非正誤之别。

〔六〕逃，明道本、正統本作「賊」。

〔七〕明道本、正統本無「所」字。

6 訾祏死范宣子勉范獻子

訾祏死，范宣子謂獻子獻子，宣子之子范鞅。曰：「鞅乎！昔者吾有訾祏也，吾朝夕顧焉，顧，問也。以相晉國，且爲吾家。今吾觀女也，專則不能，謀則無與〔一〕，無賢臣也。將若之

○《詳注》：專，專斷也。　◎志慧按：與「專」相對，「謀」句意謂没有可以商議的同僚。

何？」對曰：「鞅也，居處恭，不敢安易，易，簡也。不敢自安而爲簡略。　○秦鼎：不安易，即執事敬也。敬學而好仁，和於政而好其道，言己爲政貴和，而好説其道。　○龜井昱：和順於上

政，而親其有道者也。**謀於衆不以賈好，**賈，求也。言心樂咨，不以求爲好。○秦鼎：賈好，猶言求媚也。○《辨正》：「賈」有求義，但此「賈」釋作求不確，秦鼎釋作「求媚」，雖不中，亦不遠矣，猶今「炫耀」、「賣好」之類，下句「私志雖衷，不敢謂是」正是此意，可爲内證。**私志雖衷，**○《備考》：衷，正也。**不敢謂是也，必長者之由。」**衷，善也。由，從也。○《增注》：衷，即「中」字。言私志以爲得事之中，而不敢自謂是也，必將從長者之慮也。**宣子曰：「可以免身。」**◎志慧按：前五〇一年，范獻子卒。《春秋·定公十三年》：「冬，晉荀寅、士吉射（范獻子之子）入于朝歌以叛。」是年爲前四九七年。同年《左傳》：「十一月丁未，荀寅、士吉射奔朝歌。」《左傳·哀公五年》：「春，晉圍柏人，荀寅、士吉射奔齊。」《晉語九·竇犨謂君子哀無人》：「其（范、中行氏）子孫將耕於齊，宗廟之犧爲畎畝之勤。」

【彙校】

〔一〕明道本、正統本句下有「也」字。

7 師曠論樂

平公説新聲〔一〕，説，樂也。新聲者，衛靈公將如晉，舍于濮水之上，聞琴聲焉，甚哀，使師涓以琴寫之〔二〕。至晉，爲平公鼓之。師曠撫其手而止之，曰：「止〔三〕，此亡國之音也。昔師延爲紂作靡靡之樂，後而自沈於濮水之中。聞此聲者，必於濮水之上乎！」○舊注：新聲，師涓所聽者也（《御覽》樂部七引，汪遠孫輯）〔四〕。○《標注》：新聲不須解，只是時樣之淫樂已，若濮上是怪説，不足辨，縱令其實有是，亦新聲中之一端矣，不得以此概「新聲」。**師曠曰：「公室其將卑乎！**師曠，晉主樂大師子野〔五〕。**君之明兆於衰矣**〔六〕。兆，形也。○賈逵：兆，形也（《文選》孫興公《游天臺山賦》李善注，又見引于釋慧琳《一切經音義》卷四十六，王、黄將此條置於《晉語三》「其魄兆於民矣」下，汪遠孫輯，蔣曰豫將此條置於《吴語》「天占既兆」下）。**夫樂，以開山川之風**〔七〕，開，通也。故八音以通八風〔八〕。○賈逵：開，通也（日本智光《浄名玄論略述》卷三末）。**以耀**〔九〕**德於廣遠也。**耀，明也。○賈逵：耀，示也，明也（釋慧琳《一切經音義》卷十四引，蔣曰豫輯）。**風德以廣之，**風，風宣其德，廣之於四方。作樂各象其德，《韶》、《夏》、《濩》、《武》是也〔一〇〕。○賈逵：風德者，德各有風類也，作樂各象其德，《韶》、《夏》、《護》、《武》之謂也（《御覽》樂部七引，汪遠孫輯）。**風山川以遠之，**遠，遠其德也。《周禮》：每樂一變，各有所致，謂鱗、介、毛、羽之物，山林、川澤、天地之神祇也〔一一〕。　○賈逵：樂所以通山川之風類，以遠其德〔一二〕（《初學記》樂部上引，王、汪、黄輯）。○《增注》：遠之，謂通山川之風氣以使之及遠也。　◎志慧按：韋解引《周禮》文見《春官·大司樂》，唯文字有明顯出入，蓋撮述大意也。**風物以聽之，**言風化之動物，莫不傾耳而聽。　○《略説》：物，謂八音之器。言風宣八音，克諧以成，人聽而樂之。　○《增注》：謂風詠庶物，以聽其物之吉凶妖祥也。**脩詩以詠之〔一三〕，脩禮以節之。夫德廣遠而有時節，**作之有時，動有禮節。**是以遠服而邇不遷〔一四〕。」**　○舊注：邇，近（《御覽》樂部七引，汪遠孫輯）。

【彙校】

〔一〕《初學記》卷十五樂部上、《書鈔》樂部一引《國語》皆作「晉平公既作新聲」，或爲《國語》異文。

〔二〕寫，弘治本作「蔦」，形訛。

〔三〕止，李克家本作「上」，後者字之訛也。

〔四〕《四部叢刊三編》本《御覽》樂部七作：「新聲，師涓新聽者也。」「所」作「新」疑是形訛，汪遠孫謂「不言何人注，上下皆賈注，可知」，可備一説。

〔五〕主，静嘉堂本同，許宗魯本作「之」，南監本漫漶不清，弘治本仍作「主」，疑許宗魯本誤。大師，明道本作「太師」。

〔六〕李慈銘云：「君之明，猶下《鄭語》謂幽王天奪之明之『明』。」但《御覽》樂部七引此句「明」作「萌」，無「於」字，疑作「萌」者是，「君之萌兆於衰矣」係「君之衰兆萌矣」之倒句，「於」字與《齊語》「海於有蔽，渠弭於有渚，環山於有牢」、《左傳·昭公十九年》「室於怒市於色」之「於」字用法同，知無「於」者脱。

〔七〕《四部叢刊三編》本《御覽》樂部七引作「樂以間山川之風」，疑脱「夫」字，「間」爲「開」之訛。

〔八〕秦鼎謂注文「故」字可疑，文淵閣《四庫》本和清刻廣雅書局《禮書綱目》卷八十五俱作「政」，《樂記》云：「聲音之道與政通。」則似《禮書綱目》得韋旨，准此，則當於「政」下斷句。

〔九〕耀，《四部叢刊三編》本《御覽》樂部七作「輝」，疑後者形訛。

〔一〇〕濩，明道本、《御覽》樂部七作「護」，作爲古樂曲曲名時文獻中常通作。

〔一一〕祇，正統本、葉邦榮本作「祗」，明道本、公序本系列各祖本俱作「祇」，據義是也。

〔一二〕遠，據日本宫内廳書陵部藏宋高宗紹興十七年（一一四七）東陽崇川余四十三郎刊本《新雕初學記》三十卷本引，王、汪、黄輯作「達」，據韋解與正文，當作「遠」，作「達」者疑係清人訛傳。《四部叢刊三編》本《御覽》樂部七本句引作「樂以通山川之風類也，遠其德也」。

〔一三〕脩，明道本、正統本作「循」，《札記》謂當作「脩」，是，次同。

〔一四〕《校文》謂『不遷』下當有闕文」，秦鼎云：「末無收結，疑有脱句。」檢《通志》卷一百八十一藝術引，下文尚有：「『今君說新聲，欲毋衰，得乎？』」自是晉政在大夫，而公室遂衰焉。」與《國語》記言之語嘉言善語下每每附有結果的模式吻合，可據補。

8 叔向諫殺豎襄

平公射鴳不死，鴳，扈〔一〕，小鳥也。○《詳注》：《說文》：「老扈鴳也。」高誘《呂覽》注：「一名冠雀。」**使豎襄搏之，失**〔二〕。豎，內豎，襄，名也。**公怒，拘，將殺之。叔向聞之，夕，**夕至於朝。○《左傳·成公十二年》正義：旦見君謂之朝，莫見君謂之夕。○《補正》：早朝曰朝，晚朝曰夕。**君告之。叔向曰：「君必殺之。昔吾先君唐叔射兕于徒林，殪，以爲大甲，**兕，似牛而青〔三〕，善觸人。徒林，林名。一發而死曰殪。甲，鎧也。○《備考》：殪，死也。韋注「一發而死曰殪」似泥。**以封于晉。**言有才蓺以受封爵。○賈逵：以兕革爲大甲（《初學記》卷二十武部引，王、汪、黄、蔣輯）。徒林，園中地也。言唐叔有才藝，封於晉（《御覽》羽族部八引）。◎志慧按：唐叔虞之受封，世艷稱桐葉封弟的故事，此又一說，且更早，甚可注意。**今君嗣吾先君唐叔，射鴳不死，搏之不得，是揚吾君之恥者也。君其必速殺之，勿令遠聞。」**殺之益聞，詭辭以諫。**君忸怩顏**〔四〕，**乃趣赦之。**忸怩，慙皃。○賈逵：忸怩，慙色在顏也（釋慧琳《一切經音義》卷五十四引）。

【彙校】

〔一〕扈，明道本、正統本作「鳸」，陸德明《爾雅音義·釋鳥》：「《左傳》、《詩》並作『扈』，同，音户。」唯韋昭在《國語解敘》中自稱「以《爾雅》齊其訓」，則以從《爾雅》作「鳸」爲近真。

〔二〕失，《初學記》卷二十二武部作「逸」，古通，《論語·堯曰》「舉逸民」之「逸」，定州漢簡本書作「泆」，《説文·人部》「佚」下段注：「古『失』、『佚』、『逸』、『泆』字多通用。」

〔三〕青，静嘉堂本、南監本漫漶不可識，弘治本作「角」，形訛。

〔四〕明道本、正統本無「顔」字，秦鼎既云「可削」，又引或説云：「當在『慙』上。」檢《非國語》，本句作「忸怩於顔」，疑可從補。又，《御覽》獸部二「顔」作「顔厚」二字，《發正》以爲係注文闌入，《校證》亦疑今本奪韋解二字，似亦通，姑兩存之。

9 叔向論比而不別

叔向見司馬侯之子，撫而泣之，撫，拊也〔一〕。曰：「自此其父之死，吾蔑與比而事君矣〔二〕！○《正義》：《易·比·象》曰：「比，輔也。」《雜卦傳》曰：「比樂師憂。」此非阿黨爲比之謂。昔者此其父始之〔三〕，我終之，謂有所建爲及諫争〔四〕，相爲終始，以成其事也。我始之，夫子終之，無不可。」無不可，言皆從也。○《略説》：相成其事，無一不可。藉偃在側，曰：「君子有比乎？」君子周而不比，故偃問之。◎志慧按：《晉語七》載司馬侯向悼公推薦叔向，指其習於《春秋》，後者因此得傅太子彪，《左傳·襄公三十年》季武子謂「叔向、女齊以師保其君」，藉偃之問或因此類。叔向曰：「君子比而不別。比德以贊事，比也；贊，佐也。引黨以封己，引，取也。封，厚也。利己而忘君，別也。」別，別爲朋黨也。○《述聞》卷三十一：比與黨相近，則辨之曰比而不黨；比與別相近，則辨之曰比而不別。

【彙校】

〔一〕拊，明道本、正統本作「拊之」，疑涉正文而衍。

〔二〕《文選·廣絶交論》李善注引此文，無「其」字，《群書治要》卷八作「自其父之死，吾莫與比而事君矣」，「莫」、「蔑」義同，疑本句之「此」和「其」衍一。《校證》則以爲古有二本，今本係傳抄者誤合之耳，亦有理。

〔三〕《群書治要》卷八、《藝文類聚》人部十九、《後漢書·馮衍傳》李賢注引均無「此」字，疑涉上「此其父」衍。

〔四〕有，正統本、《群書治要》同，明道本作「其」，秦鼎從明道本，據句義似作「有」者勝。

10 叔向與子朱不心競而力爭

秦景公使其弟鍼來求成，景公，秦穆公之玄孫、桓公之子。鍼，后子伯車也。在魯襄二十六年。○《補音》：鍼，其廉反。叔向命召行人子員。行人，掌賓客之官。員，名也。行人子朱曰：「朱也在此。」叔向曰：「召子員。」子朱曰：「朱也當御。」當，直也。御，進也。言次應直事。○《左傳·襄公二十六年》正義：言當進侍君，受君命也，行人非一，遞進御，此曰次朱當御，次而不使，是黜之也。叔向曰：「肸也欲子員之對客也。」子朱怒曰：「皆君之臣也，班爵同，與員同也。何以黜朱也？」黜，退也。撫劍就之。叔向曰：「秦晉不和久矣，今日之事幸而集，集，成也。○《標注》：蓋自令狐之役以至于此，整六十年，可謂久矣。子孫饗之〔一〕。饗，饗其福也。饗，或爲「賴」。◎志慧按：《左傳·襄公二十六年》本句作「晉國賴之」。不集，三軍之士暴骨。必復戰鬭也〔二〕。夫子員道賓主之言無私〔三〕，子常易之。易，變也。○《校補》：《晉語五》韋注：「易，猶異也。」二義相因。姦以事君者，吾所能禦也。」◎志慧按：叔向接子朱之「御」，謂「吾所能禦」，同音，亦或同字，《左傳》即同作，但不同義，抗禦也。拂衣從之，拂，褰也。○《集解》：從，謂從子朱之劍。○穆文熙：秦晉之和，所係甚重，而子朱剛愎，易以取禍，故叔向斥之。斥之而即撫劍，則叔向之言益信矣（《國語評苑》）。○帆足萬里：拂衣，奮起貌。○《標注》：拂衣，與投袂相類，謂拂袖而出手也，非褰裳。人救之〔四〕。◎志慧按：救，義同《論語・八佾》「女弗能救與」之「救」，止也。平公聞之曰：「晉其庶乎！庶幾於興。○賈逵：庶，冀也（《文選》傅長虞《贈何劭王濟一首》李善注引，王、黄輯）。吾臣之所争者大。」師曠侍，曰：「公室懼卑，其臣不心競而力争。」○《增注》：不心競，不競於爲忠也，撫劍、拂衣是力争也。

【彙校】

〔一〕饗，弘治本作「享」，「享」、「饗」每有通作，弘治本因其通作而輒改，亦不可爲訓，注同。

〔二〕必，明道本作「不」，後者字之誤也，正統本即作「必」，疑黄刊之誤。

〔三〕道，明道本、正統本作「導」，出本字。

〔四〕人，各本同，《斠證》謂乃「入」之誤，可備一説。

11 叔向論忠信而本固

諸侯之大夫盟于宋，盟在魯襄二十七年，晉、楚始盟〔一〕，以弭諸侯之兵。楚令尹子木欲襲晉軍〔二〕，子木，屈到之子屈建也。《傳》曰：「將盟，楚人衷甲。」襲，掩也〔三〕。曰：「若盡晉師而殺趙武，則晉可弱也。」趙武，晉正卿文子也。文子聞之，謂叔向曰〔四〕：「若之何？」叔向曰：「子何患焉。忠不可暴，不可侵暴。信不可犯，犯，陵也。忠自中，自中出也。而信自身，身行信也。其爲德也深矣，其置本也固矣〔五〕，故不可抈也〔六〕。抈，動也。○賈逵：朔，動也（《和漢年號字抄》上引東宮切韻）。○《舊音》：抈，音月，又五括反，本或爲「損」。○《補音》：抈，魚厥反。○《考異》：「抈」字是也，《小雅·毛詩傳》云：「扤，動也。」抈與「扤」通。今我以忠謀諸侯，謀安諸侯。而以信覆之，覆驗其忠〔七〕。荆之逆諸侯也亦云，亦云欲弭兵爲忠信。逆，迎也。是以在此。若襲我，是自背其信而塞其忠也。塞，絶也。信反必斃〔八〕，斃，踣也。忠塞無用，無以用諸侯也。安能害我？且夫合諸侯以爲不信，諸侯何望焉？此行也〔九〕，荆敗我，諸侯必叛之，以弭兵召諸侯，而衷甲以襲晉，故諸侯必叛之。子何愛於死，○《增注》：愛，惜也。死而可以固晉國之盟主，何懼焉？」言晉有信，諸侯必歸之。是行也，以蕃爲軍〔一〇〕，蕃，籬落也。不設壘壁。攀輦即利而舍，攀，引也。輦，輦車也。即，就也。言人引車，就水草便利之地而舍之。 ◎志慧按：關於「利」字，所見今人譯本多襲韋注「水草便利之地」而爲説，外延偏窄，薛安勤、王連生注譯本解作「方便的地方」較勝，蓋包括但不限於水草便利之地，如平坦之地、交通便利之地，又如《孫子》所説的衢地、通地等等。**候遮、扞衛不行，**候，候望。遮，遮罔也。晝則候遮，夜則扞衛。扞衛〔一一〕，謂羅闉、狗附也。張羅闉，去壘五十步而陳，周軍之前後左右，彍弩注矢以誰何，謂之羅闉。又二十人爲曹輩，去壘三百步，畜犬其中，或視前後，或視左右〔一二〕，謂之狗附。皆昬而設，明而罷。候遮二十人〔一三〕，居狗附處，以視聽、候望，明而設，昬而罷。不行者，不設之。 ○賈逵：遮，候也（釋慧琳《一切經音義》卷一引）。 ○《補正》：誰何，猶呵問也。**楚人不敢謀，畏晉之信也。**畏晉守信，諸侯與之，故不敢謀也。 ◎志慧按：此「信」兼指忠、信，韋注「守信」有欠周延。忠、信是其時貴族共同體包括競爭對手在內的基本價值觀，也是晉人賭楚人不敢偷襲的底氣。**自是没平公無楚患矣**〔一四〕。 ○龜井昱：平公以昭十年卒，去今十五年。

【彙校】

〔一〕盟，明道本、正統本作「同盟」，《考正》從增，不可必。

〔二〕子木，遞修本作「子朩」，疑係刻工之誤，韋注「子木」各本同。

〔三〕掩，弘治本作「淹」，形訛，遞修本則似「俺」，當以「掩」爲正。

〔四〕叔向，遞修本作「叔白」，疑係刻工之誤，次「叔向」遞修本亦同誤。

〔五〕置，明道本、正統本作「爲」，《考正》謂於義兩通。

〔六〕抈，正統本同，《補音》：「魚厥反。」明道本作「損」，注同，日本新美寬編、鈴本隆一補《本邦殘存典籍による輯佚資料集成》引作「朔」，並韋注亦作「朔，動也」。疑明道本改從常見字，但「損」釋動不密，「朔，動也」之訓亦所未聞，疑形訛，上海師大本從公序本徑改。《札記》引段玉裁説云：「抈，乃『扤』之異者，抈，折也。扤，動也。」唯字書如《説文》、《廣韻》、《玉篇》等所言抈有折義，則何以復援引「扤動」義，疑其泥韋注而爲説。今山西陽泉一帶方言有「抈折」、「抈斷」等詞，如「抈斷木棒」、「秸稈被抈折了」，準此，則本句所抈的對象不是本，而是整體的莊稼。

〔七〕驗，張一鯤本、李克家本作「驗」，古同，然明道本、公序本各祖本皆作「驗」，則作「驗」者係張一鯤本擅改，李克家本又自張一鯤本出。

〔八〕獘，《補音》：「或作『斃』。」《內傳》亦然。」明道本、正統本作「斃」，注同，古通；遞修本、南監本、秦鼎本、《正義》作「弊」，係後來者擅改。

〔九〕明道本句首有「爲」字，吴闓生釋爲若，並云《國策》「爲」字多訓爲若，有理。

〔一〇〕蕃，明道本、正統本與《左傳·襄公二十七年》俱作「藩」，注同，「蕃」通假字，「藩」本字。
〔一一〕《漢制考·國語》引同，明道本不重「扞衛」，李慈銘斷其脱，是，正統本即重。
〔一二〕《漢制考·國語》引同，明道本無次「或視」，當脱，正統本有之。
〔一三〕二十，《漢制考·國語》作「二千」，後者誤。
〔一四〕明道本無「矣」字，《考正》從删。

12 叔向論務德無争先

宋之盟，弭兵之盟也。楚人固請先歃。楚人，子木也。歃，飲血也〔一〕。○賈逵：歃，歃面也（《原本玉篇殘卷·欠部》引）。○顧野王：歃，以口微吸之也（同前條）。○《詳注》：盟者以血塗口旁曰歃血。叔向謂趙文子曰：「夫伯王之勢〔二〕，在德不在先歃，子若能以忠信贊君，贊，佐也。而裨諸侯之闕，裨，補也。闕，缺也。歃雖後〔三〕，諸侯將戴之〔四〕，何争於先？若違於德而以賄成事，政以賄成。今雖先歃，諸侯將棄之，何欲於先？昔成王盟諸侯于岐陽，岐山之陽。○《今本竹書紀年》：成王六年，大蒐於岐陽。○《正義》：彼言蒐，而此言盟，盟畢遂蒐，一時事也。楚爲荆蠻，荆州之蠻也。置茅蕝〔五〕，設望表〔六〕，與鮮牟守燎〔七〕，故不與盟。

置，立也。蕝，謂束茅而立之，所以縮酒。望表，謂望祭山川，立木以爲表，表其位也。鮮牟，東夷國。燎，庭燎也。○賈逵：束茅以表位爲蕝（《史記·叔孫通列傳》索隱引，汪遠孫輯）。○《舊音》：蕝，子悅、子睿二反。○《略説》：《史·叔孫通傳》曰：「漢起朝儀，通爲綿蕝，野外習之。」注：「徐廣云：『表位標準。』駰案：『如淳云：『置設綿索爲習肄處。蕝，謂以茅剪樹地爲纂位。』』索隱引韋昭云：『引繩爲綿，立表爲蕝。』」○《述聞》：《史記·叔孫通傳》索隱引賈逵注曰：「束茅以表位爲蕝。」會盟無縮酒之文，韋注非也，當以賈説爲長，蓋爲習儀而設也。韋以爲望表爲望祭山川，亦非，上云盟諸侯，下云守燎，所言者皆會盟之事，不得雜以祭神也。○《札記》：《説文》引曰：「致茅蕝表坐。」云朝位東帛表位曰蕝。鮮牟，即《宣九年》之要牟也。杜注：「東夷國也。」今瑯邪陽都縣東有牟鄉。○《翼解》：《論語》「植其杖而芸」，漢石經作「置」，《商頌》「置我鞉鼓」鄭箋：「置，讀曰『植』，立也。」○《補正》：茅蕝，即《史記》之「綿蕞」，以茅爲之，乃以別行禮之位次，非縮酒也。表，植木爲之，懸鳥羽於上，以辨日晷，使人望之知方向。《虞書》「光被四表」是也。今將與狎主諸侯之盟，唯有德也，狎，更也。子務德，無争先。務德，所以服楚也。」乃先楚人。讓使楚先。

【彙校】

〔一〕飲，明道本、正統本作「歙」，《説文·欠部》：「歙，歠也。」作「歙」者似涉上而誤。

〔二〕伯，明道本、正統本作「霸」，古通。《删補》：「或曰：伯王之『王』疑『主』字之誤，蓋時未有稱伯王。今按：《左傳·昭元年》亦有『王、伯之令也，引其封疆』之語，注言『三王五伯有令德者』，如此則未必。」《删補》所引之言主爲日本漢學家秋山儀（一六八八—一七六三），字子羽，號玉山先生，渡邊操除引其師春臺之説外，引前賢之説多稱「或曰」，此於「伯王」之考辨則是也。

〔三〕後，《元龜》卷七三二引同，明道本作「在後」，疑係據後世文法增。

〔四〕戴，正統本同，《元龜》引同，明道本作「載」，二字古通。

〔五〕茅，明道本、正統本作「茆」，注同，「茅」、「茆」聲符更旁字。

〔六〕「置茅」以下六字，《説文·艸部》「蕝」下釋作「朝位束茅，表位曰蕝」，並引《國語》文「置茅蕝，表坐」，與今本異。

〔七〕牟，正統本同，明道本作「卑」，《札記》：「『牟』字是，韋解云『東夷國』，然則即《宣九年》之要牟也。」，洪亮吉《曉讀書齋雜録》四録卷下則據此斷定「周初已有鮮卑之稱，不始于秦漢也」，古史茫昧，文獻無徵，存疑可也，注同。

13 趙文子請免魯叔孫穆子

虢之會，諸侯之大夫尋宋之盟，在魯昭元年。**魯人食言，**食，僞也。言魯使叔孫穆子如會，尋宋之盟，欲以脩好弭兵，尋盟未退〔一〕，而魯伐莒，取鄆，是爲虛僞其言〔二〕。○《爾雅·釋詁》：食，僞也。○《備考》：《品字箋》云：「食言，爲已吐而復吞之意。」○《補正》：言既出而食之，謂之食言，故《爾雅》訓「食，僞也」。○《集解》：《春秋左傳》屢云「食言」，如「背惠食言」、「瀆齊盟而食話言」、「臨事而食言」、「食言者不病」、「是食言者多矣」，杜注云：「言而不行，如食之消盡。」誼較詳明。◎志慧按：韋昭以《爾雅》齊其訓，有據，但食言與僞言微有區別，僞言，是本無誠意，虛與委蛇，甚至大言欺世；食言則是事後無法兑現承諾或者反悔，如自食其言。互見前《晉語一·驪姬譖殺大子申生逐群公子》「言不可食」下按語。**楚令尹圍將以魯叔孫穆子爲戮，**令尹圍，楚恭王之子。○《集解》：陳尸曰戮。**樂王鮒求貨焉，弗與**〔三〕。鮒，晉大夫樂桓子也〔四〕。○《正義》：《漢書·食貨志》：「貨，謂布帛可衣，及金、刀、龜、貝，所以分財布利〈者〉通有無者也。」**趙文子謂叔孫曰：「夫楚令尹有欲於楚，**欲，欲得楚國也〔五〕。**少懦於諸侯。**懦，弱也。以諸侯爲弱。○賈逵：懦，下也（《文選》陸士衡《樂府十七首·猛虎行》李善注引，王、黄輯）。○帆足萬里：言其於諸侯之事頗有怯懦，今必改張也。○《平議》：此言令尹之志專在於楚，而於諸侯之事少偷懦也。

有欲於楚，少懦於諸侯，即所謂「將有大志，不在病我」也。◎志慧按：曲園先生之説是也，韋注於上下文不協。**諸侯之故，求治之，不求致也。**故，事也。必欲治之，非但求致之而已。○陶望齡：晉乘魯史，各以其筆文之，故兩語事同而文全别（盧之頤校訂《國語》）。○孫鑛：少懦於諸侯，似謂志不在此，故但期戮治示威，不求致其歸服（盧之頤校訂《國語》）。○帆足萬里：治，如治罪之「治」。致，懷之使來也。○《平議》：「致」之言至也，極也，言求治之而已，不深求也，故又曰「其爲人也剛而尚寵，若及，必弗避也。子盍逃之？」蓋不逃則彼及治之，故弗可避；逃則彼不及治之，即可免矣。此正「求治，不求致」之明驗也。◎志慧按：於「致」字之義，韋昭猶有未穩，曲園先生復求之過深，孫鑛與帆足氏説平實簡明。**其爲人也，剛而尚寵，**尚，好也。好自尊寵。**若及，必弗避也**〔六〕。以事及於辠者，必加治戮，無所避也。**子盍逃之？不幸，必及於子。」**○《增注》：令尹將必及治穆子也。**對曰：「豹也受命於君，以從諸侯之盟，爲社稷也。**爲欲衛社稷也。**若魯有罪，而受盟者逃，魯必不免**〔七〕，不免於討。**是吾出而危之也**〔八〕。**若爲諸侯戮者，魯誅盡矣，**○《略説》：盡，止也。言使者受戮，則魯誅止矣。**必不加師，請爲戮也。夫戮出於身實難，**難，難居也〔九〕。○《備考》：言己有罪而受戮，難免不義之名也。○《述聞》卷十七：實，是也。難，患也。戮出於身實難者，言唯戮出於身是患也。○《補正》：難，患也，身自取戮，此實是患，不訓難居。◎志慧按：王、吴説是。**自它及之，何害？**何害於義。○户埼允明：言何害之有。**苟可以安君利國，美惡一也**〔一〇〕。」美，生。惡，死。

【彙校】

〔一〕未，金李本作「木」，疑係寫工或刻工之誤，兹從公序本其他各本改。

〔二〕正統本同，明道本無「爲」字，秦鼎謂其衍，有理。

〔三〕弗與，明道本、正統本作「不予」，義同，「弗」、「不」二字音義俱同，古常相通假。「樂王鮒求貨焉弗與」一語不成句，其事亦見於《魯語下·叔孫穆子不以貨私免》及《左傳·昭公元年》，前者曰：「晉樂王鮒求貨於穆子，曰：『吾爲子請於楚。』穆子不予。」後者曰：「樂桓子（即樂王鮒）相趙文子，欲求貨於叔孫，而爲之請。使請帶焉，弗與。」若依前者，則「弗予」前脱「穆子」二字；若其原始材料與《左傳》所取者同，則「求貨」下脱去「於叔孫，而爲之請。使請帶」十字，總之，其中當有脱文。

〔四〕樂桓子，明道本作「樂國子」，《札記》、《考異》謂當作「樂桓子」，可從。

〔五〕明道本、正統本不重「欲」字，則是釋整句也。

〔六〕弗，明道本、正統本作「不」。

〔七〕明道本無「魯」字，《左傳·昭公元年》正義、《元龜》卷八七〇引均有之，正統本亦有之，是黄刊明道本脱，抑或正統本據公序本補，已不可考。

〔八〕危，上述《元龜》引同，《左傳·昭公元年》正義引則作「絶」。

〔九〕明道本不重「難」字，脱，正統本重。

〔一〇〕「一」下，明道本、正統本、《元龜》、《通鑑外紀》卷七有「心」字，李慈銘云：「文義及注義，『心』字不當有。」疑因不明韋注誤增。

文子將請之於楚，樂王鮒曰：「諸侯有盟，未退而魯背之，安用齊盟？齊，一也。○《辨正》：齊盟爲春秋時常語，齊，敬也。楊伯峻《春秋左傳注·成公十一年》「齊盟，所以質信也」下注云：「『齊』同『齋』。《詛楚文》云：『昔我先君穆公及楚成王是戮力同心，兩邦有壹，絆以婚姻，袗以齊盟。』『齊盟』同此意。古人盟誓必先齋戒，故盟誓亦言『齋盟』。」《左傳·昭公元年》「魯伐莒，瀆齊盟」下楊注亦云。楊説於古禮有據，當從。《楚語下·觀射父論絶地天通》「民瀆齊盟，無有嚴威」韋昭亦釋齊爲「同」，誤與此同，亦當依改。縱不能討，又免其受盟者，晉何以爲盟主矣，言無以復齊一諸侯。必殺叔孫豹。」文子曰：「有人不難以死安利其國，可無愛乎？若皆卹國如是，則大不喪威，而小不見陵矣。若是道也果，果，必行也。可以教訓，何敗國之有？吾聞之曰：『善人在患〔一〕，弗救不祥；惡人在位，弗去亦不祥〔二〕。』必免叔孫。」固請於楚而免之。○穆文熙：背盟伐莒，魯實有罪。然叔孫能委身受戮，可謂壯矣。文子能救之，所以稱伯哉（《國語評苑》）。

【彙校】

〔一〕「患」前，明道本有「位」字，《通鑑外紀》卷七引亦有之，《元龜》卷八七〇引則無之，疑有者係涉下「惡人在位」之「位」而衍，《札記》、《考異》、吴闓生、李慈銘、《集解》等亦謂當去「位」字。

〔二〕弗，明道本、正統本作「不」，與上句不一致，疑作「不」者係明道本等擅改。

14 趙文子爲室張老謂應從禮

趙文子爲室，室，宫也。斲其椽而礱之，椽，榱也。礱，磨也。○賈逵：礱，磨也（《文選》枚叔《上書諫吴王》李善注引，汪、蔣輯）。○《舊音》：礱，音聾。○《補音》：榱，初危反。○《正義》：莊二十四年《穀梁釋文》：「方曰桷，圓曰椽。」是桷與椽有方圓之異，皆從棟而分列也。張老夕焉而見之，見，見匠人爲之〔一〕。○《略説》：夕朝於君謂之夕，此謂張老夕往趙氏。不謁而歸。謁，告也。○《爾雅・釋詁》：謁，告也。◎志慧按：韋昭「以《爾雅》齊其訓」，故釋「謁」爲告，然此關乎暮見之制，則非一般意義的告，而當釋作進見。文子聞之，駕而往，曰：「吾不善，子亦告我，何其速也？」速，去速也[二]。對曰：「天子之室，斲其椽而礱之，加密石焉；密，密理[三]。石，謂砥也。先粗礱之，加以密砥。諸侯礱之；無密石也。大夫斲之；不礱也。士首之。斲其首也。◎志慧按：斲（斫）其首，使整齊劃一。備其物，義也；物備得宜，謂之義。從其等，禮也。從尊卑之等，謂之禮。今子貴而忘義，富而忘禮，吾懼不免，何敢以告？」○《增注》：時文子中軍師，張老上軍將，故懼罹其難也。◎志慧按：斥趙文子求備而過度，乃至越次違禮。文子歸，令之勿礱也。匠人請皆斲之，通更斲之。◎志慧按：以大夫禮斲而不礱也。文子曰：「止[四]，爲後世之見之也。爲，使也。其斲者，仁者之爲也；其礱者，不仁者之爲也。」

【彙校】

〔一〕明道本、正統本不重「見」字，明道本「人」作「者」。正文「見」下有「之」字，則注文不應重出「見」字。

〔二〕去速，李克家本作「速去」，後者偶乙。

〔三〕密理，《文選》王文考《魯靈光殿賦》李善注引同，明道本、正統本作「細密文理」。

〔四〕止，《元龜》卷九〇一引同，明道本作「恥」，《札記》引段玉裁説云「『止』字勝」，《考異》、李慈銘從之，《補正》亦云：「止其爲讎也。」疑作「恥」者字之訛也。

15 趙文子稱賢隨武子

趙文子與叔向游于九京〔一〕，京當爲原。九原，晉墓地〔二〕。　◎志慧按：《禮記·檀弓下》叔向作「叔譽」，鄭注：「叔譽，叔向也。」《逸周書·太子晉》孔晁注亦云：「叔譽者，大夫叔向也。」孔廣栻《訂譌》援以爲春秋時大夫有兩字之例，可參。曰：「死者若可作也，作，起也。吾誰與歸？」○《備考》：《檀弓》疏云：「文子云：此處先世大夫死者既多，假令生而可作起，吾與衆大夫之内而誰最賢，可以與歸？」叔向曰：「其陽子乎！」陽子，處父。文子曰：「夫陽子行廉直於晉國〔三〕，不免其身，廉直，剛而無謀〔四〕，爲狐射姑所殺。其知不足稱也。」稱，述也。叔向曰：「其舅犯乎！」文子曰：「舅犯見利不顧其君〔五〕，其仁不足稱也。見利，見全身之利。謂與晉文避難，至將反國，無輔佐安國之心，授璧請亡〔六〕，故其仁不足稱也〔七〕。鄭後司農以爲「詐請亡，要君以利」也。　◎志慧按：《禮記·檀弓下》「文子曰：『見利不顧其君，其仁不足稱也。』」鄭

注：「謂久與文公辟難，至將反國，無安君之心。及河授璧，詐請亡，要君以利。」可互參。**其隨武子乎！**武子，范會。**納諫不忘其師**〔八〕，言聞之於師也。**言身不失其友**〔九〕，身有善行，稱友之道。**事君不援而進**，進，進賢也。○《略説》：《禮·檀弓篇》「謀其身，不失其友」，義與此同。○《略説》：《禮·中庸篇》曰「居下位不援上」注云：「援，謂牽持之也。」言不牽上以進，所謂「其進以禮」也。**不阿而退**。」阿，隨也。退，退不肖也。言不隨君，必欲進賢退不肖〔一〇〕。○《略説》：阿，曲也。言事而不遇，則不曲意從君而退，皆謂其身進退。○《標注》：言方其進也，無所攀援以求助；其退也，不阿諛以求容。○《補正》：二語謂不援人之勢而進人，不阿君之意而退人，必以賢不肖爲斷。◎志慧按：聯繫「言(謀)身」、「事君」，故當從關氏皆謂其身進退爲説，户埼允明、冢田虎、帆足萬里、龜井昱亦持武子自進退之説。

【彙校】

〔一〕京，正統本同，明道本作「原」，《考正》謂《文選》任彦昇《竟陵文宣王行狀》注引並作「原」，謂誤據《禮記》之文，但《札記》據《檀弓》載此事作「原」，又「以從先大夫於九京也」鄭注：「晉卿大夫之墓地在九原。京，蓋字之誤，當作『原』。」即依本書爲説也。並謂九京爲漢時地名，非春秋之舊，可從。《考異》則據《風俗通義·田澤篇》引傳作「九京」，謂當從公序本，亦據漢時地名證春秋地名，不可取。《釋地》：「今平陽府太平縣西南二十五里有九原山。」九原在今山西襄汾和新絳之間，當地稱作古晉城的趙康古城遺址就在附近。

〔二〕此韋注明道本作「原，當作『京』也。京，晉墓地」，秦鼎從明道本。

〔三〕廉直，《禮記·檀弓下》載同一内容作「並植」，鄭注：「並，猶專也，謂剛而專己，爲狐射姑（即《春秋穀梁傳》的狐夜姑）所殺。」「廉」與「並」古文形似，故二者必有一誤，《訂字》謂「此書字劃誤也」，然並時文獻中似再未見「並植」一詞，而「廉直」之意則所在多有，《禮記·聘義》有「廉而不劌，義也」之説，鄭注：「劌，傷也。義者不苟傷人也。」《荀子·榮辱》亦云：「廉而不見貴者，劌也。」後世又有「無欲則剛」之説，綜此數條，似以《晉語》作「廉直」爲優。

〔四〕謀，明道本、正統本作「計」。

〔五〕《水經注》卷六汾水引及明道本、正統本句首有「夫」字。「見利」下，明道本、正統本有「而」字。

〔六〕授，弘治本作「褑」，許宗魯本作「援」，遞修本係元補版，亦似「援」，静嘉堂本、南監本亦皆似「援」，五者俱字之訛也。

〔七〕明道本、正統本無「故」字。

〔八〕《校補》：「《大戴禮記·衛將軍文子》：『其事君也不敢愛其死，然亦不忘其身。謀其身不遺其友，君陳則進，不陳則行而退，蓋隨武子之行也。』《禮記·檀弓下》作『我則隨武子乎！利其君，不忘其身；謀其身，不遺其友』，比勘諸文，疑此文『師』當作『身』。」其説是。

〔九〕言，龜井昱指《檀弓》《大戴禮記》《孔子家語》皆作「謀其身」，宜以三書爲正，有理，頗疑「言」字係「謀」字之殘。

〔一〇〕必，弘治本、許宗魯本作「所」，蓋因其祖本南監本脱爛不可識而臆補。静嘉堂本亦脱爛不可識。

16 秦后子知趙孟將死〔一〕

秦后子來奔，后子，景公之弟鍼。來奔〔二〕，在魯昭元年。趙文子見之，問曰：「秦君道乎？」問有道不〔三〕。對曰：「不識。」難即言之，故曰不識。文子曰：「公子辱於敝邑〔四〕，必避不道也。」對曰：「有焉。」有不道事。文子曰：「猶可以久乎？」對曰：「鍼聞之，國無道而年穀龢孰，言國無道而年穀和孰，天不譴覺，必恃而驕也〔五〕。鮮不五稔。」鮮，少也。稔，年也。少不至五年而亡。○《訂字》：杜曰：「鮮，少也。少當（歷）五年，多則不啻。」韋注誤。○《正義》：《説文》：「稔，穀熟也。」《襄二十七年傳》「不及五稔」杜注：「稔，年熟也。穀一熟爲一年也。」○《補正》：《内傳》云：「年穀和熟，則天佑助之。故少猶五年，多或不啻也。」語意明顯，此二注俱曲。◎志慧按：《補正》所引者乃孔穎達《左傳·昭公元年》正義之文，非經文，然於《國語》「鮮不五稔」之訓釋則是也，觀下文「朝夕不相及，誰能俟五」可知。**文子視日曰：「朝夕不相及，誰能俟五！」**言朝恐不至夕。**文子出，后子謂其徒，**從者也。**曰：「趙孟將死矣！夫君子寬惠以恤後，猶恐不濟。今趙孟相晉國，以主諸侯之盟，思長世之德，歷遠年之數，猶懼不終其身，今忨日而㵣歲**〔六〕，忨，偷也〔七〕。㵣，遲也。○《舊音》：忨，音玩。○《補音》：㵣，即飢渴字，《説文》：「㵣，欲飲也。」亦貪意耳。○《備考》：忨，貪也，愛也。㵣，欲飲也，韋注似迂。◎志慧按：《左傳·昭公元年》作「翫歲而愒日」，唐陸德明釋《詩·大雅·雲漢》鄭箋云：「愒，苦蓋反，貪也。本又作『渴』，苦葛反。」《春秋公羊傳·隱公三年》：「不及時而日，渴葬也。」何休《解詁》：「渴，喻急也。」忨、翫今皆作「玩」。據趙文子「朝夕不相及，誰能俟五」的態度，似以《左傳》「翫歲而愒日」稍優。**怠偷甚矣，**怠，懈也。偷，苟也。**非死逮之，必有大咎。**逮，及也。大咎，非常之禍。◎志慧按：《非國語》云：「死與大咎，非偷之能必乎爾也。」並斥《左傳》「人（民）主偷必死」爲陋，但從《國語》時代的話語體系中，秦后子之説亦自有據，如《詩·大雅·民勞》：「敬慎威儀，以近有德。」又，《抑》「抑抑威儀，維德之隅」鄭箋：「人密審於威儀抑抑然，是其德必嚴正也。」一個人的儀容儀表與其德是相匹配的，儀容儀表是德行的外化。而趙文子「怠偷甚」，説明此時其德已經嚴重退化，但仍身居正卿，《左傳·閔公二年》載舟之僑語：「無德而禄，殃也。」凡此皆「趙孟將死」「必有大咎」的底層邏輯。這種預知死亡的經驗主義和泛道德主義敘述特色與後世僧傳中偏重靈性的超常感知形成了鮮明的對比。**冬，趙文子卒。**

【彙校】

〔一〕穆文熙《鈔評》題作「秦后子論趙文子」，傅庚生選本題作「秦后子知趙孟將死」，上海師大本題作「秦后子謂趙孟將死」，似傅氏更切合預言特色。

〔二〕明道本無「奔」字，疑脱，正統本有之。

〔三〕不，明道本、正統本作「否」。

〔四〕敝，明道本作「獘」，正統本作「弊」，「敝」、「弊」古通，「獘」又「弊」之變體。

〔五〕恃，正統本同，明道本作「待」，作「待」者形訛。

〔六〕潵，《左傳》及孔晁注並作「愒」。

〔七〕偷，正統本同，明道本作「愉」，下文韋注「偷，苟也」，則此處似作「愉」者爲優，《考正》據《説文》偷訓薄，謂即「偷」，《周禮·地官·大司徒》「以俗教民則民不偷」，鄭注：「偷，謂朝不謀夕。」賈疏：「愉，苟且也。」陸氏音偷，斷韋注此處字應從作「愉」，可從。

17 秦醫緩視平公疾論蠱〔一〕

平公有疾，秦景公使醫緩視之〔二〕，緩，名也。出曰：「疾不可爲也〔三〕。爲，治也。是謂遠男而近女，遠師傅〔四〕、近女色也。◎志慧按：下文云「食穀者晝選男德以象穀明」，則泛言男子有德者，不必師傅。惑以生蠱；惑於女以生蠱疾。○《正義》：《昭元年傳》孔疏：「蠱者，心志惑亂之疾，若今昏狂失性，其疾名之爲蠱。公惑於女色，失其常性，如彼蠱惑之疾也。」案：致蠱非盡由女色，而女色亦致蠱之一端，平公之病由此，故下文專以穀明蠱慝言之。《靈樞·大惑論》岐伯曰：「志有所喜，神有所惡，卒然相感，則精氣亂，視誤，故惑。神移，乃復。是故閒者爲迷，甚者爲惑。」此論積惑生蠱之義。◎志慧按：《靈樞·大惑論》主要討論的是眼睛與五臟六俯之關係和眼部的病理特徵，其惑主要表現爲「卒然見非常處，精神魂魄散不相得」，董氏援之以解平公喪志淫惑之「惑」，恐難以密合。非鬼非食，惑以喪志。疾非鬼神，亦非飲食，生於淫惑，以喪其志。◎志慧按：《説文·蟲部》：「蠱，腹中蟲也。《春秋傳》曰：『皿蟲爲蠱。晦淫之所生也。』梟磔死之鬼亦爲蠱。」晦淫之所生也，今本《左傳·昭公元年》作「晦淫惑疾」「淫溺惑亂之所生也」，許慎拼接而爲説。綜合《左傳》與《國語》醫和視晉平公疾的記載，可以將其中討論的蠱分解爲病名蠱（蠱A）與症狀蠱（蠱B）。蠱A，「淫溺惑亂之所生也」，包含食蠱（所謂「蠱之飛亦爲蠱」）、鬼蠱和不節不時、煩、淫、過的性事，最後者又被分別表述爲晦淫與陽淫。其中晦淫致惑疾，陽淫致熱疾，《左傳·昭公元年》統稱之爲「室疾」，清人王闓運《湘綺樓日記》同治八年十一月三日謂即今之房勞。楊伯峻《春秋左傳注》謂「男女同寢常以夜，故云晦時」；清人黄生《義府》卷上謂「交媾乃陽氣用事，故曰陽物」。蠱A的症狀是蠱B，「惑以生蠱」之「蠱」爲蠱B，謂因沈迷而致淫溺惑亂。在沈迷這一點上，房勞的症狀與因鬼神和因食物導致的蠱疾的症狀類似，故《左傳》曰「室疾如蠱」。不論哪種蠱疾，都會有腹中咬嚙之感，故容易誤認爲因食物而起，《黄帝内經·素問·玉機藏真論篇》云：「脾傳之腎，病名曰疝瘕，少（小）腹冤肉而痛，出白，一名曰蠱。」唐王冰注：「冤肉内結，銷鑠脂肉，如蠱之食。」現代醫學認爲，此類症狀係因神經元受到刺激，身體釋放出大量多巴胺所致。醫龢謂平公之疾「非鬼非食」，即將前二者排除，《左傳正義》卷二十六云：「人自有無故失志，志性恍惚不自知者，其疾名爲蠱。」可與韋注合參。

良臣不生，天命不佑〔五〕。佑，助也。良臣，謂趙孟。不生，將死也。若君不死，必失諸侯。」趙文子聞之曰：「武從二三子二三子，晉諸卿。以佐君爲諸侯盟主，於今八年矣，内無苛慝，諸侯不二，苛，煩也。慝，惡也。○《正義》：《爾雅·釋言》：「苛，妎也。」郭注：「煩苛者多嫉妎。」子胡曰『良臣不生，天命不佑』？」

【彙校】

〔一〕穆文熙《鈔評》題作「醫和論晉侯疾」，葉明元《抄評》題作「醫龢對趙文子論穀蠱」，兹合之以見其詳，並突出重點。又，此係《晉語》，故在「醫龢」前添「秦」字以示區别，亦與下文鄭子産一例。

〔二〕醫，明道本、正統本作「毉」，義符更旁字也，下同。龢，明道本、正統本作「和」，注同，於音曰龢，於味曰和，古每通作，下文「和聞之」，静嘉堂本、南監本缺損，弘治本、許宗魯本補作「龢」，疑爲整齊計也，孔氏詩禮堂本亦作「龢」。

〔三〕疾不可爲，正統本、《左傳·成公十年》同，明道本無「疾」字，疑脱。

〔四〕傅，明道本、正統本作「輔」，義同。

〔五〕佑，《左傳·昭公元年》同，明道本、正統本作「祐」，析言之，「祐」因神祇而「佑」因貴人，渾言之則同，下同。又，前後兩句次序各本同，下文趙文子引述亦同，於押韻亦當如此，然韋注先「佑」後「良臣」，不知何故。

對曰：「自今之謂。從今以往。○《略説》：謂由今之所爲。和聞之曰：『直不輔曲，明不規闇，言文子不能以明直規輔平公之闇曲〔一〕，使至淫惑也〔二〕。○帆足萬里：「直不輔曲」以下，謂不事驕主，苟食其禄也。**摇木不生危，**摇木，大木。危，高險也。○《備考》：《玉篇》：「摇，木名。」韋注「大木」，按：與松柏對説，則當是木名。**松柏不生埤**〔三〕。埤，下溼也〔四〕。以喻文子不久存也〔五〕。○賈逵：庳，城上俾倪也（《原本玉篇殘卷·广部》引）。○《略説》：言物非其地則不生，以喻人臣不任職者不在其位。○《補正》：此二語喻平公不久存，不得如拱木、松柏，故下接言「不能諫惑，使至生疾」，若指文子，語意便不相屬。○《辨正》：本段之前，醫和預言文子「不生」（《左傳·昭公元年》載其語謂「良臣將死」）；本段之後，《晉語》載：「是歲也，趙文子卒。」准此，則《補正》之解就顯得張冠李戴，之所以有此誤讀，是因爲韋昭的誤解：「直」、「明」、「摇木」、「松柏」韋注謂喻趙文子無誤，即正文所説的「良臣」；而「曲」、「闇」、「危」、「埤」亦當依韋注喻平公，唯「直不輔曲」四句並非「言文子不能以明直規輔平公之闇曲，使至淫惑」，而是指平公朽木不可雕（這在古人看來也是一種災禍），因而天命不祐。既然如此，良臣如趙文子也就無復生理，《左傳·昭公元年》所謂「國之大臣，榮其寵禄，任其大節，有災禍興，而無改焉，必受其咎」是也，其中之「改」亦非正平公之過，而是《晉語》下文「自退」之意。要之，這四句「喻文子不久存」是也，謂文子不能「規輔平公」、「使至淫惑」則非，而是預言趙文子要代國受過，即「文子不久存」。**吾子不能諫惑，使至於生疾，又不自退而寵其政，**寵，榮也。○賈逵：寵，榮也（釋慧琳《一切經音義》卷三十六引）。**八年之謂多矣，**已爲多矣〔六〕。○張以仁《國語虚詞訓解商榷》：謂，猶爲也。**何以能久？」**

【彙校】

〔一〕規，弘治本作「而」，蓋因静嘉堂本、南監本脱爛不可識而臆補。

〔二〕「淫惑也」三字，弘治本作「蠱惑亡」，誤。静嘉堂本、南監本漫漶不可識。

〔三〕埤，明道本同，但唐寫卷子《玉篇·广部》「庳」下引《國語》作「庳」，並引賈逵注如上，文與義均異，或爲通假，《荀子·非相》「是以終身不免埤汙傭俗」楊注：「埤，與『庳』同。」皆有卑下義。

〔四〕下，遞修本、許宗魯本作「不」，據義作「不」者形訛。溼，明道本作「濕」，古同。

〔五〕喻，明道本、遞修本、静嘉堂本、南監本、許宗魯本、正統本作「言」，或者因脱爛不可識，金李本據義補，張一鯤本、李克家本、孔氏詩禮堂本、《正義》等承金李本，弘治本本句則作「喻言文子不能久也」。不久存也，遞修本無「也」字，静嘉堂本、南監本除「不」字外皆漫漶不可識，弘治本作「不能久也」，許宗魯本作「不能久存也」，後二者皆非公序本之舊。

〔六〕矣，明道本、正統本作「也」，據正文，作「矣」者勝。

文子曰：「醫及國家乎？」對曰：「上醫醫國，止其淫惑，是謂醫國〔一〕。其次疾人，固醫官也。」官，猶職也〔二〕。○《補正》：疾人，謂有疾人也。「疾」上宜有「醫」字，古人語簡，故不用。　◎志慧按：吳説是，蓋承前省也。**文子曰：「子稱蠱，何實生之？」**○《集解》：問蠱疾何由生也。**對曰：「蠱之慝，穀之飛實生之。**慝，惡也。言蠱之爲惡，害于嘉穀〔三〕，穀爲之飛，若是類，生蠱疾者〔四〕。○《增注》：慝，惡伏内也。言穀朽而飛颺，則蟲生於中，是蠱之慝也。**物莫伏於蠱**〔五〕，**莫嘉於穀，**伏，藏也。嘉，善也。○户埼允明：杜預曰：「穀久積則變爲飛蟲，名曰蠱。」予按：穀久積則朽腐粉飛，是實爲蟲，韋、杜注恐非也。慝，惡之不見者也。穀氣盛，則蠱藏而不出，故穀之所養人者章明也。穀盛，則蟲伏不敢生，此謂莫伏於蠱。○秦鼎：伏，猶「慝」。○《辨正》：下句之「嘉」是形容詞，則本句相應的「伏」也當作形容詞用，「伏」之義似以解作由俯伏引申而來的「卑微」爲長，下句與「興」相對的「伏」纔是動詞。**穀興蠱伏而章明者也。**穀氣起則蠱伏藏，穀不朽蠹而人食之，章明之道也。**故食穀者，晝選男德以象穀明**〔六〕，選，擇也。擇有德者而親近之〔七〕，以象人食穀而有聰明〔八〕。**宵靜女德以伏蠱慝，**靜，安也。伏，去也。言夜當安女之有德者以禮自節，以去己蠱害之病〔九〕。言蠱害穀，猶女害男也。○《略説》：壓伏蠱惑之惡。○《增注》：女德，謂女子之事也。穀朽而飛則生蠱慝，男惑於女而失志，則生蠱疾也。**今君一之，**一，一晝夜也。○《略説》：一，猶偏也。言不選男德，偏惑女德，下文義甚明，非謂一晝夜也。◎志慧按：韋昭與《略説》所言者實同，韋昭「一晝夜」之「一」義爲同，猶視晝爲夜，秉燭而淫游。關修齡誤解韋注。**是不饗穀而食蠱也，**蠱，諭女也〔一〇〕。**是不昭穀明而皿蠱也。**皿，器也。言爲蠱作器而受之〔一二〕。　○《略説》：以皿受蟲，如進人之狀。言不昭穀明而反發見蠱慝也。「蟲」、「皿」爲「蠱」，蓋亦是義，不與杜説同。　○户埼允明：萬物之伏藏莫甚於蠱，萬物之嘉善莫過於穀。穀屬陽，故興起；蠱屬陰，故伏藏，是其理章明者也。　故食穀者晝選男德以象穀之明智以行之，宵静女德以象蠱慝之伏藏。於是嘉穀明而蠱慝伏藏無害。今君所行，無晝夜穀蠱興伏之差别，是一之也。**夫文，『蟲』、『皿』爲『蠱』，吾是以云。」**文，字也。　◎志慧按：醫和意謂白天接近男子之有德者，晚上親近女子之有德者，就如是人吃了嘉穀，自然就健康；反過來，吃了朽腐的糧食，就要生病。現在的晉平公，就像個器皿，不斷把朽腐的穀子往里邊盛，這種沉迷就是中蠱，命不長矣。**文子曰：「君其幾何？」對曰：「若諸侯服，不過三年；不服，不過十年。**諸侯服，則專於色。**過是，晉之殃也。」**過十年，荒淫之禍及國也。　○孔晁：人雖有命，荒淫者必損壽。無外患，則並心於内，故三年死。諸侯不服，則思外患，損其内情，故十年。無道之君久在民上，實國之殃也（《左傳·昭公元年》正義引，汪、黄輯）。

【彙校】

〔一一〕謂，明道本作「爲」。

〔一二〕職，正統本同，明道本作「職官」，《考異》、李慈銘、《斠證》從公序本，是。

〔三〕于，弘治本作「午」，字之訛也。

〔四〕者，明道本、正統本作「也」。

〔五〕明道本、正統本重「蠱」，李慈銘斷其誤重，是，上海師大本徑刪。

〔六〕晝，弘治本作「書」，字殘。

〔七〕明道本、正統本二句作「選擇有德者而親近之」，疑奪「擇」字所致。

〔八〕「食」前，明道本、正統本有「之」字，《考正》從增。

〔九〕病，明道本、正統本作「疾」。

〔一〇〕明道本無「女」字，李慈銘斷其脱，是。

〔一一〕明道本、正統本無「言」、「之」字，疑脱。

是歲〔一〕，趙文子卒，諸侯叛晉。叛晉從楚。十年，平公薨。十年，後十年也，事在魯昭十年〔二〕。

【彙校】

〔一〕明道本、正統本句下有「也」字。

〔二〕明道本、遞修本、南監本、正統本無「事」字，據韋注體例，似無者爲優。

18 叔向均秦楚二公子之禄

秦后子來仕，避景公，仕於晉。其車千乘。從車千乘。楚公子干來仕，其車五乘。子干，恭王之庶子公子比也。魯昭元年，楚公子圍殺郟敖〔一〕，子干奔晉。叔向爲太傅，實賦禄，〇秦鼎：賦者，賦與也。韓宣子問二公子之禄焉，宣子，韓起也，代趙文子爲政〔二〕。對曰：「大國之卿，一旅之田，公之孤四命，五百人爲旅，爲田五百頃〔三〕。〇《正義》：《王制》：「上農夫食九人，諸侯之下士視上農夫，中士倍下士，上士倍中士，下大夫倍上士，卿食四大夫。」禄由九人起數，等而上之則食二百八十八人，而大國之孤無文。傳言卿而韋解言孤者，以下文上大夫知之也。五百人爲旅，《大司馬》文。上大夫，一卒之田。上大夫一命，百人爲卒，爲田百頃。〇秦鼎：謂與之田，取税以供食，足爲百人饟。◎志慧按：《孟子·萬章下》：「天子之卿受地視侯，大夫受地視伯，元士受地視子、男。大國地方百里，君十卿禄，卿禄四大夫，大夫倍上士，上士倍中士，中士倍下士，下士與庶人在官者同禄，禄足以代其耕也。次國地方七十里，君十卿禄，卿禄三大夫，大夫倍上士，上士倍中士，中士倍下士，下士與庶人在官者同禄，禄足以代其耕也。小國地方五十里，君十卿禄，卿禄二大夫，大夫倍上士，上士倍中士，中士倍下士，下士與庶人在官者同禄，禄足以代其耕也。」上大夫計一卒之田（百頃），依孟子所言，大國之卿「禄四大夫」，《王制》亦云「卿食四大夫」，則韋注謂大國之卿「爲田五百頃」，雖不中，亦不遠矣。夫二公子者，上大夫也，皆一卒可也。」宣子曰：「秦公子富，若之何其鈞之也〔四〕？」鈞，同也。對曰：「夫爵以建事，事〔五〕，職事也。禄以食爵，隨爵尊卑〔六〕。德以賦之，功庸以稱之，稱，副也。○秦鼎：有德者賦之以爵禄，有功庸者稱之以爵禄。若何其以富賦禄也〔七〕？夫絳之富商，韋藩木楗以過于朝〔八〕，韋藩，韋蔽前後〔九〕。木楗，木檐也。○《補音》：楗，其偃反。○《備考》：「楗」字本限門木也，即户牡，兩端入牝孔以止門者，蓋車亦有似此楗者，故名楗也。唯其功庸少也〔一〇〕，言無功庸，雖富不得服其尊服過於朝，無位爵故也〔一一〕。◎志慧按：正文「功庸少」，韋注徑釋作「無功庸」，於義不密。而能金玉其車，文錯其服〔一二〕，文，文織。錯，錯鏤也。言富商之財，足以金玉其車，文錯其服，以其無位爵〔一三〕，故不得爲耳，則上爲「韋藩木楗」是也〔一四〕。○《略説》：錯鏤不可施之衣服。《詩·韓奕傳》云：「錯衡，文衡。」此蓋借爲畫文之義。鏤，或「縷」字訛。一曰：「錯，雜也。」謂雜織采縷也。○《述聞》：服不可以縷，韋説非也。文錯，猶文繡也。能行諸侯之賄，言其財賄足以交於諸侯。○《略説》：行，猶通也。言交易貨賄得以通行。而無尋尺之禄，無大績於民故也。績，功也。八尺曰尋〔一五〕。○《集解》：古者賦禄以田，田以丈尺計，故此云「無尋尺之禄」。且楚、秦匹也〔一六〕，若之何其回於富也。」回，曲也。乃均其禄。◎志慧按：《左傳·昭公元年》載其事，與叔向討論賦二公子之禄者爲趙文子：昭公元年十一月己酉，楚公子圍弑君，右尹子干出奔晉。十二月，甲辰朔。庚戌，（趙孟）卒。據《中華通曆》，相近的己酉，分别在當年十月初三和十二月初四；甲辰，在十一月廿九；庚戌，在十二月初五。杜預所據長曆在具體日期上略有出入，謂十一月誤；劉炫因十一月無己酉就斷定該己酉在十二月；孔穎達則斷十一月爲是，己酉字誤，否則「日相切迫，（趙孟與子干）無相見之理」。三位都未結合《國語》作韓宣子討論，或者《左傳》之誤不在時間，而在人物，趙孟的後任就是韓宣子，以趙孟之熟諳外交禮數，似不必請教於叔向，走馬上任的韓宣子則有可能。當然，也不能完全排除該己酉在十月的可能性。還有一種可能，「己」係「乙」之訛，十一月乙酉，當魯曆十一月初十。

【彙校】

〔一〕殺，明道本、正統本作「弑」，下同。

〔二〕政，弘治本作大字，歸入下句正文，誤。

〔三〕田，遞修本作「曰」，後者形訛。

〔四〕明道本無「也」字。

〔五〕明道本、正統本不出「事」字，疑脱。

〔六〕爵，正統本同，明道本作「禄」，李慈銘斷後者誤，疑係涉正文而誤。

〔七〕若何，明道本、正統本作「若之何」，《考正》從增。明道本並無「其」字，「若何」與「若之何」僅語急語緩之别，據下文「若之何其回於富也」，則「其」字亦當有，正統本亦有之。

〔八〕藩，《文選》沈休文《齊故安陸昭王碑文》李善注引作「蕃」。楗，《述聞》謂係「揵」之形訛，並引許慎説云：「揵，擔之也。」可從，《集解》徑從改，正統本正從扌不從木。

〔九〕明道本無次「韋」字，似當有，正統本正有之。

〔一〇〕少也，弘治本、許宗魯本、李克家本、閔齊伋本作「不稱」，似因静嘉堂本、南監本脱爛不可識，弘治本臆測，李克家本又據弘治本改，閔齊伋本承其後，實誤。

〔一一〕明道本、正統本無「其」字，《考正》從删；二本並無「無位爵故也」五字，依義當脱。位爵，弘治本作「官爵」，未見所據。

〔一二〕《存校》：「依注，則『能』字上當有『不』字。」據本段兩個並列句式，「能金玉其車文錯其服」似當置於「絳之富商」之後，與「能行諸侯之賄」並列，「而韋藩木楗……」與「而無尋尺之禄」並列，「唯其功庸少也」與「無大績於民故也」並列，如此，則《存校》之疑不可必，唯從韋注可知韋昭所見已是目前之狀。。

〔一三〕以其無位爵，明道本、正統本作「以無爵位」，《考正》從删「其」字。位爵，遞修本、静嘉堂本、南監本、弘治本、許宗魯本亦作「爵位」，疑金李本誤倒。

〔一四〕明道本、正統本無「爲」字，《考正》、《補正》疑脱，是。木楗，明道本作「楗木」，據正文後者當誤倒。江永《禮書綱目》卷五八采此文，其中「上」作「止」，不知此「止」字係江永據文義徑改，還是另有版本依據。

〔一五〕注文順序與正文語序相反，疑有互乙。

〔一六〕楚秦，明道本、正統本、《元龜》卷七三八引作「秦、楚」，《四庫薈要》從作「秦、楚」，不敢必其一爲是。

19 鄭子産論黄能〔一〕

鄭簡公使公孫成子來聘，簡公，僖公之子嘉也。成子，子産之謚，鄭穆公之孫、子國之子。平公有疾，韓宣子贊授客館。贊，導也。客問君疾，對曰：「寡君之疾久矣，上下神祇無不徧諭也〔二〕，諭，謂祭祀告謝也。而無除。今夢黄能入于寢門〔三〕，夢，公夢也。能似熊〔四〕。

○《札記》：《爾雅》云：「羆似熊。」此蓋轉相釋。　◎志慧按：能，《左傳·昭公七年》、《史記·夏本紀》作「熊」，《説文·能部》：「能，熊屬，足似鹿，从肉，㠯聲。能獸堅中，故稱賢能，而彊壯，稱能，傑也。」如依《説文》，既已爲「熊屬」，則作「熊」字者實非。《爾雅·釋魚》：「鼈三足，能。」《史記·夏本紀》正義：「熊，音乃來反，下三點爲三足也。」束皙《發蒙記》云：『鼈三足曰熊。』」如依《史記正義》，則似張守節所見該字作「能」下三點，而非今之「熊」字，《爾雅》等作「能」者蓋省文耳，《發蒙記》等作「熊」者爲訛字。迄今爲止的生物學分類中，未見有三只腳的動物物種，但是，造字者有時會依據觀念而不是事實，如「龍」、「鳳」二字就是顯例，其中「龍」與西方的 dragon 所指又明顯不同。甲骨文「能」字作，除兩只腳以外，似乎還有三個翅膀。唯從郭璞到陸德明皆未見作如是説，且今所見之載籍亦並無其字，故亦不敢必其是。復次，顧炎武《音學五書·唐韻正》十七登考證，「能字音奴登反，始自宋、齊之世」，「經傳之文，下至魏晉，皆作奴來反」，則是張守節所出之乃來反亦可指向「能」字，而不僅「能」下三點或「熊」字，抑或後二者即從「能」得聲？至於《左傳》杜注所引之「獸非入水之物，故是鱉也」之説，似不能周延，蓋熊正以入水捕魚爲生。文獻不足徵，史前傳説更無從求其實證，存疑可也。不知人殺乎[五]，抑厲鬼邪！」人殺，主殺人。厲鬼[六]，惡鬼也。○《略説》：人殺，蓋巫蠱之屬。厲鬼爲祟耶，此言公疾久矣，禱祀無愈，而夢黃能入門，故怪而爲問。○《備考》：人殺，蓋言人不以壽歿而殺死者，韋注似於文不順也。○《標注》：人殺，謂人怨，祝詛之類。

【彙校】

〔一〕穆文熙《鈔評》題作「子産論黄能」，上海師大本題作「鄭子産來聘」。

〔二〕明道本、正統本無「也」字。諭，明道本同，疑修改本盡之跡，下同。

〔三〕能，明道本、《左傳·昭公七年》、《説苑·辨物》作「熊」，下同。《補音》：「能，如字，一音奴來反，亦作『熊』，音雄，獸名。能字本獸名，堅中而强力，故人謂賢才者皆爲能。用此義乃知『能』之如字益通矣。」《考正》、《備考》皆謂作「熊」非，秦鼎亦云：「《昭七年傳》疏：熊，音雄，獸名。一音奴來切，三足鱉。《説文》、《字林》皆云：能，熊屬，又爲鱉類。今本作『能』者勝也。」

〔四〕本條韋注明道本作「公夢熊似羆」，正統本作「公夢能似熊」，似金李本與正統本切合正文。

〔五〕人殺，《説苑·辨物》作「人鬼」，《集解》徑據改。李慈銘云：「今俗云殺讀去聲，殺，猶厲也。」

〔六〕厲鬼，遞修本、静嘉堂本、南監本、弘治本互乙，據正文，誤，許宗魯本已回改，金李本亦有校正之功。

子産曰：「以君之明，子爲大政，其何厲之有？大政，美大之政。○《述聞》：政，讀爲正。《爾雅》：「正，長也。」子爲大政，猶曰以爲正卿耳。成六年《左傳》「子爲大政」杜注曰「中軍元帥」是也。○《標注》：大，重也，何曾有美意？◎志慧按：《述聞》與《標注》意義指向實同，于義可從,《補正》亦解作「重大」,韋注不穩。**僑聞之,**僑,子産名。**昔者鯀違帝命,殛之於羽山,**帝,堯也。殛,放殛而殺之〔一〕。《標注》:殛不必殺。**化爲黄能,以入于羽淵,**羽山之淵。鯀既死而神化也。**實爲夏郊**〔二〕,禹有天下而郊祀之〔三〕。○《略説》:晉爲盟主,得祀群神,故祀夏郊。**三代舉之。**舉,謂不廢其祀〔四〕。○《正義》:《祭法》:「夏后氏禘黄帝而郊鯀。」言郊祭天而以鯀配,是夏家郊祭之也。《祭法》又云:「夫聖王之制祀也,能禦大菑則祀之,能捍大患則祀之。鯀鄣洪水而殛死,禹能修鯀之功。非此族也,不在祀典。」是言鯀有大功,而殷、周二代雖不配郊,而通在羣神之數,並見祀也。**夫鬼神之所及,**吉凶所及。**非其族類,則紹其同位**〔五〕,紹,繼也。殷、周祀之是也。○户埼允明:蓋謂鬼神之靈所及,非其族類,則及其同位也。**是故天子祀上帝,**上帝,天也。**公侯祀百辟**〔六〕,以死勤事,功施於民者〔七〕。○《初學記》禮部上引許慎《五經異議》曰:「百辟者,國君先有功德於人者,今在其位,故報祭之。」○《辨正》:《禮記·月令》有與此條類似的字句,鄭玄未作解釋,但他在《詩·小雅·桑扈》「之屏之翰,百辟爲憲」下箋曰:「辟,君也。」可知在鄭玄那裏,《月令》的「百辟」與《桑扈》的「百辟」並無異義。與《月令》類似的記載又見於《吕氏春秋·仲夏紀·五月紀》,唯文字稍有不同,後者云:「乃命百縣雩,祀百辟、卿士有益於民者,以祈穀實。」高誘注曰:「百縣,畿内之百縣大夫也。祀前世百君、卿士功施於民者。」觀韋昭此注,很可能是源自《禮記·月令》與《吕氏春秋·仲夏紀》「祀百辟、卿士有益於民者」一語,但在《月令》與《仲夏紀》中,「功施於民者」係對「百辟、卿士」的限定,並非「百辟、卿士」内在的意涵。所以,韋昭的問題是誤將這「百辟、卿士」的後置定語當成了這個概念的内涵。**自卿以下不過其族**。族,親族也〔八〕。**今周室少卑**,卑,微也〔九〕。◎志慧按:少,通「稍」,漸漸之意。**晉實繼之**,謂爲盟主統諸侯也。◎志慧按:這是《國語》中少數幾則預言失驗的案例之一,前文亦載稍早的范宣子的宣示:「周卑,晉繼之,爲范氏。」這或許能説明《國語》成編過程中,晉國特别是其中幾個大族風頭正勁。此前,宋襄公時期的大司馬(《左傳·僖公二十二年》)、周靈王太子晉(《逸周書·太子晉》)都有過「一姓不再興」的説法,這應該是當時很長一段時期人們的觀念,在晉國,叔向也持有這樣的觀念(《周語下·晉羊舌肸聘周》)。當范宣子之時,特别是鄭國的子産是否有「周室少卑,晉實繼之」這樣的觀念,存疑。《左傳·昭公七年》載其事,並無此語,只云「晉爲盟主」;前文范宣子的表述,在《左傳·襄公二十四年》亦只云「晉主夏盟」。這裏借子産之口放言晉繼周室,已不復顧及奉天子以令諸侯的霸者倫理,並《國語》言類之語的敘述模式亦被突破。**其或者未舉夏郊邪**〔一〇〕**?**」○程晏(唐乾寧二年,公元八九五年進士)《祀黄熊評》:鯀爲夏郊,三代祀之,即掌周禮者存焉,晉爲盟主,豈天子祀典宜諸侯而僭之邪?是不可祀之者一也。羽山又非晉望,是不可祀之者二也。鯀若爲天下厲,即有天子太厲司其祀矣,是不可祀之者三也。若爲一國之厲,即有侯東海者國厲司其祀矣,是不可祀之者四也。况杞爲夏後,鯀有歸祀,又不爲厲,是不可祀者五也。子産言祟厲之事有二,吾取其一焉,言實沈、臺駘之祟，吾取之矣。」黄熊之厲，吾不敢聞。晉侯方疾，其或荒邪内作，偶夢色象之一物謂之黄熊，安可執加鮌厲而爲昏越之祀哉？

【彙校】

〔一〕放殛而殺之，明道本、正統本作「放而殺也」，疑有「殛」者衍。

〔二〕實，《考異》據《説苑》作「是」，謂此『實』當作『寔』，其實，「實」、「寔」、「是」本可互訓或通作。

〔三〕明道本、正統本無「之」字，但句末有「也」字。

〔四〕祀，正統本同，明道本作「禮」，疑後者誤。

〔五〕同位，《説苑·辨物》、《左傳·昭公十七年》正義引同，《初學記》卷十三禮部上引作「國位」。

〔六〕百辟，《説苑·辨物》作「百神」。

〔七〕施於，明道本、正統本作「及」。

〔八〕明道本無次「族」字，疑脱，正統本韋注則作「族，類也」。

〔九〕卑微也，正統本同，明道本作「少，微也」，據義當從公序本。

〔一〇〕或，正統本、《説苑·辨物》同，明道本作「惑」，《左傳·昭公七年》有「其或者未之祀也」之語，其下《正義》引《國語》亦作「或」，似明道本誤。

宣子以告，祀夏郊，爲周祀也。**董伯爲尸，**董伯，晉大夫。神不歆非類，則董伯其姒姓乎！尸，主也。○《發正》：韋訓尸爲主者，蓋疑祭天不當有尸。《周禮·士師》「若祭勝國之社稷，則爲之尸」。」《詩·既醉》疏引《白虎通》云：「周公祭大山，用召公爲尸。」社稷、山川祭皆有尸，祀天亦得有尸。《士師》祀五帝則沃尸，此其明證。韋注《晉語四》云：「董因，晉大夫辛有之後。」其爲姒姓無疑。**五日**〔一〕，**公見子產，**祭後五日，平公有瘳〔二〕，故見之。**賜之莒鼎。**莒鼎，出於莒也。《傳》曰：「賜子產莒之二方鼎。」方鼎，鼎方上也〔三〕。

【彙校】

〔一〕《述聞》據《左傳》和《説苑·辨物》，謂「五日」下當有「瘳」字，據韋注則似所見本已脱「瘳」字，其説是也，《集解》從補。

〔二〕有，南監本同，許宗魯本作「疾」，無據。

〔三〕明道本不重「鼎」字，疑脱，正統本有之。

20 韓宣子憂貧叔向諍以憂德〔一〕

叔向見韓宣子，宣子憂貧，叔向賀之，宣子曰：「吾有卿之名，而無其實，實，財也。 ○《補正》：名與實對說，注訓財，近泥。 ◎志慧按：吴曾祺謂「名與實對說」是也，但就其「憂貧」與「無以從二三子」而論，其語義指向仍然爲財，故韋注亦不可謂泥，《説文·宀部》：「實，富也。」正韋注所本。**無以從二三子，**從，隨也〔二〕，隨其賻贈之屬。 ○舊注：家貧則不及人也（《御覽》人事部一百二十五引，汪遠孫輯）。 ○《增注》：言不能備卿之禮具也。 ◎志慧按：釋「從」爲「隨」是，至於以「賻贈之屬」限之，壓縮外延，有增字解經之嫌。**吾是以憂，子賀我何故？」對曰：「昔欒武子無一卒之田〔三〕，**上大夫一卒之田，欒書爲晉上卿，而又不及。 ○舊注：武子，晉正卿欒書也。上大夫一卒，無者不及上大夫（《御覽》人事部一百二十五引，汪遠孫輯）。 ○《古文析義》：按周制，田九里，出兵七十五人，爲一乘。百人之田，則十二里耳。十二里，分爲十二井，公田所入，僅一千二百畝之粒也。**其官不備其宗器〔四〕，**宗，宗官。器，祭器〔五〕。 ○《增注》：官，宗祝之屬。**宣其德行，順其憲則〔六〕，使越于諸侯，**越，發聞也。**諸侯親之，戎、狄懷之〔七〕，**懷，歸也。 ○《古文析義》：此其德之宣於鄰國者。**以正晉國，行刑不疚，**疚，病也。 ○《古文析義》：此其德之宣於本國者。以免於難。免殺君之難〔八〕。○《標注》：免難，泛言其能自保，不被禍難也。及桓子，驕泰奢侈，貪欲無蓺〔九〕，蓺，極也。桓子，欒書之子黶也。略則行志，略，犯也。則，法也。○賈逵：略，猶簡也（《文選》潘安仁《笙賦》引，汪、蔣輯）。○《標注》：略，謂簡略之而不復顧忌也。假貸居賄，居，蓄也。○《古文析義》：借與民間以取其利，而聚之於家。宜及於難，而賴武之德，以没其身。及懷子，改桓之行，而脩武之德，懷子，桓子之子盈也。可以免於難，而離桓之罪，以亡于楚。亡，奔也。◎志慧按：欒盈在楚一年而奔齊。詳見前《陽畢教平公滅欒氏》。夫郤昭子，昭子〔一〇〕，郤至也。其富半公室，其家半三軍，恃其富寵，以泰于國〔一一〕，奢泰於國。其身尸於朝，其宗滅于絳。不然，夫八郤，五大夫三卿，三卿，郤錡、郤至、郤犨〔一二〕，又有五人爲大夫。其寵大矣，一朝而滅，莫之哀也，唯無德也。今吾子有欒武子之貧，吾以爲能其德矣〔一三〕，能行其德。是以賀。若不憂德之不建，而患貨之不足，將弔不暇，何賀之有？」宣子拜，稽首焉，曰：「起也將亡，賴子存之，非起也敢專承之，專，獨也。承，受也。其自桓叔以下嘉吾子之賜。」桓叔，韓氏之祖曲沃桓叔也。桓叔生子萬，受韓以爲大夫，是爲韓萬。○《刪補》：桓叔，晉穆公之子，即成師也，封於曲沃。桓叔之子莊伯，韓萬其弟也，受韓爲大夫，故云韓氏之祖。○梁履繩《左通補釋》：韓，古韓國。春秋前，晉文侯二十一年滅韓，後爲萬封邑，亦曰韓原，在今陝西韓城縣東南二十里。○《正義》：《史記·韓世家》：「韓之先與周同姓，姓姬氏。其後苗裔事晉，得封于韓原，曰韓武子。武子三世後有韓厥。」據此，則韓爲「邗、晉、應、韓」之韓，晉獻滅之，而子孫仕晉，是韓侯之後，別有桓叔，非關曲沃之桓叔矣。案：《桓三年傳》：「曲沃伐翼，韓萬御戎。」杜注：「韓萬，莊伯弟。」則萬爲曲沃桓叔之少子。《韓世家》索隱引《世本》曰：「萬生賕伯，賕伯生定伯簡，簡生輿，輿生獻子厥。」起即厥子。韋解多依《史記》，此獨違之者，遵《左傳》及《世本》也。○《標注》：注以韓萬爲曲沃桓叔之子，大與《左》、馬異，可怪也。獻公之時，盡滅桓、莊之族，則桓之子孫安存焉？又驪姬之後，詛無畜群公子，蓋懲於公族之亂深矣。故雖以叔向之賢而不得爲軍師者，以其同姓也。屬疏者尚然，況曲沃伯之孫？縱幸脱密網，焉得升軍師哉？ ◎志慧按：《標注》似未見上揭《左傳·桓公三年》及杜注，然其所質疑者則是也。「韓侯之後，別有桓叔，非關曲沃之桓叔」，語已見《史記·韓世家》索隱。復次，本篇借叔向之口述欒氏三代興衰，與吾族「積善之家必有餘慶，積不善之家必有餘殃」的觀念密合，故爲後世各種古文選本收録，亦爲除柳宗元《非國語》之外的各家評點所肯定。驗諸史實，欒書其人容或有如叔向所述的儉約，但此外的「德行」「憲則」則實有未及：晉楚鄢陵之戰之前，下軍之將范文子縷陳戰勝之後患，欒書仍一意孤行，云：「我任晉國之政……雖有後患，非吾所知也。」一個賭徒，賭的卻是共同體的未來；戰場上，作爲上軍之將，因嫌郤至搶了他父子的風頭，居然心生怨恨，鼠肚雞腸；之後又設局陷害，玩厲公、孫周和楚王子發鉤於股掌之間，除掉三郤，釀成晉國一場大變局。故不能因欒書立悼公有功而肯定其餘。「君子之澤五世而斬，小人之澤五世而斬」，按叔向的價值邏輯，欒盈之未免於難，未始不是其父祖兩代積惡所致。

【彙校】

〔一〕穆文熙《鈔評》題作「叔向賀韓獻子之貧」，韓獻子，韓宣子之父，係穆氏偶誤；葉明元《抄評》題作「叔向見韓宣子賀憂貧」，傅庚生選本題作「宣子憂貧叔向諍以憂德」，上海師大本題作「叔向論憂德不憂貧」。

〔二〕明道本無「隨也」二字，李慈銘斷其脱，是，正統本有之。

〔三〕無一卒之田，正統本、《藝文類聚》人部十九引、《非國語》、《御覽》人事部一百二十五引同，明道本無「無」字，李慈銘斷其脱，據注是。

〔四〕官，明道本、正統本作「宫」，《御覽》及《文章正宗》卷五引皆作「官」。

〔五〕宗宗官器祭器，《文章正宗》卷五議論三引同，明道本、正統本作「宫，室。宗器，祭器。」《禮記·中庸》鄭注亦曰：「宗器，祭器也。」於義似各有當。

〔六〕順，《文章正宗》引同，《御覽》作「慎」，古通。

〔七〕狄，公序本他處多作「翟」，作「狄」者全書僅三例，此其一，明道本同，《御覽》引作「翟」。

〔八〕殺，明道本、正統本作「弒」。

〔九〕欲，明道本作「慾」。蓺，明道本、正統本作「藝」，下同。《考異》謂二組並古今字，是，公序本多存古字，明道本好從今字。

〔一〇〕明道本、正統本不出「昭子」。

〔一一〕泰，《記纂淵海》卷四十三作「汰」，二者古每通用互訓。

〔一二〕明道本、正統本無後二「郤」字，且「犨」置於「至」之前。

〔一三〕「其德」前，《藝文類聚》人部十九有「修」字，《校證》並據韋解「能行其德」謂今本「能」下脱「修」字。唯如是則「能行其德」就不必出注，既有注，則正好説明該「能」字含義豐富，需要特別揭出。

晉語八卷第十四

國語卷第十五

晉語九

1 叔向論三姦同罪

士景伯如楚，景伯，晉理官士彌牟。如楚，聘也。叔魚爲贊理。叔魚，羊舌鮒也。贊，佐也。景伯如楚，故叔魚攝其官也。《傳》曰：「叔魚攝理。」○孔晁：景伯，晉理官，叔魚佐之。景伯聘楚，叔魚專斷（《左傳・昭公十四年》正義引，汪、黄、蔣輯）。邢侯與雝子争田[一]，二子，皆晉大夫也。邢侯，楚申公巫臣之子也，巫臣奔晉，晉與之邢。雝子，故楚大夫，奔晉，晉與之鄐。争鄐田之疆界也。○孔晁：邢與鄐比，争疆界（《左傳・昭公十四年》正義引，汪、黄、蔣輯）。○《釋地》：邢本赤狄潞氏之邑，魯宣十五年，晉滅潞氏，其地入晉。邢侯，楚申公巫臣子，食邑於邢。雍子，亦故楚人，食邑於鄐。邢在順德府邢臺縣西南，鄐所在未聞。◎志慧按：譚沄謂邢本赤翟潞氏之邑，後入晉是也，謂在邢臺則非也，河南温縣北平皋古城遺址，曾出土印有「邢公」的陶片，學界認爲該遺址就是春秋晉國的邢丘城。**雝子納其女於叔魚以求直。**不直，故納其女。《傳》曰：「罪在雝子。」**及蔽獄之日**〔二〕，**叔魚抑邢侯，**蔽，決也。抑，枉也。**邢侯殺叔魚與雝子於朝。韓宣子患之，叔向曰：「三姦同罪，請殺其生者而戮其死者。」**陳尸爲戮。◎志慧按：殺人者邢侯爲叔向妻舅，被殺者叔魚爲叔向母弟，所謂「患」，疑因事涉叔向家事，投鼠忌器，故韓宣子特來咨詢叔向。**宣子曰：「若何？」對曰：「鮒也鬻獄，**鬻，賣也。**雝子賈之以其子，**○《集解》：賈，音古，買也。子，謂女子也。**邢侯非其官也而干之。**官，司寇也。干，犯也。**夫以回鬻國之中，**回，邪也。中，平也。○方苞《方望溪先生全集·集外文補遺》：中，謂成獄之辭，《周官·小司寇》「登中于天府」、「士師受中，協日刑殺」是也。○江永《〈周禮〉疑義舉要》卷五：凡官府簿書謂之中，故諸官言治中、受中，《小司寇》「斷庶民獄訟之中」，皆謂簿書，猶今之案卷也，此「中」字之本義。故掌文書者謂之史，其字從又、從中，又者右手，以手持簿書也。**與絕親以買直，與非司寇而擅殺，其罪一也。」**○秦鼎：絕親者，絕不爲親也。親父賣己女以與人，非父子之道也。**邢侯聞之，逃。遂施邢侯氏，**施，施劾捕也〔三〕。○《補音》：宜從韋氏，又與《内傳》合。○《正義》：（孔）晁讀施爲「弛」，僖三十一年《傳》曰：「季使過冀，見冀缺耨。」是既陳其尸，又廢其子，晁義與韋解得相通也。○帆足萬里：施罪邢侯之家。◎志慧按：《左傳·昭公十四年》作「施生戮死」、「乃施邢侯，而尸雍子與叔魚於市」，韋、孔、帆足氏三説於義可互足。**而尸叔魚與雝子於市**〔四〕。死時在朝，故尸於市。在魯昭十四年。○《正義》：《内傳》孔疏「晉殺三郤，皆尸于朝」，而此尸于市者，以其賤故也。○《集解》：陳其尸曰尸，字亦作「施」。◎志慧按：《晉語三》「秦人殺冀芮而施之」，韋注：「陳尸曰施」，其義正可移用於此。何以不於朝而於市，則似董説稍勝。

【彙校】

〔一〕雝，明道本、正統本作「雍」，《考異》謂「雍」係隸變之「雝」字，是。以下正文及韋注同作。

〔二〕蔽，明道本、正統本作「斷」，韋注明道本亦同作「斷」。《正義》引《周禮·大司寇》鄭注及《尚書·康誥》文證「蔽」有決義。若依明道本作「斷」，則詞義淺近，不待解而自明，疑韋昭所見本原作「蔽」，後人依常用詞徑改正文與注文，《左傳·昭公十四年》敘此事正作「叔魚蔽罪邢侯」，杜注：「蔽，斷也。」孔穎達正義亦以爲「以『蔽』爲『斷』，是相傳爲説」。

〔三〕施，正統本同，明道本、秦鼎本不重，《札記》疑公序本衍，可從，《左傳·昭公十四年》服注云：「施，猶劾也。」

〔四〕尸，遞修本作「中」，形訛，注文不誤。

2 中行穆子不受鼓畔〔一〕

中行穆子率師伐翟〔二〕，圍鼓。穆子，晉卿，中行偃之子荀吳中行伯也。翟，鮮虞也。鼓，白翟別邑。在魯昭十五年〔三〕。○《補正》：今直隸正定府晉州即鼓國。○《詳注》：今直隸正定縣西北四十里有新市城，即鮮虞國都。鼓，鮮虞別邑，今直隸晉縣。◎志慧按：鼓，地在今河北省晉州市與藁城區一帶，今晉州市十里鋪村有都鼓聚，晉州市晉州鎮有鼓城村。鼓人或請以城畔〔四〕，穆子不受，軍吏曰：「可無勞師而得城，子何不爲？」穆子曰：「非事君之禮也。夫以城來者，必將求利於我。利，爵賞也。夫守而二心，姦之大者也；賞善罰姦，國之憲法也。許而弗予，失吾信也；若其予之，賞大姦也。姦而盈祿，善將若何？盈，滿也。且夫翟之憾者以城來盈願，憾，恨也。○秦鼎：憾者，有恨於其君也。○《補正》：盈願，謂滿其所欲。晉豈其無？豈無恨也〔五〕。○《備考》：《左傳》曰：「或以吾城叛，吾所甚惡也。人以城來，吾獨何好焉？」即此意也，韋注非也。言晉國中人豈其無憾者乎。○秦鼎：翟人畔而盈願，則晉人有恨者，亦將有傚之，以晉城降於人，盈其願者。是我以鼓教吾邊鄙貳也。貳，二心也。夫事君者，量力而進，進，進取也〔六〕。不能則退，不以安賈貳。」賈，市也。安，謂不勞師而得鼓。令軍吏呼城，儆將攻之，未傅而鼓降。傅，箸也〔七〕。○秦鼎：傅，傅城堞也。○《補正》：儆，與「警」同，謂警衆也。○《集解》：傅，與「附」同，言師未附近其城也。

【彙校】

〔一〕穆文熙《鈔評》題作「穆子不受鼓人之降」，葉明元《抄評》題作「中行穆子不受鼓畔」，上海師大本題作「中行穆子帥師伐狄圍鼓」。

〔二〕率，明道本、正統本作「帥」，二字可互訓。翟，明道本、正統本作「狄」，下同。

〔三〕明道本、正統本句首有「事」字，《考正》從補，《考異》謂公序本脱，但據韋注體例，多無此「事」字。

〔四〕畔，明道本、正統本作「叛」，出本字也。

〔五〕也，明道本、正統本作「者」，秦鼎改從明道本，是。

〔六〕正統本同，明道本不重「進」字，「進」無取義，無者脱。

〔七〕箸，遞修本、南監本等公序本系統同，明道本、正統本作「著」，《增注》、《正義》改從明道本，其實不必，《正義》如此處擅改者不在少數，以致難以求證其祖本。

3　鼓臣夙沙釐事君不二

中行伯既克鼓〔一〕，○《補音》：行，户郎反。以鼓子宛支來〔二〕，宛支，鼓子鳶鞮也〔三〕。穆子既克鼓，以鳶鞮歸。既獻而反之，其後又畔〔四〕。魯昭二十二年〔五〕，荀吴襲鼓，滅之，以鳶鞮歸，使涉它守之也〔六〕。○《補音》：宛，於元反。◎志慧按：宛支，《左傳·昭公十五年》作「鳶鞮」，上古同音異寫耳。令鼓人各復其所，非寮勿從〔七〕。寮，官也。鼓子之臣曰夙沙釐〔八〕，○《補音》：釐，力之反，又借爲「福禧」字，許其反。以其孥行，釐將妻子從鼓子也。軍吏執之，辭曰：「我君是事，非事土也。名曰君臣，豈曰土臣？今君實遷，遷，徙也。臣何賴於鼓？」賴，利也。穆子召之，曰：「鼓有君矣，君，謂涉它也〔九〕。爾止事君〔一〇〕，吾定而禄爵。」定，安也。而，汝也〔一一〕。對曰：「臣委質於翟之鼓，未委質於晉之鼓也。質，贄也。士贄以雉，委贄而退。○《左傳補注》卷二：服虔曰：「古者始仕，必先書其名於策，委死之質於君，然後爲臣，示必死節也。」棟案：「服讀質爲贄，《晉語》曰：『臣委質于翟之鼓。』韋昭曰：『質，贄也。士贄以雉，委贄而退。』《尚書》稱『二生一死贄』，故云『委死之質』。」○《增注》：本注「委贄而退」上必有誤脱。臣聞之：委質爲臣，無有二心。委質而策死，古之法也。言委質於君，書名於策〔一二〕，示必死也。君有烈名，臣無畔質〔一三〕。烈，明也。○秦鼎：不使群臣畔，是君之烈名也。置贊不畔，是亦臣下之義也。○《增注》：烈，威烈也。言爲君者當有使臣民威服之名。**敢即私利，以煩司寇而亂舊法？其若不虞何？」**即，就也。虞，度也。若就私利，是爲畔君〔一四〕。畔君有辠，故煩司寇。舊法，策死之法也〔一五〕。若臣皆如是，是將有不意度而至之患者，晉其如之何？○《補正》：不虞，謂不度於理也，注非。◎志慧按：不虞，《國語》出現五次，韋注一貫，未見其誤。唯此「如之何」的主語非晉國而係夙沙釐自己，意爲如果我見利忘義擾亂舊法煩勞刑官，那將會有什麼樣意想不到的結局等著我呢。**穆子歎而謂其左右曰：「吾何德之務而有是臣也？」**吾當脩務何德而得若此之臣乎？○《集解》：也，與「耶」通用。**乃使行。既獻，**獻，獻功也〔一六〕。**言於頃公**〔一七〕，言釐之賢於頃公。頃公〔一八〕，昭公之子去疾也。**與鼓子田於河陰，**河陰，晉河南之田，使君而田之〔一九〕。○《釋地》：河陰，晉地，在今河南府孟津縣，一名平陰。○《補正》：以河陰之田與鼓子，注語反晦。**使夙沙釐相之。**◎志慧按：凌稚隆曰：「既云『名曰君臣』，又云『臣委質於翟之鼓，未委質於晉之鼓』，只此兩言，真足爲萬世人臣永鑒。」在凌氏，想到的是如何爲臣；在中行穆子，想到的是如何爲君；在夙沙釐，則是一個整全的概念：「君有烈名，臣無畔質。」唯此方始周延，如果只强調其中一方的義務或者權利，對上古策名委質制度的解讀就容易掉進人身依附的陷阱。

【彙校】

〔一〕克鼓，《元龜》卷七三九、《天中記》卷二十四引同，明道本無「鼓」字，《補校》、李慈銘斷無者脱，是，正統本有，唯後者作「皷」。上海師大本此下屬上，但正統本、《補正》同公序本，其上言主爲中行穆子，其下言主爲夙沙釐，故單列，並施以標題。疑因黄刊明道本此前一篇恰好排至行底，「中行伯既克」又緊接其後，上海師大本校點者遂誤以爲當屬上。

〔二〕宛支，正統本同，《元龜》引同，明道本作「苑支」，「宛」、「苑」古通，注同。

〔三〕鳶，南監本同，許宗魯本作「鳶」，無據，次同。

〔四〕畔，明道本、正統本作「叛」，下同。

〔五〕魯昭二十二年，正統本同，明道本作「二十三年」，其事見載《左傳·昭公二十二年》。

〔六〕它，正統本同，明道本作「佗」，古同。

〔七〕寮，明道本、正統本「僚」，古同，《左傳·文公七年》即有「同官爲寮」之説，韋注同。

〔八〕夙，《白氏六帖事類集》卷八作「宿」，「夙」、「宿」同音通假。

〔九〕它，《諸子瓊林》前集卷三人倫門同，明道本作「佗」。

〔一〇〕止，正統本、《天中記》卷二十四引同，明道本、《文獻通考》卷二百六十四封建考五、《諸子瓊林》作「心」，據句義，作「心」者形近而訛，李慈銘、《集解》亦斷其誤。

〔一一〕汝，明道本作「女」，明道本、《諸子瓊林》「而女也」在「定安也」之前，據正文後者倒，正統本同公序本。
〔一二〕質，《諸子瓊林》同，明道本作「贄」。策，正統本、《諸子瓊林》同，明道本作「册」，古並通，唯明道本與下文相異，次「策」同。
〔一三〕畔，明道本、正統本作「叛」，出本字也，本章下「畔」字同。
〔一四〕爲，明道本、正統本作「謂」。
〔一五〕策，正統本同，明道本、《諸子瓊林》作「册」。
〔一六〕明道本、正統本此條作「既獻功也」四字，於義俱通。
〔一七〕言於頃公，《元龜》卷七三九引同，明道本、正統本無「頃」字。
〔一八〕二「頃公」，明道本、正統本作「公」。公，頃公。
〔一九〕之，正統本同，明道本作「也」字。

4 范獻子戒人不可以不學

范獻子聘於魯，獻子，范宣子之子士鞅也。聘在魯昭二十一年〔一〕。問具山、敖山〔二〕，

○《釋地》：具、敖皆魯山也，敖山，在泰安府新泰縣東南十里。具山，在敖山東南二十五里。魯人以

其鄉對〔三〕。言其鄉之山也。○户埼允明：其鄉，二山所在之鄉。◎志慧按：户埼允明説是，《左傳·桓公六年》「先君獻、武廢二山」杜注：「二山，具、敖也。魯獻公名具，武公名敖，更以其鄉名山。」俱可正韋解之誤。獻子曰：「不爲具、敖乎？」○劉淇《助字辨略》：爲，猶謂也。言今不謂具山、敖山乎。對曰：「先君獻、武之諱也。」獻，伯禽之曾孫、微公之子獻公具也。武，獻公之庶子武公敖也。○龜井昱：微公，蓋魏公，以音近誤。獻子歸，徧戒其所知曰：「人不可以不學。吾適魯而名其二諱，爲笑焉，唯不學也。言學則必知諱，不見笑也。禮：入境而問禁〔四〕，入門而問諱。人之有學也，猶木之有枝葉也。木有枝葉，猶庇廕人〔五〕，而況君子之學乎？」◎志慧按：所見古今注譯者於本段文字無異詞，唯在該語境中，「木有枝葉」與「人之有學」類比，枝葉所庇廕者乃樹干，非人，「猶庇廕人」四字致其中類比關係混亂，頗疑係早期評注闌入；郭萬青則謂「人」係「之」訛，於義似更飽滿，文獻不足徵，姑且存疑。

【彙校】

〔一〕二十二年，明道本、遞修本、正統本作「二十一年」，《春秋》及《左傳·魯昭公二十一年》俱載其事，於史實是也。

〔二〕具山敖山，《通鑑外紀》卷八、《諸子瓊林》前集卷六儒學門同，《書鈔》政術部四作「具、敖二山」、《左傳・桓公六年》正義引作「具、敖之山」，疑後二者皆約引。

〔三〕以其鄉對，《禮記正義・曲禮上》作「以鄉名對」。

〔四〕境，《曲禮》作「竟」，「境」爲「竟」之義符加旁字。

〔五〕庛，弘治本作「比」，字殘。蔭，正統本作「陰」，實誤；明道本、《諸子瓊林》作「廕」。

5 董叔欲爲繫援取於范氏〔一〕

董叔將取於范氏〔二〕，董叔，晉大夫也〔三〕。范氏，范宣子之女。○《標注》：范氏，猶言范家也。叔向曰：「范氏富，盍已乎？」言富必驕，驕必陵人。已，止也。曰：「欲爲繫援焉。」欲自繫綴，以爲援助〔四〕。○舊注：繫援，欲自結連於大援也（《御覽》禮儀部二十引，汪遠孫輯，亦見於《元龜》卷八五三）。它日，董祁愬於范獻子，祁，董叔之妻、獻子之妹也。范，姓。祁〔五〕，名也。○《校文》：祁，姓也，婦人稱姓，帝堯祁姓，范氏所出。○《札記》：此當讀「范姓祁」三字爲句，「名也」二字淺人添之耳。祁，姓也。范，氏也。婦人之例，舉姓不舉氏。○《補正》：董祁與欒祁一例，祁亦姓也。范氏出於堯，故姓祁，訓名非。◎志慧按：黃氏能洞幽燭微，唯指「名也」二字爲淺人添之未見其所據。曰：「不吾敬也。」獻子執而紡於庭之槐，紡，縣也〔六〕。○賈逵：紡，猶懸也（《原本玉篇殘卷・糸部》引）。○舊注：紡，猶懸也，懸於庭之槐也（《御覽》禮儀部二十引，汪遠孫輯）。○《發正》：《儀禮・聘禮》「賄用束紡」鄭注：「紡，紡絲爲之，今之縛也。」蓋以紡縛而懸之，故紡爲懸。○楊樹達（一八八五—一九五六）《積微居讀書記》：紡，當爲「縛」。◎志慧按：《御覽》所保存者於義較完密，楊氏之説於文獻無據。蓋董叔被懸掛在槐枝上，形如紡錘，敘述者取其形似，故曰「紡於庭之槐」，前賢時哲如徐仁甫、蕭旭以綁、縛釋之，義止於繫而不及援，不敢取。**叔向過之，曰：「子盍爲我請乎？」叔向曰：「求繫，既繫矣；求援，既援矣。欲而得之，又何請焉？」**◎志慧按：穆文熙視此爲詼語之文，盧之頤則云：「古人謂『娶婦當不若吾家者』是也。」在叔向和編者，似有更深一層用意：既要引爲繫援，自然需要承擔相應的代價。《左傳・昭公二十八年》叔向之母述所聞之言云：「甚美必有甚惡。」《晉語六・韓獻子不從欒中行召》韓獻子謂「亨一利亦得一惡」，《黄帝書・經法・亡論》：「（昧）天（下之）利，受天下之患；昧一國之利者，受一國之患。」皆其背後的觀念系統，其意義指向不僅僅在戲詼和擇偶。

【彙校】

〔一〕蘇應龍《諸子瓊林》題作「董叔欲爲繫援故不慮范氏之富而娶之」，穆文熙《鈔評》題作「董叔乞請叔向」，葉明元《抄評》題作「董叔取於范氏」，傅庚生選本題作「董叔欲爲繫援」，茲綜合之。

董叔爲欒盈之徒，若僅就時間順序而言，本條當置於《晉語八》滅欒盈之黨之前。

〔二〕取，明道本、正統本、《元龜》卷八五三引作「娶」。

〔三〕明道本、《諸子瓊林》前集卷二人倫門無「也」字，《考正》從删，不可必，下文韋注「獻子之妹也」之「也」字同。

〔四〕《御覽》禮儀部二十作「欲自結連於大援也」，不似今傳本通達。

〔五〕祁，弘治本作「其」，後者音訛。

〔六〕縣，明道本、正統本作「懸」，「縣」、「懸」古今字。

6 趙簡子欲有鬭臣

趙簡子曰：「魯孟獻子有鬭臣五人，我無一，何也？」簡子，晉卿，趙文子之孫、景子之子趙鞅志父也。孟獻子，魯大夫仲孫蔑也。鬭臣，扞難之士〔一〕。○《詳注》：《孟子·萬章篇》「孟獻子有友五人焉：樂正裘、牧仲，其三人則予忘之矣。」《新序·刺奢篇》：「獻子曰：吾有二士，曰顏回、兹無靈，使吾邦家安平，百姓和協，惟此二者耳。」叔向曰：「子不欲也，若欲之，肸也待交捽可也。」此言欲勇則勇士至。○賈逵：捽，掣頓也（釋慧琳《一切經音義》卷五十四引）。

○《舊音》：捽，徂骨反。　○《略説》：盧本注云：「《説文》：『捽，持頭髮也。』」愚謂待，備也。捽，抵觸也。言子若欲有鬭臣者，肸也可備抵觸之任也。　○《補正》：可捽而至，言易致也。　◎志慧按：交捽，其詞已見《晉語一·史蘇卜獻公伐驪戎勝而不吉》釋義請見前。復次，趙簡子于叔向，是一個政治新貴與國老的關係，本則對話的情景，蓋與其祖父趙文子加冠時拜訪後者父祖輩同僚相似。

【彙校】

〔一〕扞，明道本、正統本作「捍」，古同，楚幽王悍，《史記·六國年表》誤作悼，安徽壽縣出土銅器銘文作「忎」，可見書同文之前書寫之多樣。

7 閻没叔寬諫魏獻子無受賄

梗陽人有獄，將不勝，梗陽，魏氏之邑。獄，訟也。　○《釋地》：梗陽，晉邑，在太原府徐溝縣西北。　◎志慧按：梗陽，在今山西清徐縣一帶。此段内容又見載於《左傳·昭公二十八年》。**請納賂於魏獻子，獻子將許之。**獻子，晉正卿，魏戊之父魏舒也。《傳》曰：「梗陽人有獄，魏戊不能斷，以獄上。其大宗賂以女樂，獻子將受之。」或云：大宗，即舒也。昭謂：大宗，訟者之大宗，爲訟者納賂。**閻没謂叔寬曰：「與子諫乎。**閻没，閻明；叔寬，女齊之子叔褒也：皆晉大夫。《傳》曰：「魏戊使二子諫。」◎志慧按：此可謂幾諫之例，《左傳・昭公二十八年》載此事，主意自魏獻子之子魏戊出，並由閻没、女寬實施，是傳聞異辭，或可互補。韋指閻没、叔寬爲晉大夫，《昭公二十六年》「使女寬守闕塞」杜注同，《昭公二十八年》杜注則云：「二人，魏子之屬大夫。」楊伯峻以爲杜注「屬大夫」未必確，但同樣情形也出現在對陽處父的認定上：《僖公三十二年》「楚鬭章請平于晉，晉陽處父報之，晉楚始通」杜注：「陽處父，晉大夫。」《文公六年》「陽子，成季之屬也，故黨於趙氏」杜注：「處父嘗爲趙衰屬大夫。」其實，這裏反映出該時期有較强影響力的貴族利用自己的地位將公臣私臣化的現象，以致於閻没、叔寬、陽處父等人呈現出公臣、家臣雙重身份，杜注的不同處理恰恰揭示了這種細微變化。**吾主以不賄聞於諸侯，**主，獻子也。不賄，不貪財也。**今以梗陽之賄殃之，不可。」**殃，猶病也。○秦鼎：病，謂傷其行也。○《發正》：《廣雅・釋詁》：「殃，敗也。」言敗其不賄之名。**二人朝而不退。**◎志慧按：二人皆晉大夫，非謂朝於魏獻子，楊伯峻謂「魏舒執政，或單人朝君，或雖同朝而晚歸，二人先退，待于魏子之庭。」其説是。**獻子將食，問誰在庭**〔一〕，**曰：「閻明、叔褒在。」**○陳鱣《簡莊疏記》卷十一：没之字明，亦取相反之義。○李富孫《春秋三傳異文釋》卷九：《説文》：「褒，衣博裾。」有寬大義，疑即其字。◎志慧按：自稱者爲名而非字。**召之，使佐食。**佐，猶勸也。○户埼允明：佐食，猶云侍食。○李慈銘：佐，猶共也，謂召使左右共食也。◎志慧按：户埼允明及李慈銘説與韋注義可互足。**比已食，三歎。既飽，獻子問焉，曰：「人有言曰：『唯食可以忘憂。』**◎志慧按：《禮記·曲禮上》：「當食不嘆……臨樂不嘆。」此爲古人容禮之一，《楚語下·藍尹亹論吴將斃》「君子唯獨居思念前世之崇替，與哀殯喪，其餘則不」也屬此類。**吾子一食之閒而三歎，何也？」同辭對曰：「吾小人也，貪。饋之始至，懼其不足，故歎。中食而自咎也，曰：豈主之食而有不足？是以再歎。主之既食**[二]**，願以小人之腹爲君子之心，屬厭而已**[三]**，是以三歎。」**屬，適也。厭，飽也。已，止也。適小飽足，則自節止。○《左傳·昭公二十八年》杜注：屬，足也。言小人之腹飽，猶知厭足，君子之心亦宜然。○《舊音》：屬，音燭。○《補音》：屬，之六反。今按：屬有二音，又音蜀，從燭音者連也，付也。○《增注》：以此諷君子宜知足矣。◎志慧按：杜預釋「屬」爲足，疑視作通假字，蓋「屬」訓作足罕有旁證，且以「屬厭」爲同義合成詞。唯衡諸該詞語境，無論就所謂「君子之心」，還是閻没、叔寬的本意，皆以韋注適可而止爲勝。本字易明，似不勞輾轉求諸通假字。**獻子曰：「善。」乃辭梗陽人。**善二子善諭而不逆。獻子能覺改也。○《補正》：正文只言獻子善二人，「能覺改」句可去。◎志慧按：句謂辭梗陽人之賂。吴説是，「獻子能覺改也」頗似後人評點，然文獻不足徵，姑且存疑。

【彙校】

〔一〕在，正統本同，明道作「於」，李慈銘疑作「在」者以後人文法改之，有理。

〔二〕主，静嘉堂本、南監本、弘治本作「之」，誤，許宗魯本已據他本回改。《增注》謂「『主之』二字衍，由上文誤焉耳」，《略説》、秦鼎據《鈔評》無「主」字以及《左傳》作「及饋之畢」，斷「主」字衍，而「之」字屬上句，但《文章辨體匯選》卷五十四引已有「主」字，且於義亦通，不得便指爲衍字。既，明道本作「既已」。《考異》則謂「既」即「已」，疑「已」字衍，但《左傳·昭公三年》即有「既已告於君，故與叔向語而稱之」之語，《孟子·告子下》復有「予既已知之矣」等語，先秦本有同義合成之例，不能遽斷「已」字衍。

〔三〕厭，遞修本、秦鼎本同，《左傳》亦同，明道本作「饜」，後起加旁字也，注同。

8 董安于辭趙簡子賞

下邑之役，董安于多。下邑，晉邑。董安于，趙簡子家臣。多，功也〔一〕。《周禮》曰：「戰功曰多。」魯定十三年，簡子殺邯鄲大夫趙午，午之子稷以邯鄲畔〔二〕。午，荀寅之甥也。荀寅，士吉射之姻也〔三〕。二人作亂，攻趙氏之宫〔四〕。簡子奔晉陽，晉人圍之，時安于力戰有功也。○《詳注》：今河南夏邑縣有下邑城。◎志慧按：《周禮·夏官·司勳》：「王功曰勳，國功曰功，民功曰庸，事功曰勞，治功曰力，戰功曰多。」渾言之則同，析言之則別，此蓋特指董安于戰功卓著也。又，沈鎔所説之河南夏邑其時屬宋，晉之下邑所在待考。趙簡子賞之，辭，辭，不受也。固賞之，對曰：「方臣之少也，進秉筆，贊爲名命，○《備考》：名命，猶言辭命也。○户埼允明：蓋謂少時爲史，蓋名命，署名于策也。○《增注》：秉筆，蓋爲史官也。名命，大夫以上名位、爵命也。○《詳注》：名，文字之通稱。命，與人交際之辭令也。稱於前世，義於諸侯〔五〕，言見稱譽於前世，諸侯以爲義也。而主弗志。志，識也。及臣之壯也，耆其股肱，○《舊音》：耆，音指。○《補音》：耆，之履反。《詩·武頌》「耆定爾功」毛注：「耆，致也。」讀作此「指」字。今按：韋注亦訓「耆，致也」，即是用毛義矣。《舊音》得之，鄭康成「音巨移反，老也」，於《詩》即通，於此則否。以從司馬，耆，致也。司馬，掌兵也〔六〕。苛慝不産。○《舊音》：苛，音何。○《補音》：苛，胡柯反。及臣之長也，端委韠帶〔七〕，以隨宰人，民無二心。端，玄端。委，委皃也。韠，韋蔽膝。帶，大帶。宰人，宰官也。◎志慧按：從司馬、隨宰人，曰「從」曰「隨」，皆謙詞，實即爲司馬與宰官，猶《論語》中《先進篇》與《憲問篇》孔子兩稱「從大夫之後」，今人譯本多據文字直譯，蓋不明修辭也。今臣一旦爲狂疾，而曰『必賞女』，言戰鬭爲凶事，猶人有狂易之疾，相殺傷也。◎志慧按：《漢書·五行志》顔注：「狂易，謂狂而易其常性。」是以狂疾賞也〔八〕，不如亡。」趨而出，乃釋之。○《略説》：釋，舍止也。言乃止賞不行。

【彙校】

〔一〕明道本、正統本重「多」字，秦鼎從明道本補，《詁訓柳先生文集》卷四十五則引作「多，功多也」，於義亦通。

〔二〕畔，明道本、正統本作本字「叛」。

〔三〕士，明道本作「范」，士、范皆其氏。

〔四〕攻，静嘉堂本同，弘治本作「政」，字之訛也，其祖本南監本不誤。

〔五〕義，《玉海》卷六十四詔令同，明道本、正統本、《通鑑外紀》卷八、《元龜》卷八〇七皆作「立義」，《考異》疑公序本脱，但觀上句「稱於前世」四字成句及韋注「諸侯以爲義」，則是無「立」者爲是，「立」字乃後人不明「義」字活用作動詞而誤增。呂祖謙《東萊呂太史春秋左傳類編·家臣》引此文正無「立」字，可爲旁證。

〔六〕也，秦鼎所見陳臥子本作「者」，並從改，是。

〔七〕韠，明道本作「鞸」，從革之「鞸」與從韋之「韠」古同，注同。

〔八〕是，正統本同，《御覽》疾病部二引同，明道本、《通鑑外紀》卷八引作「與余」二字，上海師大本從公序本，於義兩通，但《經傳釋詞》卷一「與」下引《廣雅》「與，如也」，謂「與其」爲「如其」，或但謂之「與」，「今本乃後人不曉文義而妄改之」，於文法是。

9 趙簡子以晉陽爲保鄣

趙簡子使尹鐸爲晉陽〔一〕，尹鐸，簡子家臣。晉陽，趙氏邑。爲，治也。○《詳注》：晉陽，今山西太原縣。**請曰：「以爲繭絲乎？抑爲保鄣乎**〔二〕**？」**繭絲，賦稅。保鄣〔三〕，蔽扞也〔四〕，小城曰保。《禮記》曰：「遇入保者。」○《資治通鑑·周紀》胡注：繭絲，謂浚民之膏澤，如抽繭之緒，不盡則不止。保障，謂厚民之生，如築堡以自障，愈培則愈厚。○《存校》：此皆取喻，繭以取絲，猶取稅於民也；保以爲障，猶政以衛民也。◎志慧按：鄣，屏保之義後世從阜作「障」。《通鑑》胡注可闡揚韋義，《存校》則揭其修辭，各有所得。**簡子曰：「保鄣哉。」尹鐸損其户數**〔五〕。損其户，則民優而税少〔六〕。○《補韋》：顧大韶《困學隨筆》云：「楚蔿敖之爲政也，曰大户已責；趙尹鐸之治晉陽也，曰損其户數，蓋古者盛世之編户，非户户而編之，必閱其有丁有力，能充賦役者，而後著之于籍，其或老或病或女户，皆漏而不書，賦役不及焉，所以政不苛而民不怨也。」**簡子誡襄子**〔七〕襄子，簡子之子無卹也〔八〕。**曰：「晉國有難，而無以尹鐸爲少，無以晉陽爲遠，必以爲歸**〔九〕。**」**所謂保鄣〔一〇〕。

【彙校】

〔一〕《白氏六帖事類集》卷二十一、《事類備要》後集卷九十七縣官門引該句下尚有「將行」二字，《校證》謂於義爲長，是。

〔二〕鄣，明道本同，正統本、文淵閣《四庫》本作「障」，後者出本字。

〔三〕韋注「鄣」，張一鯤本作「障」。

〔四〕扞，明道本、正統本作「捍」，古同。

〔五〕「損」前，《白氏六帖事類集》卷二十一、《錦繡萬花谷》卷十四有「至則」二字，後者句下有「人賦優而税入少」，《校證》據注謂「蓋引韋解爲正文耳」，其説是。

〔六〕《白氏六帖事類集》卷二十二引該注作：「損則税輕而人安。」《山堂肆考》卷八十七政事則引作：「減損户數，則賦税輕，民力舒也。」於義均同。

〔七〕誡，《通鑑前編》卷十八作「謂」。

〔八〕卹，正統本同，明道本作「恤」，「恤」本字，「卹」通假字。

〔九〕必以爲歸，《白氏六帖事類集》卷二十一作「必以歸之」。

〔一〇〕郛，張一鯤本作「障」。

10 郵無正諫趙簡子無殺尹鐸

趙簡子使尹鐸爲晉陽〔一〕，曰：「必墮其壘培。墮，壞也。壘，荀寅、士吉射圍趙氏所作壁壘也〔二〕。　○《補音》：墮，許規反。　○帆足萬里：壘，重累也，「見壘培」之「壘」仿之。吾將往焉，若見壘培，是見寅與吉射也。」壘墼曰培〔三〕。　○《補音》：射，食亦反，又食夜反。○《備考》：培、坏音近，當是古字通用。壘培，聚未燒陶瓦筑而爲牆壁者也。　○《正義》：《趙世家》索隱引《世本》「荀偃生穆伯吴，吴生寅。」又云：「范匄生獻子鞅，鞅生吉射。」　○《發正》：《説文》：「壘，軍壁也。」「坏，一曰瓦未燒。」「墼，瓴適也，一曰未燒也。」是坏、墼一物，故韋氏以墼釋坏，作培者，聲同通用。　◎志慧按：坏，《説文繫傳·土部》：「普杯反。」《玉篇·土部》：「普梅切，又作『坯』。」今書作「坯」。尹鐸往而增之。增高其壘，因以自備也。　○龜井昱：「注『因以自備』可削，蓋因『爲保障』語而饒舌也。」簡子如晉陽，見壘，怒，既不墮，又增之，故怒也。曰：「必殺鐸也而後入。」大夫辭之，辭，請也。　○《辨正》：《楚語下》子西曰：「請聽其（藍尹亹）辭。」此「辭」有辯解義。《禮記·表記》「故仁者之過易辭也」鄭注：「辭，猶解説也。」《孟子·公孫丑上》「今之君子，豈徒順之（過），又從爲之辭」，趙岐注曰：「以辭解之。」二者皆將「辭」與過失聯繫在一起，大夫「辭之」，亦同樣有爲尹鐸解説、辯解、關説之意，故可視爲同義。《魯語下》「魯大夫辭而復之」韋注亦釋辭爲「請」，其義實與此條同，亦當依改。**不可，**可，肯也。**曰：「是昭余讎也。」**昭，明也。明我怨讎，以辱我也。**郵無正進**〔四〕，無正〔五〕，晉大夫郵良伯樂。○《正義》：《淮南·覽冥訓》高注：「王良，晉大夫郵無恤子良也，所謂御良也，一名孫無政，爲趙簡子御，死而托精于天駟星，天文有王良星是也。」《漢書·王褒傳》注張晏曰：「王良，郵無恤，字伯樂。」顔師古曰：「參驗《左傳》、《國語》、《孟子》，郵無恤、郵良、劉無止、王良總是一人也。《楚辭》云：『驥躊躇于蔽輂，遇孫陽而得代。』王逸曰：『孫陽，伯樂姓名也。』《列子》云：『伯樂，秦穆公時人。』考其年代不相當。」○《補正》：郵無政即郵無恤，疑是避襄子名改。◎志慧按：上古文獻中論及於馬有專攻者凡三：一爲造父，善御者，穆天子時人；一爲伯樂，據傳氏孫名陽，善相馬者，秦穆公時人，與九方臯同時，馬王堆帛書《相馬經》即托名於此公；一爲王良，此趙簡子御手郵無恤是也。但文獻及傳注多將三者視爲善於御馬、相馬者之共名，如西施之於美女、扁鵲之於名醫，故於其姓名、事蹟常相混淆。疑此郵無恤取傳説中善相馬之伯樂爲字，如《補正》所云避趙襄子名改無正，無，取「無念爾祖，聿修厥德」之「無」字。《爾雅·釋詁》：「良，首也。」「正，長也。」故遞相爲訓，無正又得名良。**曰：「昔先主文子少釁於難**〔六〕，文子，簡子之祖趙武也。釁，猶讎也〔七〕。難，謂莊姬之讒，趙氏見討。○賈逵：釁，動也（釋慧琳《一切經音義》卷一引）。○龜井昱引《舊考》：釁，隙也，家有釁而難生，故曰「釁於難」。從姬氏於公宮，姬氏，莊姬，趙朔之妻、文子之母、晉景公之姬也〔八〕。姬淫於趙嬰〔九〕，嬰兄趙同、趙括放之〔一〇〕。姬讒同、括，景公殺之，文子從莊姬於公宮。有孝德以出在公族，爲公族大夫也。有恭德以升在位，在卿位也。有武德以羞爲正卿，正卿，上卿。羞，進也。有温德以成其名譽，失趙氏之典刑，典，常也。刑，法也。而去其師保，在公宮，故無師保也。基於其身，以克復其所〔一一〕。基，始也。始更脩之於身，以能復其先也。及景子長於公宮，景子，文子之子、簡子之父趙成也。從其王母在公宮。未及教訓而嗣立矣，亦能纂脩其身以受先業，無謗於國，順德以學子，學，教也。○《補音》：學，胡教反。○《增注》：下句更曰「教」，則此「學」如字，使之學也。○《補正》：《學記》「學」字多作教讀。擇言以教子，○《增注》：言，古人之言。擇師保以相子。今吾子嗣位，有文之典刑，有景之教訓，重之以師保，加之以父兄，同宗之父兄。子皆疏之，以及此難。荀、士之難。夫尹鐸曰：『思樂而喜，思難而懼，人之道也。委土可以爲師保，吾何爲不增？』言見壘培可以戒懼，足當師保，何爲不增〔一二〕。○皆川淇園：委，積也。○《正義》：《呂氏春秋·似順篇》説此事云：「孫明進諫曰：『鐸之言固曰見樂則淫侈，見憂則諍治，此人之道也。今君見壘念憂患，而況羣臣與民乎？』」見壘念憂患即所謂師保也。是以脩之，庶曰可以鑑而鳩趙宗乎。鑑，鏡也。鳩，安也。〇《增注》：鳩，和集也。◎志慧按：鳩有聚義、集義，即如《左傳·定公四年》「若鳩楚竟」杜注訓爲「安集」，其重心亦在集，《增注》「和集」亦然，故韋注畢竟不密。〇《古文析義》：鳩，聚也。若罰之，是罰善也。罰善必賞惡，臣何望矣？」簡子說，曰：「微子，吾幾不爲人矣！」微，無也。〇《舊音》：幾，音祈。〇《補音》：幾，勤衣反。以免難之賞賞尹鐸。免難之賞，軍賞也。言見戒而懼，懼則有備，是爲免難也。〇《備考》：言見壘培則懼，懼則免難，故曰「免難之賞」，舊解「免難之賞，軍賞也」誤矣。〇《正義》：《襄二十七年傳》疏引服虔《左傳注》「向戌自以止兵民不戰鬭，自矜其功，故求免死之賞」，免死，即免難也。免主於難，則以此賞之，此春秋時所定之賞格，故云軍賞也。

【彙校】

〔一〕簡，遞修本作「簡」，下文正文「簡子如晉陽」、下章「鐵之戰」韋注「御簡子」之「簡」同，遞修本内部不一致。

〔二〕士，遞修本、静嘉堂本、南監本、弘治本作「古」，皆字訛。壁壘，明道本、正統本與《元龜》卷九〇一引作「壘壁」。《補校》、《考異》俱謂韋注下文「壘壂曰培」四字當移此下，《補正》從之，是。弘治本「壘」字作空格處理。

〔三〕弘治本「壘墼」二字作二空格，脱。

〔四〕郵無正，《吕氏春秋·似順》作「孫明」，高注：「孫明，簡子臣，孫無政郄良也。」《札記》：「群籍記郵無恤姓名多不同，當各依本書耳。」

〔五〕無正，静嘉堂本、南監本漫漶不可識，弘治本作「進正」，涉正文「進」字而誤。

〔六〕釁，《補音》「許覲反」，明道本、正統本作「亹」，古同，或因字殘。

〔七〕讎，弘治本、葉邦榮本、李克家本、秦鼎本、《正義》同，張一鯤本作「讐」，明道本、遞修本、正統本、静嘉堂本、南監本、許宗魯本俱作「離」，離，遭也，疑金李本等形訛，南監本字雖殘，但左半部尚能認出「离」字，《考正》從作「離」，是也。

〔八〕姬，明道本作「女」，皆誤，遞修本、静嘉堂本、南監本字作「姉」，弘治本、許宗魯本作「姊」，張一鯤本據史實徑改作「姊」，李克家本、秦鼎本因之，《札記》謂係「姉」之壞字，《考異》謂恐非韋氏之舊。正統本作「娣」，或存古本之真。

〔九〕明道本不重「姬(女)」字，正統本亦無其字。

〔一〇〕嬰兒，明道本、正統本作「嬰之二兄」四字，《考正》從後者，《考異》謂《左傳·成公五年》「我亡，吾二昆其憂哉」爲韋注所本，則似贊同明道本。

〔一一〕克，許宗魯本作「叓」，乃「更」字之小篆隸定字。南監本模糊，字形稍肖「更」字，蓋爲許宗魯所本。據韋注，作「克」者是，古字形訛也。

〔二〕增，李克家本作「懼」，疑後者涉正文而誤。

初，伯樂與尹鐸有怨，伯樂，無正字。以其賞如伯樂氏，如，之也。曰：「子免吾死，敢不歸禄？」禄，所得賞也。○秦鼎：歸，遺也。或云：猶歸功於君之「歸」。辭曰：「吾爲主圖，非爲子也，怨若怨焉〔一〕。」若，如也。怨自如故也。◎志慧按：本篇敘尹鐸甫下車之事，上篇敘尹鐸治晉陽之後的政績，「無以尹鐸爲少，無以晉陽爲遠」，在程度上高於「以免難之賞賞尹鐸」，故本篇當前置。

【彙校】

〔一〕次「怨」字，《通鑒外紀》卷九、《文章正宗》卷五引同，《經濟類編》卷二十八「諫諍類」三引作「故」，《訂字》謂當作「故」，義亦通。

11 鐵之戰趙簡子等三人誇功

鐵之戰，趙簡子曰：「鄭人擊我，吾伏弢衉血〔一〕，鼓音不衰。鐵，衛地。弢，弓衣也。晉中行寅、范吉射以朝歌畔〔二〕，齊、鄭與之。魯哀公二年〔三〕，齊人輸范氏粟，鄭罕達、駟弘送之，范吉射逆之，簡子禦之，遇於戚〔四〕，遂戰於鐵。鄭人擊簡子，中肩，斃于車中，伏弢上，猶能擊鼓。面污血曰衉〔五〕。○賈逵：面汙血曰嘔，或曰咯血爲嘔（《舊音》引）。○《存校》：賈訓面汙血曰衉，蓋以其被擊中肩而伏弢。然《左傳》作「嘔」，則「衉」非面汙血之義矣。○帆足萬里：衉，吐也。○《釋地》：鐵，今大名府開州西南鐵邱。◎志慧按：鐵邱，在今河南濮陽縣城西北2.5千米鐵邱村，在今「鐵丘遺址」文保碑的地方，原有四到五米高的土丘，故名。該村現存包含仰韶文化、龍山文化和殷周文化三個不同時期遺物的鐵邱遺址，一九八七年，在距鐵丘遺址南1.5千米的西水坡遺址東周文化層發現規模宏大的陣亡將士排葬坑，被認爲係該次戰鬥的遺蹟。現已壓在鐵丘路下。今日之事，莫我若也。」衛莊公爲右〔六〕，莊公，衛靈公太子蒯聵也〔七〕，圖殺少君，不成，奔晉，簡子許納之，時爲簡子車右。曰：「吾九上九下〔八〕，擊人盡殪。殪，死也。九上九下車，以救簡子。○帆足萬里：九上九下，屢下車以擊敵也。今日之事，莫我加也。」郵無正御，無正，王良。御，御簡子也〔九〕。○《補正》：王良，字伯樂，是秦穆公時人。郵無恤亦善御，與之名、字皆同，故易混爲一。曰：「吾

兩鞁將絶，吾能止之。鞁，靷也。能止馬徐行，故不絶。○《正義》：《哀二年傳》孔疏：「古之駕四馬者，服馬夾轅，其頸負軛。兩驂在旁，挽引助之。」《説文》：「靷，引軸也。」《僖二十八年傳》杜注：「在胸曰靷。」然則此皮約馬胸而引車軸也。○《發正》：《説文》：「鞁，車駕具也。」《史記·封禪書》「雍五時，路車各一乘，駕被具。西時、畦時禺車各一乘，禺馬四匹，駕被具。」被，即「鞁」字。鞁之所包者多，靷其大者，韋據《内傳》作「靷」，遂以靷釋之。○帆足萬里：操縱得宜，能使之不斷。**今日之事，我上之次也**〔一〇〕。」言次蒯聵。○《增注》：言簡子之次。◎志慧按：韋注與《增注》似都在理，蓋趙簡子與蒯聵都自認爲自己最爲勇敢，郵無正遂謂自己並不落後，起碼也是僅次於最勇敢者，《左傳》作「御之上」似更合當時三位勇士的豪氣。**駕而乘材，兩鞁皆絶。**乘，轢也。材，横木也。○户埼允明：此示其戰也，靷將絶以止馬，使不絶，終得功之驗也。○皆川淇園：乘材，謂已駕馬而爲之設其横木也。

【彙校】

〔一一〕峈，《左傳·哀公二年》作「嘔」，孔晁作「喀」，音客，《補音》：「《内傳釋文》：嘔，烏口反，吐也，諸韻有『峈』字，音客，無爲嘔音者，孔晁得之。」《御覽》工藝部二引作「流」，據韋注，《國語》本作「峈」，疑《御覽》從俗改。又，後者有注文「他刀切，弢，弓文」六字，「他刀切」顯非韋解文，「弓文」之「文」則係「衣」字之訛。

〔二〕畔，明道本、正統本作「叛」。

〔三〕明道本、正統本無「公」字，以韋注體例，一般不出此「公」字。

〔四〕戚，静嘉堂本、南監本、弘治本、許宗魯本作「成」，後者字訛。

〔五〕「峈」下，明道本、正統本尚有「血」字，疑衍。

〔六〕該句下，《太平御覽》工藝部三引注文曰：「衛莊公奔晉，趙簡子將納之，爲右也。」《元龜》卷八四五則引作：「莊公奔晉，簡子將納之，故爲右。」

〔七〕太子，遞修本作「大子」。瞶，明道本作「聵」，形符更旁字耳，下同。

〔八〕上，上述《御覽》與《元龜》引俱作「登」。

〔九〕御簡子也，明道本、正統本作「爲簡子御」。

〔一〇〕上之次，《元龜》作「御之上」，與《左傳·哀公二年》同。

12 衛莊公禱

衛莊公禱〔一〕禱，謂將戰時請福也〔二〕。曰：「曾孫蒯瞶，以諄趙鞅之故，諄，佐也。

○《舊音》：諄，之閏反。 ○《補音》：蒯，苦怪反。聵，五拜反。諄，又之純反，《説文》：「曉告之孰也。」它書或訓佐也，從去聲，與韋注合，《舊音》得之。 ○《述聞》：書傳無訓「諄」爲佐者，諄當爲「諒」，《大雅·大明篇》「涼彼武王」，毛傳曰：「涼，佐也。」釋文：「涼，本亦作『諒』，同，佐也。」是韋注所本也。「諒」與「諄」相似，因誤爲「諄」，後人又據已誤之正文改不誤之注耳。 ○《增注》：曾孫，主祭者之稱。 **敢昭告于皇祖文王、**昭，明也。皇，大也。文王，康叔之父。 ○《增注》：皇，亦明之意。 **烈祖康叔、**烈，顯也。 ○《詳注》：康叔，名封，文王之子，始封於衛。 **文祖襄公、**言文有文德也[三]。 襄公，蒯聵之祖父、靈公之考。 **昭考靈公，**昭，明也。靈公，蒯聵之父。 ○《辨正》：衛莊公，《左傳》作「衛太子」，檢蒯聵在位時間在魯哀公十五年以後，此時尚是太子身份，故當以《左傳》爲是。 昭考靈公，《左傳》無之，唯二文蒯聵皆自稱「曾孫」，雖爲當時祭祀時的常用語，但既云「孫」，則與之相對的先輩自當在祖父以上，不當包括新死而未葬的靈公——死而未葬之時是否已有謚號還是問題，即使有謚號，據《春秋穀梁傳·成公三年》載：「迫近不敢稱謚，恭也。」則當時的禮俗決定了蒯聵不會直指靈公，故亦當以《左傳》爲優。 **夷請無筋無骨，**夷，傷也。 戰鬭不能無傷。無筋，無絶筋。無骨，無折骨也。 **無面傷，**傷於面也。 **無敗用，**用，兵用也。 ○陳偉《愚慮録》：敗用，疑謂成廢疾。 ◎志慧按：衛莊公所恐懼者凡五條，若依韋注，僅此一條不涉及身體，韋注曰「兵用」，唯在你死我活的場合，生死都歸諸天命，還祈求不損失兵用，似不合情理，陳氏所疑是也。《史記·太史公自序》在提及遭李陵之禍時哀痛「身毁不用矣」，頗疑兩「用」字所用之諱飾同，詞義亦同，馬王堆出土房中書《養生方》多次以「用」字指稱行房，正其例也。**無隕懼，**隕，隕越也[四]。○秦鼎：隕懼，謂懼敵而墜自車也。**死不敢請。**」言不敢請，歸之神也。○《補正》：《内傳》「大命不敢請」疏云：「謂己之身命不敢私請。」與此意同，注未合。**簡子曰：「志父寄也。」**志父，簡子之後名也[五]。《春秋》書趙鞅入于晉陽以叛[六]，後得反國，故改爲志父。寄，寄禱也[七]。

【彙校】

〔一〕本則秦鼎本屬上，上下言主各别，宜單列。明道本、正統本「禱」前有「將」字，疑涉注文而衍。

〔二〕請，弘治本作「謂」，後者字訛。

〔三〕言文，遞修本同，明道本、正統本作「文言」，疑公序本誤倒。

〔四〕隕，明道本不重。

〔五〕明道本、正統本無「之」字。

〔六〕趙鞅入于晉陽以叛，正統本、《春秋·定公十三年》同，明道本無「于」字。

〔七〕禱，正統本同，明道本作「請」，據首句「衛莊公禱」，似後者形訛。

13 史黯諫趙簡子田於螻

趙簡子田于螻〔一〕，螻，晉君之囿。　○舊注：螻，園名（《藝文類聚》産業部引，汪遠孫輯）。**史黯聞之，以犬待于門**。史黯，晉大夫史墨也，時爲簡子史。犬，田犬也。門，君囿門也。　○《左通補釋》：史黯，蔡其氏，墨其名，《吕氏春秋·召類篇》有史默，疑即史墨，古本通用，黯義亦相近，或即其字。　○《標注》：黯爲簡子史無據，注家謬認君臣語，遂作無稽之説耳。卿之屬有大夫，尊卑殊絶，況趙、魏之家略有君臣之勢，故援君臣之禮而喻焉。《左傳》士匄以中軍佐且稱元帥荀偃爲主，非限於家臣，不當以此作家臣之證。**簡子見之，曰：「何爲？」曰：「有所得犬，欲試之兹囿。」**兹，此也。**簡子曰：「何爲不告？」對曰：「君行臣不從，不順**。言君從法，臣從君也。○舊注：譏簡子田獵君囿，不從君而自行也（《御覽》獸部十六引，汪遠孫輯）。　○秦鼎：此句似古語，言君之所行，臣必從之。今簡子無禮，故吾亦無禮也。**主將適螻而麓不聞，**麓，主君苑囿之官也。《傳》曰：「山林之木，衡麓守之。」　○《增注》：不聞，簡子不告之也。**臣敢煩當日？」**當日，直日也〔二〕。言主將之君囿，不煩麓以告君，臣亦不敢煩主之直日以自白也。　○《正義》：《禮·文王世子》「問内豎之御者」注：「御，如今小史直日矣。」《戰國策》高誘注：「直，當日直使也。」則知當日爲分日司事而適當是日也。**簡子乃還**〔三〕。　○舊注：覺所譏也（《御覽》獸部十六引，汪遠孫輯)。　◎志慧按:《校證》據《御覽》所載舊注,謂今本皆脱,有理,可據補。

【彙校】

〔一〕《舊音》:「螻,賈、孔本並作『婁』。」

〔二〕直日也,所見《國語》各本同,《御覽》卷九〇四引作「謂直日者也」,後者於義稍長。

〔三〕該句下,《御覽》獸部十六有注文「覺所譏也」四字,《校證》謂今本皆脱。

14　少室周知賢而讓

少室周爲趙簡子右〔一〕,少室周,趙簡子臣之姓名也〔二〕。右,戎右也。聞牛談有力,牛談,簡子臣。請與之戲,戲,角力也。弗勝,致右焉。致右於談。○《韓非子·外儲説左》:周言於主曰:「主之所以使臣騎乘者,以臣多力也,今有多力於臣者,願進之。」簡子許之,使少室周爲宰,宰,家宰也〔三〕。曰:「知賢而讓,可以訓矣。」

【彙校】

〔一〕「右」前，明道本、正統本有「之」字。

〔二〕本句明道本、正統本只作「簡子之臣」四字，疑公序本衍。

〔三〕冢宰，明道本、遞修本、正統本、李克家本、《正義》作「家宰」，家宰似不與冢宰等，疑後者字殘。

15 史黯論良臣

趙簡子歎曰〔一〕：「吾願得范、中行之良臣。」范吉射、中行寅。史黯侍，曰：「將焉用之？」簡子曰：「良臣，人之所願也，又何問焉？」對曰：「臣以爲不良故也。○《增注》：故問也。夫事君者，諫過而賞善，諫過，匡救其惡。賞善，將順其美。薦可而替不〔二〕，薦，進也。替，去也。《傳》曰：「君所謂可，而有不焉，臣獻其不以成其可；君所謂不，而有可焉，臣獻其可以去其不。」◎志慧按：韋注所引《傳》文見《左傳·昭公二十年》晏子語，唯後者「不」作「否」。獻能而進賢，擇才而薦之〔三〕，朝夕誦善敗而納之。道之以文，行之以順，勤之以力，致之以死。死其難也。○《略説》：致死於君，非但死其難也。聽則進，不則退〔四〕。今范、中行氏之臣不能匡相其君，使至於難；難，謂爲亂見逐〔五〕，伐君而敗，見討伐也〔六〕。事在魯定公十三年〔七〕。君出在外，以朝歌畔〔八〕，魯哀五年〔九〕，又奔齊。又不能定，而棄之，則何良之爲？○《經傳釋詞》卷二：爲，猶有也，則何良之爲，言何良之有也。若弗棄，則主焉得之？夫二子之良，將勤營其君，使復立於外〔一〇〕，死而後止，何日以來？立於外，有爵土於它國也。○《經子法語》：何日以來，不暇來也。若來，乃非良臣也。」簡子曰：「善，吾言實過矣。」

【彙校】

〔一〕明道本、正統本無「歎」字，鄭樵《通志》卷一百八十一引有之，疑明道本脱。

〔二〕不，《文選》袁彦伯《三國名臣序贊》李善注引同，明道本、正統本與《文選》潘安仁《夏侯常侍誄》李善注引作「否」，疑各有傳本，韋注四「不」字明道本、正統本俱作「否」。

〔三〕才，明道本、正統本作「材」。

〔四〕不，明道本、正統本作「否」。

〔五〕遂，明道本、遞修本、正統本、静嘉堂本、南監本、弘治本、葉邦榮本、張一鯤本、李克家本作「逐」，秦鼎本從明道本，是，作「遂」者疑係刻工之誤。

〔六〕明道本無此四字，疑脱，正統本有之。

〔七〕十三年，明道本、正統本作「哀公時」，疑指范、中行氏的最後滅亡時間，依史黯的敘述邏輯，前者稍勝。

〔八〕畔，明道本、正統本作「叛」。

〔九〕五年，各本唯張一鯤本、李克家本、《增注》、《正義》作「三年」，據史實，當作「五年」，李克家本以下皆承自張一鯤本。

〔一〇〕使復，正統本、《通志》卷一百八十一同，明道本作「復使」。

16 趙簡子問賢於壯馳茲

趙簡子問於壯馳茲〔一〕壯馳茲，晉大夫，蓋吴人也。 ○舊注：杜〈壯〉馳茲，東方人爲晉大夫者，蓋吴人也（《御覽》禮儀部二十三引，汪遠孫輯）。 ○《補音》：檢春秋吴、晉公子及國人名譜，皆無此姓，係賈、孔章句，又世絶其本。 曰：「東方之士孰爲瘉〔二〕？」瘉，賢也。 ○《舊音》：瘉，音庾。 賈、孔並作「愈」。 愈，勝也。 ○《正義》：《成十六年傳》「郤犨主東諸侯」杜注：「主齊、魯之屬。」則此亦言齊、魯也。 ◎志慧按：宋庠既未見其本，則指壯馳茲爲吴人出於賈、孔章句之説當屬臆測，或係由「東方」一詞而來，姑存疑以俟高明。《説文·疒部》：「瘉，病瘳也。」此通「愈」。 壯馳茲拜，曰：「敢賀！」簡子曰：「未應吾問，何賀？」對曰：「臣聞之：國家之將興也，君子自以爲不足〔三〕；其亡也，若有餘。今主任晉國之政，而問及小人，又求賢人，吾是以賀。」

【彙校】

〔一〕壯，賈逵《解詁》作「莊」，「壯」、「莊」古同。該句下，《御覽》禮儀部二十三引作：「壯馳茲，東方人爲晉大夫者，蓋吴人也。」《校證》以爲今本脱，於義，似有「東方人」者較爲完密。

〔二〕瘉，明道本、正統本作「愈」，《舊音》引賈逵、孔晁注並作「愈」。次同。秦鼎認爲當從作「愈」，或者「瘉」通假字，「愈」本字。

〔三〕君子，明道本、《書鈔》禮儀部六、《文章正宗》卷五議論三引同，《御覽》禮儀部二十二引作「其君」，於義似後者爲優。

17 竇犨謂君子哀無人

趙簡子歎曰：「雀入于海，爲蛤〔一〕；雉入于淮，爲蜃。小曰蛤，大曰蜃：皆介物，蚌類也。黿鼉、魚鼈莫不能化，化，謂蛇成鼈、黿，石首成鯢之類也。○《補音》：黿，愚袁反。鼉，大多反，又徒丹反。鯢，即「鴨」字，非獨音同。◎志慧按：黿、鼉，傳説中的巨鱉和豬婆龍（即揚子鱷）。《淮南子·説林訓》載：「水蠆爲蟌，孑孓爲蚊，兔齧爲蟹。」清康熙年間聶璜在民間調查的基礎上繪製了一部《海錯圖》，其中涉及魚化鹿、化虎、化海鷗，瓦雀變花蛤等，但是，古人的化生敘述除了「孑孓爲蚊」等極少數個例外，大抵並不科學，或可歸入志怪一類，本句正文與韋注亦然。唯人不能，哀夫〔二〕！」竇犨侍，竇犨，晉大夫。○《札記》：《孔子世家》索隱引《國語》云「鳴鐸、竇犨」，此無鳴鐸，疑小司馬所據非韋解，或所見韋解與此不同。◎志慧按：《漢書·古今人表》中上以鳴鐸、竇犨爲二人。曰：「臣聞之：君子哀無人，人，賢人也。○金聖嘆評點：不接「化」字，卻接「哀」字。不哀無賄；哀無德，不哀無寵；哀名之不令，不哀年之不登。登，高也。◎志慧按：《論語·衛靈公》：「子曰：『君子疾没世而名不稱焉。』」可參。夫中行、范氏不恤庶難〔三〕，而欲擅晉國〔四〕，今其子孫將耕於齊〔五〕，宗廟之犧爲畎畝之勤，純色爲犧，諭二子皆名族之後〔六〕，當爲祭主於宗廟〔七〕，今反放逐畎畝之中，是亦人之化也〔八〕。◎志慧按：庶難，衆庶之難。勝利者定義的范、中行之亂，係由趙氏内部矛盾引起的晉國六卿間的群毆，指「中行、范氏不恤庶難，而欲擅晉國」雖無大誤，但移之於趙、韓、魏、知四家也同樣適用，其結果見載於《左傳·哀公五年》：「春，晉圍柏人，荀寅、士吉射奔齊。」即《國語》此文之背景。人之化也，何日之有？」○《辨正》：何日之有，乃當時常語，猶今云「何日無有」。

【彙校】

〔一〕爲，《御覽》時序部十三作「化爲」，次同。

〔二〕哀，《御覽》妖異部三作「悲」。

〔三〕中行范氏，明道本、正統本作「范、中行氏」，《周語下》、《晉語九》、下文知伯國諫知襄子等各本皆作「范、中行」；《左傳》三次出現「范、中行」，而無「中行、范」，則以明道本更符合當時表達習慣。

〔四〕明道本與《左傳·哀公二年》無「而」字，《考正》删，前後有明顯的轉折關係，似當以有者爲優，正統本正有之。

〔五〕令，正統本同，明道本作「令」，疑後者形訛。

〔六〕諭，明道本同。子，張一鯤本作「字」，後者誤，李克家本即回改。皆，静嘉堂本、南監本、弘治本、許宗魯本作「晉」，後者字訛。

〔七〕「於」前，明道本有「在」字。主，弘治本作「王」，後者字訛。

〔八〕是亦，正統本同，明道本作「亦是」，據句法，後者誤倒。

18 趙襄子勝翟而不怡〔一〕

趙襄子使新稺穆子伐翟〔二〕，襄子，晉正卿，簡子之子無卹也。新稺穆子〔三〕，晉大夫新稺狗也。伐翟，在春秋後。◎志慧按：新稺，複姓，狗其名，穆其謚也。**勝左人、中人**，左人、中人，翟二邑也。○《補正》：《後漢·郡國志》：「中山國：唐縣有中人亭、左人鄉。」○《詳注》：翟，中山，即鮮虞也。○《集解》：下云：「勝左人、中人」，則狄爲白狄鮮虞也。上既使中行穆子伐之，圍鼓矣。中人在今直隸唐縣西四十里，左人在其西北四十里。《吕氏春秋》作「老人」，《淮南》作「尤人」，皆「左人」之誤。中人，《淮南》作「終人」，古通用。◎志慧按：左人，在今河北省唐縣雹水鄉。中人，在今唐縣都亭鄉。**遽人來告**，遽，傳也。◎志慧按：《左傳·僖公十三年》「且使遽告于鄭」杜注：「遽，傳車。」即後世之驛遞。**襄子將食，尋飯**〔四〕，**有恐色**。◎志慧按：《韓非子·喻老》有「紂爲象箸而箕子怖」的記載，這是戰國生活對商紂王的投射，其實在春秋晚期箸尚無今天的功能，《禮記·曲禮上》云：「共飯，不澤手。」鄭玄注：「禮，飯以手。」「毋摶飯，毋放飯」、「飯黍毋以箸」，鄭注：「放飯，去手餘飯也。」孔穎達《禮記正義》亦云：「手就器中取飯，飯若黏著手，不得拂放本器中。」魏了翁《儀禮要義·士虞禮》據「毋摶飯」句云：「知古者飯用手。」甚至到枚乘《七發》中，仍有「楚茁之食，安胡之飦，摶之不解」之語，知其時尚存摶飯之俗。朱熹《儀禮經傳通解》又據「飯黍毋以箸」謂：「飯黍當用匕。」據殷墟考古發掘所得的銅箸，當時的箸，較如今既粗且長，蓋只用於從鼎、釜等炊具里夾取菜肴，猶今之公筷。箸，文獻中又叫做梜。侍者曰：「狗之事大矣，大，謂勝二邑。而主色不怡〔五〕，何也？」怡，説也〔六〕。襄子曰：「吾聞之：德不純純，壹也。而福禄並至，謂之幸。○《集解》：幸，謂儌幸。夫幸非福，德不能服，必致寇，故非福也〔七〕。非德不當雝〔八〕，當，猶任也〔九〕。雝，和也〔一〇〕。言唯有德者任以福禄，爲和樂也。○賈逵：當，任也。年穀和熟曰廱（《原本玉篇・广部》「廱」下引）。廱，樂也（《原本玉篇・广部》「廱」下引）。○《增注》：言雖戰勝也，非德則人心不當和也。○秦鼎：或云：「『非德不當雝』五字，古語。」雖不爲幸，能和樂，則不爲幸也。吾是以懼。」

【彙校】

〔一〕葉明元《抄評》題作「趙襄子勝翟不怡」，上海師大本題作「趙襄子使新稚穆子伐狄」。

〔二〕稺，明道本、正統本作「稚」，古同。翟，明道本、正統本作「狄」，下同。

〔三〕明道本無「新稺」二字。

〔四〕尋，《呂氏春秋・慎大》作「摶」，《述聞》謂「尋」當作「専」，専，古「摶」字，《集解》從改，《管子·内業》有「摶氣」一詞，義與《老子》第十章之「專氣」同，後者馬王堆帛書《老子》乙本書作「槫氣」，王説有據。《補正》則據《吕氏春秋》謂「尋」當是「搏」之誤，「尋」與「搏」字形不相似。帆足萬里云：「『尋』『燖』同，温也。」於義亦通，唯温飯當在將食之前，既已「將食」，則似以讀作「專（摶）」爲長。

〔五〕主色，明道本、正統本作「主之色」，《考正》從增。

〔六〕説，明道本、正統本作「悦」。

〔七〕明道本、正統本「非福」前有「曰」字，似有者稍勝。

〔八〕雝，明道本作「雍」，下同。

〔九〕《補音》摘「當任」二字，知其所見本無「猶」字。

〔一〇〕和，明道本、正統本作「龢」，下同。

19 知果諫立瑶〔一〕

知宣子將以瑶爲後〔二〕，知宣子，晉卿，荀躒之子甲也〔三〕。瑶，宣子之子襄子知伯也〔四〕。知果曰：「不如宵也〔五〕。」知果，晉大夫，知氏之族也。宵，宣子之庶子也。◎志慧按：知果，《韓非子·十過》、《戰國策·趙策一》皆作「知過」，音近相通。宣子曰：「宵也很〔六〕。」很，很戾，不從人。○賈逵：很，違戾，怨恨也（釋慧琳《一切經音義》卷十六引）。對曰：「宵之很在面，瑶之很在心。心很敗國，面很不害。瑶之賢於人者五〔七〕，其不逮者一〔八〕：不仁也。美鬢長大則賢，鬢，髮類也〔九〕。射御足力則賢，伎蓺畢給則賢，給，足也。巧文辯惠則賢〔一〇〕，巧文，巧於文辭。○《補正》：惠，與「慧」通。彊毅果敢則賢。如是而甚不仁，以其五賢陵人，而以不仁行之，其誰能待之？待，猶假也。○户埼允明：太宰純曰：「待，接待也。」○帆足萬里：待，猶御也。言人不能御，必怨之也。○《平議》：待，猶忍也。若果立瑶也，知宗必滅。」弗聽。知果別族于太史，爲輔氏。太史，掌氏姓。◎志慧按：《戰國策·趙策一》記知過（即此知果）別族在立瑶之後，與《晉語》同，但《韓非子·十過》則謂別族在三家反知伯之前，董增齡《正義》云：「立宵不聽，所億誠中，然尚非剥膚之災，必待韓、魏生心，瑶也垂斃，此真避禍之秋，《傳》繫別族于立瑶之後，終言果一生之事，非謂別族即在立瑶之年也。」其説頗得個中委曲。及知氏之亡〔一一〕，唯輔果在。善其知人。

【彙校】

〔一〕穆文熙《鈔評》題作「知果論瑶不可立」，葉明元《抄評》題作「知宣子將以瑶爲後」，《國語精華》題作「智果諫立瑶」,傅庚生選本題作「智果論智瑶必滅宗」,上海師大本從之。

〔二〕知,明道本、正統本作「智」,下同。

〔三〕本句《御覽》人事部四十三作「宣子,荀寅」。 躒,《補音》作「櫟」,古通。 甲,《史記·趙世家》索隱引《世本》云:「(文子)櫟生宣子申。」《通鑒》卷一胡注引韋注亦作「申」,文獻不足徵,姑且存疑。

〔四〕《御覽》無「襄子」二字。

〔五〕宵,《通鑒前編》卷十八引同,《三國志·蜀書·劉封傳》裴注、《御覽》人事部四十三引作「霄」。

〔六〕很,明道本作「佷」,二字古通,正統本、《元龜》卷七九六、《諸子瓊林》前集卷十三内修門、張一鯤本、《增注》作「狠」,義亦同,注同。

〔七〕五,《三國志·蜀志·劉封傳》裴注引同,《御覽》引作「有五」,疑後來者據義增。

〔八〕明道本、正統本句末有「也」字,《考正》謂無者勝。

〔九〕類,遞修本、正統本、張一鯤本、《增注》、《正義》俱同,明道本作「潁」,《考正》據《詩·生民》「實穎實栗」毛傳「穎,垂穎也」,謂鬌爲髮之垂者,故曰髮穎,斷「類」字誤,《考異》亦謂髮穎即髮末,皆可從。

〔一〇〕惠,《元龜》卷七九六、《通鑒》卷一《周紀》引作「慧」,古通。

〔一二〕明道本句下有「也」字，《考正》從增。

20 士茁謂土木勝懼其不安人

知襄子爲室美，襄子，知伯瑶也。美，麗好也。士茁夕焉。士茁，知伯家臣。夕，夕往也。○《補正》：夕見曰夕。　◎志慧按：士茁，文獻中僅此一見。夕，晚輩或下屬傍晚進見尊長。下文士茁自謂以「秉筆事君」，《晉語九》前文董安于亦云「秉筆事君」，董安于爲趙簡子家臣，故此韋注亦以士茁爲知伯家臣。然董安于謂「方臣之少也，進秉筆，贊爲名命」，並非辭趙簡子之賞時的職司既是秉筆，又是家臣，故仍當以「進秉筆，贊爲名命」求解，疑其時晉國大夫如趙文子、知襄子、趙簡子家有專職記録大夫言行的職官，年齡較輕，地位低於史官。下文載其所述亦與此職司相合。知伯曰：「室美夫！」對曰：「美則美矣，抑臣亦有懼也。」知伯曰：「何懼？」對曰：「臣以秉筆事君。《志》有之曰：『高山峻原，不生草木。志，記也。峻，峭也。原，陸也。言其高險不安〔一〕，故不生草木。○户埼允明：舊注非也，言險惡之地高峭乾燥，而潤澤不徧，故草木不得生。松柏之地，其土不肥。』言上茂盛，冬夏有蔭，故土不肥。○帆足萬里：土膏皆供松柏滋養，故不肥也。　◎志慧按：韋注與帆足氏之説於義可互足。此處士茁以「近取諸身，遠取諸物」的認識方法勸喻知伯，以高峻類比知伯所處的勢位，以地勢之高峻與枝繁葉茂不能兼得這種自然現象諷諫位高權重的知伯不宜兼享華屋美室；下二句，以並列的句式表轉承的内涵：松柏，類比眼前用無數木料搭建起來的華屋美室，無論是如韋注或如帆足氏之解，松柏之下，其土不肥總是事實，故不宜于人，以此警醒知伯。其背後是惡盈好謙、以儉德避難的觀念系統。**今土木勝，臣懼其不安人也。」**言不兩興。○《略説》：土木，筑作也。勝，謂室美，比松柏茂盛。美室不能安存於人，言德不勝其室，比不生草木。○金聖嘆評點：智伯更無語，可知不爲意。◎志慧按：土木，誠如《略説》所解「筑作」，不能與上文「其土不肥」之「土」相混。土木勝，不是指土地肥沃，草木茂盛，而是指宅第的面積與排場超過了主人的消受能力，《黄帝宅經》載：「宅有五虚，令人貧耗（耗）：宅大人少，一虚；宅門大内小，一〈二〉虚；（陀）〈院〉墻不完，三虚；井竈不處，四虚；宅地多屋少，五虚。」（見關長龍《敦煌本數術文獻輯校》頁六六一）其中一虚、二虚與此存在交集。雖非共時性文獻，但底層邏輯相通：「德薄而位尊，知小而謀大，力小而任重，鮮不及矣。」故韋注之「不兩興」可用來解釋「高山峻原」二句，而不能解釋「土木勝」句。**室成三年而知氏亡。**三年，知伯與韓、魏伐趙襄子，圍晉陽而灌之，城不浸者三版〔二〕。知伯行水，魏桓子御，韓康子驂乘，知伯曰：「吾始知水可以亡人國也〔三〕：汾水可以灌安邑（安邑，魏也），絳水可以灌平陽（平陽，韓也）。」桓子肘康子，康子履桓子之跗。趙襄子夜使張孟私於韓、魏，韓、魏與之合，遂滅知伯而分其地。在春秋後。

【彙校】

〔一〕險，明道本、正統本作「嶮」，從山與從阜之字或爲義符更旁字。

〔二〕版，正統本同，明道本作「板」，其初亦義符更旁字。

〔三〕始，静嘉堂本、南監本、張一鯤本、孔氏詩禮堂本同，弘治本、李克家本、《正義》作「乃」，則弘治本不知何所據，李克家本復承之。《正義》序文云：「宋公序《補音》本及天聖本兩家並行，近曲阜孔氏所刻用《補音》本，今兼收二家之長，而用《補音》本者十之七八云。」據此條則知董氏似又據弘治本或李克家本校訂。

21 知伯國諫知襄子

還自衛，三卿宴于藍臺，還自衛〔一〕，知襄子伐鄭，自衛還也。三卿，知襄子、韓康子、魏桓子〔二〕。藍臺，地名也。○葉晨暉《〈國語〉札記三則》：還自衛，即侵衛未成而回，非「伐鄭，自衛還也」。知〔三〕襄子戲韓康子而侮段〔四〕規，康子，韓宣子之曾孫、莊子之子虎也。段規，魏桓子之相也。○《正義》：《韓非子·十過篇》「知過曰：『韓康子之謀臣曰段規』。」今云魏桓子之相，與韓非異義矣。◎志慧按：《戰國策·趙策》亦以段規爲韓康子相，則是韋注誤也。知伯國聞之〔五〕，諫伯國，晉大夫，知氏之族。曰：「主不備，難必至矣。」曰：「難將由我，我不爲難，誰敢興之？」對曰：「異於是。言所聞與此異。夫郤氏有車轅之難，郤犨與長魚蟜争田〔六〕，執而梏之〔七〕，與其父母、妻子同一轅。既，蟜嬖於厲公〔八〕，而滅三郤。在魯成十七年。趙有孟姬之讒，趙，趙同、趙括也〔九〕。孟姬，趙文子之母莊姬也。通於趙嬰〔一〇〕，兄同、括放之〔一一〕。孟姬懟怨，讒之於景公，景公殺之。在魯成八年。欒有叔祁之愬，欒，欒盈也。叔祁，范宣子之女、盈之母也，與其老州賓通〔一二〕，盈患之。祁愬之於宣子，遂滅欒氏。○《標注》：趙，謂趙家，欒，謂欒氏，不當舉其一二人作解。范、中行有函冶之難〔一三〕，函冶，范皋夷之邑也。皋夷無寵於范吉射，而欲爲亂於范氏。中行寅與范氏相睦，故皋夷謀逐二子，卒滅之。在魯定十三年。○秦鼎：函冶未考。《周策》「函冶氏爲齊大公買劍」注：「函，姓。冶，官名，因以爲號。」不云邑名也。○《釋地》：懷慶府孟縣北天漿水側有城曰冶城，水亦曰冶水。皆主之所知也。《夏書》有之曰：『一人三失，三失，三失人也。○秦鼎：三失人，疑有誤脱，但各本皆同，無所就正。或云一宴上語言忤違，失人心，取怨者多矣。鮑照所謂「失意杯酒間，白刃起相讎」是也。怨豈在明？明，箸也。不見是圖。』不見，未形也。◎志慧按：收入《僞古文尚書·五子之歌》，孔疏：「所以畏其怨者，一人之身三度有失，凡所過失，爲人所怨，豈在明著？大過皆由小事而起，言小事不防，易致大過，故於不見細微之時，當於是豫圖謀之，使人不怨也。」《周書》有之曰：『怨不在大，或大而不爲怨。○《正義》：《書傳》：

「不在大，大起于小；不在小，小至於大。」蓋《傳》謂唯大患伏於小怨，故當懼。若云或大而不爲怨，則開不足懼之端矣，韋義非也。○帆足萬里：怨不在大，在傷其心是也。○《詳注》：《周書》，《康誥篇》。◎志慧按：與下句「亦不在小」並列，韋注無誤，意爲有時大不爲怨，有時則小事亦會釀成禍患，而側重在須提防小怨，故有下文「能勤小物」，以及「蜹、蛾、蠭、蠆皆能害人」之語。亦不在小。』禍難或起小怨〔一四〕。○《備考》：言怨之所生，不在事之大小，只在人之所忽也。夫君子能勤小物，故無大患。物，事也。○《校補》：勤，讀爲謹，慎也。《書·畢命》：「克勤小物。」蔡傳：「小物，猶言細行也。」《呂氏春秋·慎小》：「故賢主謹小物以論好惡。」此爲確證。◎志慧按：「勤小物」一語，目前所知最早見於《尚書·畢命》，孔傳與孔穎達正義均未作解，宋人或從本字解作勉（陳經《尚書詳解》），或視爲「謹」的通假字（黄度《尚書説》），基於「無大患」的考慮，似作爲「謹」的通假字略勝，《管子·八觀》「芸之不謹」，《太平御覽》地部三十引作「耘之不謹」，戴望校注：「勤、謹古通。」亦其證。今主一宴而恥人之君相，君，康子。相，叚規。又弗備，曰『不敢興難』，無乃不可乎？夫誰不可喜，而誰不可懼？蜹、蛾、蠭〔一五〕、蠆〔一六〕皆能害人，況君相乎？」弗聽。○《舊音》：蛾，音蟻。○《補音》：蜹，如鋭反，或作「蚋」，秦人謂蚊爲蜹。蛾，通作「蟻」。蠆，敕邁反。○《讀書曬語》：言與人交善，無不足喜者；交惡，無不足懼者，故言微物害人以證之。○穆文熙：侮人之人，其志方驕，言自不入，此知伯之所以卒於敗耳（《鈔評》）。○《詳注》：蛃，蚊也，秦晉謂之蛃，楚謂之蚊。蠆，蠍屬，長尾謂之蠍，有毒，螫人。◎志慧按：《左傳·僖公二十二年》載臧文仲謂「蜂蠆有毒」，語與此同。

【彙校】

〔一〕明道本、正統本無此三字。

〔二〕知襄子，明道本、《元龜》卷七九五引作「智襄子」，下文終篇同。

〔三〕知，《左傳》同，明道本、正統本作「智」，下同。

〔四〕叚，明道本作「段」，但注文作「叚」，「叚」爲「段」之俗寫，在此不讀作「假」，次同。

〔五〕知伯國，《説苑·貴德》作「智果」，帛書《春秋事語》作「智赫」，疑「伯」爲其排行，「國」、「果」音近，故此知伯國即前文之知果。《説文·赤部》：「赫，火赤貌。」疑「赫」與「果」係名與字的關係，如公西赤之字子華。《晉語》先記知果，後敘知伯國，僅僅是因爲材料來自不同的書手而編者又未予整齊而已，韋昭似未注意及此，故作兩次解釋。

〔六〕蟜，明道本、正統本作「蟜」，次同。

〔七〕措，許宗魯本、葉邦榮本、孔氏詩禮堂本同，靜嘉堂本、南監本模糊不可識，弘治本作「措」，後者當係「措」之訛；明道本、正統本、《元龜》引作「梏」，於義當從作「梏」，《楚語下·葉公子高論白公勝必亂楚國》韋注同一内容各本皆作「梏」。

〔八〕公，静嘉堂本、南監本、弘治本作空格，當據補，許宗魯本已補。

〔九〕明道本、正統本無次「趙」字。

〔一〇〕明道本、正統本句首重「莊姬」。

〔一一〕明道本、正統本句首重「嬰」字。

〔一二〕明道本無「其」字，疑脱。

〔一三〕函冶，正統本同，金李本、正統本注文作「函冶」，經注不一，明道本正文與注文俱作「亟冶」，遞修本、静嘉堂本、南監本、弘治本、許宗魯本正文與注文俱作「函冶」，《説苑》卷五、《册府元龜》卷七百九十六總録部皆引正文作「函冶」，《札記》、《補正》、《集解》皆謂宜作「函冶」，李慈銘云據《通志·氏族略》有函與氏，謂「函與」即「函冶」，一聲之轉，《楚辭》「容與」一作「容冶」，其舉證有力，可從，次同。金李本與正統本似據《説苑》等校正，然又校之未盡。

〔一四〕「起」下，明道本、正統本有「於」字，似有者爲長，《考正》從增。

〔一五〕蛾蠭，明道本、正統本作「蟻蜂」。

〔一六〕蠹，明道本、《補音》、李克家本作「蠆」。

自是五年，乃有晉陽之難。自藍臺之後五年也〔一〕。段規反，首難，而殺知伯于師，言段規首爲策作難，反知伯者。○《辨正》：首難反知伯者係趙襄子，而非段規，《説苑·貴德》正無「首難」二字，觀韋昭已有注，可知其衍已久。遂滅知氏。◎志慧按：上篇文末謂「室成三年而知氏亡」，若依時間順序，則本篇當置於上篇之前。

【彙校】

〔一〕明道本、正統本無「之」字。

22 晉陽之圍

晉陽之圍，知襄子圍趙襄子於晉陽也。魯悼四年，知瑶伐鄭，恥襄子〔一〕，襄子怨之。知瑶驕泰，請地於趙，趙弗與，瑶帥韓、魏攻趙襄子，襄子保晉陽，三家圍之。在春秋後。張談曰：「先主爲重器也，爲國家之難〔二〕，張談，趙襄子之宰孟談也。重器，圭璧、鍾鼎之屬。盍姑無愛寶於諸侯乎？」欲令行賂以求助也。襄子曰：「吾無使也。」張談曰：「地也可。」地，趙襄子之臣〔三〕。襄子曰：「吾不幸有疾，不夷於先子，夷，平也。疾，病也〔四〕。言己行有闕病，不及先子也。○《備考》：盧之頤曰：「夷，等也。」蓋言吾不等先子之有德，乃貪而好賄，故地也飲我以利。○《增注》：疾，猶古者民有三疾之「疾」，言氣質之偏也。夷，等夷。先子，簡子也。○《集解》：《曲禮》鄭注：「夷，猶儕也。」《漢書》曰：「陛下之等夷。」是其義。◎志慧按：《備考》「夷，等也」之説與韋解同，爲古之常訓，唯不見於盧之頤評點本《國語》，盧氏所收之評點皆遴選自當時評點名家，其本人實無《國語》評點，不知恩田氏何所據。不德而賄。言無德而以賄求助也。○《删補》：襄子言吾不等簡子之有德，乃貪而好賄，故地也飲以利也。◎志慧按：下文「吾欲（貪慾）」「罷民力以完之」「浚民之膏澤以實之」是襄子「有疾」「不德」的具體而微。夫地也，求飲吾欲，言地求飲食我以情欲，無忠諫也。○《增注》：飲，猶啗也。言襄子欲財則地求啗之以利也。○《集解》：飲，疑當爲「飫」字，形相似而誤也。飫，厭也，飽也。此謂地但求厭足吾欲，無忠諫也。是養吾疾而干吾禄也。養，長也。干，求也。吾不與皆斃。」皆，俱也。斃，踣也。襄子出[五]，曰：「吾何走乎？」從者曰：「長子近，且城厚完。」長子，晉别縣也。○《集解》：故城在今山西長子縣西南。襄子曰：「罷民力以完之[六]，又斃以守之[七]，其誰與我？」斃，踣也[八]。誰與我，誰與我同力也。○徐朝暉：「與」當爲動詞，義爲「支持」「幫助」。從者曰：「邯鄲之倉庫實。」邯鄲，晉别縣也。○《標注》：長子、邯鄲，注並宜言趙氏别邑也。襄子曰：「浚民之膏澤以實之，浚，煎也，讀若濬[九]。○《補音》：浚，蘇俊反。○《通鑑》卷一胡注：宋祁曰：「浚，蘇俊翻。」

醮，子召翻。」余謂浚讀當如宋音。浚者，疏瀹也，淘也，深也。○《集解》：浚、煎雙聲，浚、醮亦聲之轉。《方言》：「煎，盡也。」◎志慧按：本字可解則不勞轉求通假字，似《通鑒》胡注更勝，千葉玄之已揭韋解之誤，《標注》亦謂「撈取也」。**又因而殺之，其誰與我？其晉陽乎！先主之所屬也，**先主，簡子也。謂「無以尹鐸爲少，晉陽爲遠，必以爲歸」。**尹鐸之所寬也，民必龢矣**〔一〇〕。」**乃走晉陽**〔一一〕。**晉師圍而灌之，**晉師〔一二〕，三卿之師也。灌，引汾水以灌之。○《正義》：韋解言汾水者，晉水入汾，則汾即晉之下流，故得通言之也。○《發正》：《史記·趙世家》：「三國攻晉陽，歲餘，引汾水灌其城，城不浸者三版。」而《戰國·趙策》以爲晉水。蓋當日並引以灌城也。◎志慧按：「三卿之師也」一語係韋昭對原文的訂誤，而非解釋，爲敘述者無意之失。**沈竈産鼃，民無畔意**〔一三〕。沈竈，縣釜而炊也〔一四〕。産鼃，鼃生於竈也。鼃，蝦蟆也。○《平議》：沈，當讀爲「煁」，句謂城中煁竈皆生蝦蟆也。○《辨正》：本段先敘晉陽之圍，繼而記張孟談勸趙襄子以重寶賂諸侯，然後再回敘襄子與從者討論何處可以投靠，最後纔是走保晉陽，晉師圍而灌之。次序顛倒錯亂，其中文字或簡次必有問題，惜乎文獻不足，姑且存疑。◎志慧按：沈竈産鼃，極言積水之高之久，以致竈臺都没入水中，甚而竈臺中孵化出蝌蚪來，韋注「縣釜而炊」之説似有增字解經之嫌。

【彙校】

〔一〕「襄子」前，明道本、正統本有「趙」字。

〔二〕「難」下，明道本、正統本有「也」字，《考正》從增。

〔三〕明道本、正統本無「趙」字。

〔四〕據注例，疑上下句互乙。

〔五〕「出」前，秦鼎本據《通鑑》補「將」字，若釋「出」爲突圍，則當以有「將」者爲勝；但若將本句解作襄子出來與衆人商議，則不必有「將」字，秦鼎之説不可必。

〔六〕罷民力，《通鑑》卷一、明道本、正統本作「民罷力」，秦鼎從後者，龜井昱則謂與「浚民」語勢相連，秦本誤，明本不足據，有理。

〔七〕「斃」下，明道本、正統本與《通鑑》有「死」字，龜井昱謂「斃死」字不別見，意一字誤作二字耳。

〔八〕此注已見上文，疑衍。

〔九〕濬，弘治本、許宗魯本、張一鯤本、孔氏詩禮堂本、《正義》同，明道本、遞修本、正統本作「醮」，静嘉堂本、南監本模糊不可識，《補音》出「醮」，秦鼎據《通鑑》胡注從明道本，並謂「濬者，取也」，亦通。

〔一〇〕龢，明道本、正統本作「和」，疑後者從熟。

〔一一〕走，許宗魯本作「之」，未見所據。
〔一二〕師，正統本同，明道本作「帥」，字殘。
〔一三〕畔，明道本、正統本作「叛」，出其本字也。
〔一四〕縣，明道本、正統本作「懸」，出今字也。

晉語九卷第十五

國語卷第十六

鄭語

杜預《世族譜》：鄭國，姬姓，周厲王子宣王母弟桓公友之後也。宣王封友于鄭，今京兆鄭縣是也。及周幽王無道，友徙其民于虢、鄶，虢、鄶之君分其地，遂國焉。今河南新鄭縣是也。

《舊音》：杜預《世族譜》云：「鄭，姬姓，周厲王母弟桓公友之後也。封於咸林，今京兆鄭邑是也。幽王無道，乃徙其人於虢、鄶之閒〔一〕，遂有其地，今河南新鄭是也。」

《釋地》：鄭國，姬姓，周厲王子宣王母弟桓公友之後也。宣王封友於西周畿内咸林之地，是爲鄭桓公。幽王之滅，桓公死焉，其子武公併虢、鄶之地，遂國於河南新鄭。莊公之二十二年，魯隱公之元年。聲公二十年，獲麟之歲也。聲公三十七年卒。自聲公以下五世八十七年，而韓滅鄭。

《集解》：鄭至莊公二十二年入春秋，二十三傳至康公，韓哀侯滅併其國。今河南開封縣以西至成皋故關皆鄭國故地。

◎志慧按：《舊音》謂桓公友係厲王母弟，誤，友實厲王子宣王母弟。咸林，又名棫林，《左傳·襄公十四年》載：「（諸侯聯軍）濟涇而次。秦人毒涇上流，師人多死。鄭司馬子蟜帥鄭師以進，師皆從之，至于棫林，不獲成焉。」則是棫林分明在涇水之西，而非杜預所指的京兆鄭縣、《舊音》的京兆鄭邑（今陝西華縣）。一九七五年，陝西扶風縣莊白村出土了一批西周時期的青銅器，其中的𢦏簋，銘文中有表地名的㗊林，唐蘭《伯𢦏三器銘文的譯文和考釋》、賈海生《周代禮樂文明實證·由考古發現論〈棫樸〉、〈執競〉的本事》皆以爲棫林在扶風、寶鷄一帶，二說有後出轉精之妙，可從。唯鄭桓公所封之地，《漢書·地理志》、《史記·秦本紀》裴駰集解、張守節正義、《史記·鄭世家》司馬貞索隱皆以爲在今陝西華縣。《史記·秦本紀》云：「（秦武公）十一年（前六八七年），初縣杜、鄭。」《集解》以此鄭爲華州，即今華縣，可以認爲該地因曾屬鄭國而得名。鄭玄《毛詩·鄭譜》云：「宣王封母弟友於宗周畿内咸林之地，是爲鄭桓公，今京兆鄭縣是其都也。」這是目前所見首次指咸林隸屬於以華縣爲都城的鄭國的記載，之前《世本》有云：「桓公居棫林，徙拾。」卻並未明確咸（棫）林的隸屬。綜合上述文獻，可以認爲鄭桓公曾居於陝西扶風的咸林，除了傳世文獻，此人在厲王時期器多友鼎銘文中曾經出現過，並受封於今陝西華縣。

【彙校】

〔一一〕遞修本、静嘉堂本、南監本、弘治本「乃」字作空格處理，今從張一鯤本、《微波榭叢書》本。

1 史伯答桓公問何所可以逃死〔一〕

桓公爲司徒，桓公，鄭始封之君，周厲王之少子、宣王之弟桓公友也〔二〕。宣王封之於鄭，幽王八年爲司徒〔三〕。○《正義》：惠士奇引薛瓚《漢書注》：「周自穆王以下都於西鄭，不得以封桓公。幽王既敗，虢、會（鄶）又滅，遷居其地，國於鄭父之邱。是爲鄭桓公無封於京兆之文。」其説本《穆天子傳》及《竹書》。又《世本》云：「鄭桓公居棫林，徙洛（拾）。」《紀年》謂「始居洛，後居鄭父之邱，是爲桓公」，是西周畿内未聞有鄭國也。及桓公之子武公與晉文侯夾輔平王，始滅虢、鄶，而都溱、洧焉，後世遂有「新鄭」之目，而指漢之京兆鄭縣爲舊都，實出附會。齡案：驪山之難，桓公死之，安得有幽王敗後而桓公滅虢、鄶遷居之事？《漢書·地理志》顔注駁之良是。且桓公若未封國，則武公安能有兵送衛平王乎？《竹書》及《穆天子傳》未足據也。◎志慧按：清華簡《鄭文公問太伯》明確記載鄭國第一代國君鄭桓公就已經「獲函、訾」、「克鄶」，開始了東遷啟疆的進程。董説是也。**甚得周衆與東土之人，**周衆，西周之民〔四〕。東土，陝以東也〔五〕。○《史記·鄭世家》：宣王立二十二年，友初封於鄭。封三十三歲，百姓皆便愛之。幽王以爲司徒。**問於史伯曰**〔六〕**：「王室多故，**史伯，周太史。故，猶難也。○虞翻：史伯，周太史（《史記·鄭世家》集解引，汪、黄輯）。○黄伯思《東觀餘論·周史伯碩父鼎説》：史伯，周宣王臣，碩父，其字也；穎者，蓋碩父之名。鄭桓公爲周司徒，問王室於史伯，史伯具以諸國及晉楚所以興對。○《補韋》：周彝器有史伯碩父銘，曰：「維六年八月初吉己子(巳)，史伯碩父追孝于朕皇考釐仲。」◎志慧按：今本《竹書紀年》：「(幽王)三年，王嬖褒姒，冬大震電。四年，夏，六月隕霜。五年，王世子宜臼出奔申。六年，王命伯士帥師伐六濟之戎，王師敗逋。八年，王立褒姒之子曰伯服，爲太子。」所謂「多故」，蓋此類也。余懼及焉，其何所可以逃死？」

【彙校】

〔一〕穆文熙《鈔評》於「鄭語」下題作「鄭謀遷國於虢鄶之間」，葉明元《抄評》題作「桓公問於史伯避難」，《國語精華》題作「鄭桓公謀遷國」，鄭同培等《廣注語譯國語國策精華》題作「鄭桓公寄孥虢鄶」，傅庚生選本題作「史伯爲桓公論興衰」，上海師大本承之，以上於文義各有所當，茲綜合文義施題。

〔二〕少，静嘉堂本、南監本脱爛不可識，弘治本無「少」字，脱。

〔三〕幽，静嘉堂本、南監本脱爛不可識，弘治本無「幽」字，脱。司徒，静嘉堂本、南監本、弘治本作「司寇」，無據。

〔四〕民，弘治本、許宗魯本作「衆」，蓋因静嘉堂本、南監本脱爛不可識而臆補。

〔五〕陜，明道本、遞修本、静嘉堂本、南監本、弘治本、許宗魯本、張一鯤本、孔氏詩禮堂本同，正統本作「郟」，作「郟」者誤，「郟」當爲「陜」之形訛，《説文・𨸏部》：「陜，隘也。」段注：「俗作『峽』、『狹』。」

〔六〕問，静嘉堂本漫漶不可識，南監本破損，弘治本作「簡」，後者誤。

史伯對曰：「王室將卑，戎狄必昌〔一〕，不可偪也。昌，盛也。偪，迫也。○《辨正》：桓公所問在逃死之所，史伯答以戎、狄不可以偪，則此偪與「迫」無關，蓋桓公逃死猶恐不及，又何暇迫逐戎、狄？下文「是非王之支子、母弟、甥舅也，則皆蠻、荆、戎、狄之人也，非親則頑，不可入也。其濟、洛、河、潁之間乎？」「不可入」即上文「不可偪」，偪無「入」義，但有「近」義，故得置换。所謂戎、狄不可偪，是指戎、狄之地與宗周一樣，皆非逃死之所，故不可近也。若依韋注釋爲「迫」，則于文義不合。下文史伯又謂楚季紃「其子孫必光啟土，不可偪也」，係對桓公「南方不可乎」之問，「偪」亦當作「近」解。**當成周者，**成周，雒邑。○《增注》：當，對偶也。○《詩毛氏傳疏・王風》：成周，即上文云「東土」是也，成周，雒陽，非雒邑也。《漢書・地理志》：「河南郡雒陽，周公遷殷民，是爲成周。河南，故郟鄏地，周武王遷九鼎，周公致大平，營以爲都，是爲王城。至平王居之。」又云：「雒邑與宗周通封畿，東西長而南北短，短長相覆爲千里。」案：雒邑即王城也。　◎志慧按：周公營建雒邑，在今洛陽王城公園附近。因其在雒水之北，戰國時改稱雒陽；三國魏黄初年間，改「雒」爲「洛」，遂有「洛水」、「洛陽」之稱。**南有荆蠻、申、吕、應、鄧、陳、蔡、隨、唐，**荆蠻，芈姓之蠻，鬻熊之後也。申、吕，姜姓。應、蔡、隨、唐，皆姬姓也。應，武王子所封。鄧，曼姓。陳，嬀姓也。　○《詳注》：今河南南陽縣北二十里有申城，又，縣西三十里有吕城，即古申、吕二國也。今河南魯山縣東三十里有應城，今湖北襄陽縣東北二十里有鄧城，今湖北隨縣西北八十五里有唐城鎮。　◎志慧按：應，原係周武王宗室應侯封地。一九七九年十二月，河南平頂山新城區滍陽嶺古應國墓地出土鄧公簋，知這一帶即古應國所在。「鷹」「應」爲同源字，同墓出土的白玉線雕鷹和大量以鷹爲紋飾的青銅器，證明應國之「應」當係「鷹」的異寫。隨，姬姓古國，地在今湖北省隨州市。據最近幾十年隨州曾國國君和貴族墓的考古發掘成果，知曾隨一國，其始封君係周宗室南宫括。**北有衛、燕、翟〔二〕、鮮虞、路〔三〕、洛、泉、徐蒲〔四〕，**衛，康叔之封；燕，邵公之封：皆姬姓也。翟，北翟也。鮮虞，姬姓在翟者。路、洛、泉、徐蒲，皆赤翟，隗姓也。　○《校文》：此燕謂南燕，黄帝之後，姞姓。　○《詳注》：南燕，今河南汲縣東三十五里有胙城，古南燕國也。狄，北狄，今山西大同縣境。　○《集解》：今直隸正定縣西北有鮮虞亭。潞，在今河南潞城縣。洛，即伊雒之戎，今河南故洛城西南有戎城。泉，即泉皋之戎，今洛陽縣西南五十里有前城，前與「泉」聲通也。徐蒲，又稱「徐吾氏」，吾與「蒲」聲亂也，乃茅戎别種，在今河南陝縣。 ◎志慧按：潞城，今屬山西省長治市。**西有虞、虢、晉、隗、霍、楊、魏、芮，**八國，姬姓也。虞，虞仲之後。虢，虢叔之後，西虢也。 ○《左傳·僖公二十三年》杜注：「廧咎如，赤狄之别種也，隗姓。」孔疏：「女曰叔隗、季隗，知爲隗姓也。」 ○《集解》：虞，今山西平陸縣東北六十里有虞城，本帝舜之後國，所謂西虞。虢，今陝西寶鷄縣東五十里有桃虢城，其國都也。隗，《公羊傳》「楚人滅隗」注云：「夷狄微國。」《左傳》、《穀梁傳》並作「夔」，夔、隗聲通也，今湖北秭歸縣東有夔子城，是其地。霍有二，一爲晉霍，在今山西霍縣；一爲商侯伯國，霍其姓，河南梁縣西南七十里有故霍城。此文霍不知孰指。楊，今山西洪洞縣東南有楊城。魏，今山西芮城縣西北有河北故城，即春秋魏國故城也。芮，當今山西芮城縣。 ○《辨正》：春秋之前，虢有三，一曰西虢，又稱小虢，上引韋注與徐元誥《集解》所述者是，《周語上·虢文公諫宣王不藉千畝》韋注同此。一曰東虢，在今河南滎陽境，位於成周之東，下句「東有齊、魯、曹、宋、滕、薛、鄒、莒……是其子男之國，虢、鄶爲大」，其中之「虢」，即此東虢。一曰北虢，在今河南三門峽東，位於成周之西，與其唇亡齒寒的虞在其北，晉、霍、楊、魏、芮皆在這一帶，故本條所指之虢當係北虢。夔在成周之南，遠在前文所説的申、鄧等南國的南方，故徐説亦有未當。 ◎志慧按：隗國地望不明，但既然在西面，則《集解》所指的湖北省秭歸縣東必非，《左傳》杜注可參。山西省芮城縣北永樂宫附近現存有魏國古城遺址。**東有齊、魯、曹、宋、滕、薛、鄒、莒，**齊，姜姓。魯、曹、滕，皆姬姓。宋，子姓。薛，妘姓〔五〕。鄒，曹姓。莒，己姓，東夷之國也〔六〕。

○《正義》：今山東兗州府滕縣西南十五里有古滕城，今山東兗州府滕縣南四十里有薛城。**是非王之支子、母弟、甥舅也，則皆蠻荆**〔七〕**、戎翟之人也。**王支子、母弟，姬姓是也。甥舅，異姓是也。蠻荆，楚也。戎、翟，北翟〔八〕、路、洛、泉、徐蒲是也。戎〔九〕，或爲「夷」。**非親則頑，不可入也。**親，謂支子、甥舅。頑，謂蠻、夷、戎、翟也。◎志慧按：指蠻荆戎翟之人爲頑，各家皆未有解釋，疑因其生産方式、生活方式不同及由此而來的社會結構、價值觀念的差異致無法融入其中，即使征服之後也無法實行有效統治。**其濟、洛、河、潁之閒乎。**言此四水之閒可逃也，謂左濟，右洛，前潁，後河。○《詳注》：潁，源出河南登封縣，東南流經開封、許昌、淮陽，合大沙河；又東南入安徽阜陽縣，合小沙河，至壽縣入淮。**是其子男之國，虢、鄶爲大**〔一〇〕，是，是四水也。虢，東虢，虢仲之後，姬姓也。鄶，妘姓也。當幽王時，於子、男，此二國爲大。○虞翻：虢，姬姓，東虢也。鄶，妘姓（《史記·鄭世家》集解引，汪、黄輯）。○《補音》：鄶，古外反。○《史記·鄭世家》正義：《括地志》云：「洛州汜水縣，古東虢叔之國。」又云：「故鄶城，在鄭州新鄭縣東北三十三里。」○《集解》：今河南汜水縣爲古東虢叔之國。○《辨正》：「是」字承「濟、洛、河、潁之間」而來，故「是」應指代「濟、洛、河、潁之間」，而非「四水」。韋注曰「當幽王時，於子、男，此二國爲大」，此説也不夠周延，楚國自周成王始封到此時一直屬子爵之國，版圖明顯大於虢、鄶，唯此「濟、洛、河、潁之間」，則虢、鄶爲大。**虢叔恃勢**〔一一〕**，鄶仲恃險，**此虢叔，虢仲之後。叔、仲，皆當時二國君之字。勢，地勢阻固也〔一二〕；險，有險阨〔一三〕。皆恃之而不脩德。○《標注》：勢，謂權寵也，非地勢，若阻固，與險何別？◎志慧按：根據虢國在春秋初期與周王室的密切關係，《標注》説是。是皆有驕侈怠慢之心，而加之以貪冒〔一四〕。◎志慧按：《左傳·哀公十一年》「貪冒無厭」，《漢書·翟方進傳》「冒濁苟容」，顏注：「冒，貪蔽也。」《漢書·五行志》顏注：「冒，蒙也，蔽於義理。」俱可參。君若以周難之故，寄孥與賄焉〔一五〕，不敢不許。妻、子曰孥。賄，財也。○秦鼎：寄，寄託也。周亂而獘，是驕而貪，必將背君，君若以成周之衆奉辭伐罪，無不克矣。桓公甚得周衆，奉直辭〔一六〕，伐有罪，故必勝也〔一七〕。

【彙校】

〔一〕公序本系列「狄」多書作「翟」，作「狄」者全書僅三例，此其一。

〔二〕翟，明道本、正統本作「狄」，下同。

〔三〕路，《御覽》州郡部五、《元龜》卷七九五引同，明道本、正統本作「潞」，下同。但明道本、正統本下文謂「妘姓鄔、鄶、路、偪陽」作「路」，則當從公序本，疑因水名而加形符耳。

〔四〕《考異》：「徐蒲，《通鑒·漢紀》二十六胡三省注引《國語》『徐』作『余』，『蒲作『滿』』。」

〔五〕妘，明道本、正統本、遞修本、許宗魯本、《正義》《元龜》皆作「任」，孔廣栻謂元本、《補音》同，秦鼎、《四庫薈要》從明道本，是，《略説》、《斠證》皆疑其因「妊」字形近而誤，《增注》云：「《傳》曰：『周之宗盟，異姓爲後，寡人若朝于薛，不敢與諸任齒。』然則薛任姓也。」得其確證矣，作「妘」者形近而訛耶？

〔六〕夷，静嘉堂本、南監本脱爛，出於前二本的弘治本以及許宗魯本作「方」。

〔七〕蠻荆，《通鑑前編》卷九、《元龜》卷七九五引同，《御覽》州郡部五引作「蠻夷」，《考異》據此認爲當係「夷」字，《集解》從改，然恐不可必，蓋當時中原人每將荆、越等地亦視爲化外之地，故常與蠻夷戎狄並稱。

〔八〕北翟，静嘉堂本、南監本漫漶不可識，弘治本作「長翟」，無據。

〔九〕如據正文「蠻荆」和下條韋注「蠻、夷、戎、翟」，疑此「戎」當作「荆」字，《考異》即作如是説。

〔一〇〕鄶，《漢書·地理志》作「會」，顏注：「會，讀曰『鄶』，字或作『檜』。」疑「鄶」爲「會」的形符加旁字。

〔一一〕勢，《詩·鄭風》正義引《鄭譜》同，《詩·檜風》正義引《檜譜》作「制」。

〔一二〕勢地勢阻固，明道本作「勢阻國」，疑「國」字訛。

〔一三〕明道本、正統本無「有險」二字。

〔一四〕《毛詩·鄭風》正義引《鄭譜》無「是」字、「而」字，疑爲約引。

〔一五〕孥，《毛詩・鄭風》正義引《鄭譜》作「帑」，無「焉」字，《斠證》以爲《鄭語》本作「帑」，後人拘於《説文》而改爲「孥」，下文「公悦，乃東寄帑與賄」，明道本作「帑」，蓋猶有殘存未全改者，可備一説，唯《説文》有「帑」而無「孥」。

〔一六〕奉，静嘉堂本、南監本漫漶不可識，弘治本作「今」，後者誤。

〔一七〕本句静嘉堂本、南監本漫漶不可識，弘治本作「宜其勝也」，無據。

「若克二邑，二邑，虢、鄶。鄔、蔽、補、丹、依、⿰田柔、歷、莘〔一〕，君之土也。言克虢、鄶，則此八邑皆可得也〔二〕。　〇《舊音》：⿰田柔，音柔，《説文》曰：「和田也。」或爲「野」者，誤〔三〕。　〇《正義》：《漢(書)・地理志》「潁川郡傿陵縣」，按：《隱元年經》「鄭伯克段于鄢」，今屬河南開封府。〇《集解》：後四國據《國名紀》，皆古之鄶邑。鄶在今河南密縣、新鄭縣境，則此四國皆在此地無疑矣。　◎志慧按：《集解》復指丹謂「今河南内鄉縣有丹水，亦謂之丹川，即其地」，唯虢國之境未聞遠達内鄉，且内鄉已屬下文申、鄧之間矣，恐非。若前莘〔四〕、後河、右洛、左濟〔五〕，莘，莘國也。〇《補音》：莘，所巾反。主芣、騩而食溱〔六〕、洧，芣、騩，山名。主，爲之神主也，孔子曰：「夫顓臾爲東蒙主。」食，謂居其土、食其水也。　〇《舊音》：芣，音浮。騩，音隗，山名也，在密縣。一音愧，謂馬淺黑色。　〇《補音》：溱，側巾反。洧，于軌反。　〇龜井昱：表水以言其地，古多例，注「食其水」拘矣。○《正義》：今洧水自密縣東流，逕新鄭縣南門，又東會溱，謂之雙洎河。即春秋時龍鬬之洧淵也。食，謂食其征賦，《昭七年傳》「食土之毛」是也。○《發正》：《中山經》有蕡山、騩山，「蕡」與「芣」古同聲通用。《帝王世紀》以爲即東首陽山也。《説文》作大騩，隗，即大騩也，今在新鄭縣西南四十里。**脩典刑以守之，唯是可以少固**〔七〕。」其後卒如史伯之言。

【彙校】

〔一〕鄢，正統本同，《毛詩·鄭風》正義引《詩譜》、《史記·鄭世家》集解引虞翻及索隱引《國語》同，明道本作「鄔」，《補韋》斷「鄔」字誤，王家康《鄭伯克段之「鄢」地在哪裏》謂當作「鄔」，地在今河南偃師緱氏附近，或是也。蔽，正統本、《鄭世家》引同，明道本作「弊」，下文「十邑皆有寄地」韋注明道本亦作「蔽」，則依例皆當作「蔽」。丹，《史記》同，明道本、正統本作「舟」，下有「舟人」，或即此也。㽥，正統本、《史記》同，《説文·田部》有録，明道本作「黖」，下文「十邑」韋注明道本作「柔」。莘，明道本、正統本作「華」，下同，錢大昕《天聖明道本國語序》以爲當作「華」，《札記》更據《鄭世家注》及《水經注》證成之（詳見下），可從。

〔二〕明道本、正統本無「則」字，疑脱。

〔三〕野，静嘉堂本作「国」，南監本無，弘治本、正德本、正學書院本、文淵閣《四庫》本作「國」，明道本作「黖」，微波榭本從作「黖」。

〔四〕莘，《元龜》卷七九五引同，據傳，伊尹爲有莘氏之媵臣，其地在今河南伊川一帶；《左傳・僖公二十八年》載晉楚城濮之戰時，「晉侯登有莘之虚（墟）以觀師」、「晉師陳于莘北」，其地在今山東鄄城西南，則似不在後來鄭國的轄地之内。明道本、正統本作「華」，《御覽》州郡部五引同作，注同，《增注》：「依上文，則『莘』疑當作『潁』歟？」《補正》亦云：「前華，疑當作『前潁』，方與上『濟、洛、河、潁』合。」然此未必與上文「四水之間」照應，《札記》引《水經注》卷二十二「洧水」文曰：「史伯謂鄭桓公曰：『華，君之土也。』韋昭曰：『華，國名矣。』《史記》：『秦昭王三十三年，白起攻魏，拔華陽，走芒卯，斬首十五萬。』司馬彪曰：『華陽，亭名，在密縣。』」知酈道元所見本正作「華」字。《漢書・地理志》、《史記・秦本紀》裴駰集解、張守節正義、《史記・鄭世家》司馬貞索隱皆載鄭桓公曾受封於今陝西華縣。無論是伊川的莘、密縣的華、陝西華縣，還是潁水都符合史伯所在的方位，唯河、洛、濟都指河道，則此處似以「潁（水）」更切合言説背景。

〔五〕右洛左濟，《水經注》卷二十二潧水引作「左洛右濟」，據此處方位，《水經注》誤引。

〔六〕溱，金李本原作「溙」，茲從遞修本、静嘉堂本、明道本改。《水經注・潧水》「芣」作「丕」、「溱」作「潧」，前者爲通假字，後者爲聲符更旁字。

〔七〕唯，正統本同，《書鈔》設官部七引同，《元龜》卷七九五引作「惟」，明道本無「唯」或「惟」字，疑脱。

公曰：「南方不可乎？」南方，當成周之南，申、鄧之閒。　◎志慧按：「南方」一詞不僅指稱「申、鄧之間」，而亦指稱成周之南的大片土地，從下文史伯答語及《史記·鄭世家》相應内容看，此「南方」應該指向比申、鄧更南的「荆蠻」，即楚國。　**對曰：「夫荆子熊嚴生子四人：伯霜、中雪**〔一〕**、叔熊**〔二〕**、季紃**〔三〕**。**　荆，楚也。　熊嚴，楚子鬻熊之後十四世也〔四〕。　伯霜，楚子熊霜。　季紃，楚子熊紃也。　仲不立，叔在濮耳〔五〕。　○《正義》：《楚世家》：「周文王之時，季連之苗裔曰鬻熊，其子曰熊麗，麗生熊狂，狂生熊繹，繹生熊艾，艾生熊黮，黮生熊勝，勝以弟熊楊爲後，楊生熊渠，渠生熊毋康，康生熊摯紅，其弟弑而代立，曰熊延，延生熊勇，勇以弟熊嚴爲後。」則嚴爲鬻熊之十世孫，而勝、楊、摯、延、勇、嚴兄弟相及，已更十四君，故言十四世也。　**叔逃難於濮而蠻**〔六〕**，季紃是立。　薳氏將起之，禍又不克。**　叔，叔熊〔七〕。　濮，蠻邑。　薳氏，楚大夫。　克，能也〔八〕。　熊霜之世〔九〕，叔熊逃奔濮而從蠻俗〔一〇〕。　熊霜死，國人立季紃。　薳氏將起叔熊立之〔一一〕，又有禍難，而不能立也〔一二〕。　○《補音》：紃，似倫反。　○《正義》：《爾雅》「南至於濮鈆」，《周書》「伊尹爲四方獻令，正南曰百濮」，《文十八年傳》「麇人率百濮聚于選」，選在今湖北荆州府枝江縣南境，距楚都甚近，濮亦當距選甚近。

○《集解》：濮非衛濮，百濮也，在今湖北石首縣南。　○《校證》：《史記・楚世家》曰：「熊嚴卒，長子伯霜代立，是爲熊霜。熊霜六年卒，三弟争立，仲雪死，叔堪亡，避難於濮，而少弟季徇立。」據《史記》，叔堪（即叔熊）之亡難於濮，在熊霜六年卒之後。其時，熊霜既崩，仲雪亦死，叔熊又亡，故季徇得立焉。唯叔熊亡濮，必與争立有關，仲雪之死，亦斷非壽終，故太史公云「三弟争立」。韋昭言叔熊之亡命奔濮，在熊霜之世，則當熊霜崩位之時，與少弟季徇（紃）争立者，止仲雪一人耳。與《史記》異。是天啟之心也，啟，開也。天開季紃，故叔熊不得立。有「心」字誤〔一三〕。又甚聰明和協，蓋其先王。言季紃又聰明，能和協其民臣之心，功德蓋其先王也。◎志慧按：從句法上看，「蓋其先王」者似當爲「聰明和協」，而非「功德」。臣聞之：天之所啟，十世不替。替，廢也〔一四〕。○《標注》：替，謂衰廢也。夫其子孫必光啟土，不可偪也。光，大也。◎志慧按：《釋名・釋天》：「光，廣也。」可爲韋注補證。且重、黎之後也，重、黎，官名。《楚語》曰：「顓頊乃命南正重司天，北正黎司地。」言楚之先爲此二官。夫黎爲高辛氏火正，高辛，帝嚳也。黎，顓頊之後吴回也〔一五〕。顓頊生老童，老童生重、黎及吴回〔一六〕，吴回生陸終，陸終産六子〔一七〕，其季曰季連〔一八〕，爲芈姓，楚之祖也〔一九〕。季連之後爲鬻熊〔二〇〕，事周文王，其曾孫熊繹，當成王時，封於荆蠻〔二一〕，爲楚子。黎當高辛氏爲火正。《傳》曰：「吴回爲黎。」黎，火正也〔二二〕。以淳燿惇大天明地德〔二三〕，光昭四海〔二四〕，故命之曰『祝融』，其功大矣。淳，大也。燿，明也。惇，厚也。言黎爲火正，能治其職〔二五〕，以大明厚大天明地德，故命之爲「祝融」。祝，始也。融，明也。大明天明，若歷象三辰也；厚大地德，若敬授民時也；光昭四海，使上下有章也。　○賈逵：惇，大也（釋慧琳《一切經音義》卷九十五引）。　○虞翻：祝，大。融，明也（《史記・楚世家》集解引，汪、黄輯）。　○《述聞》：韋訓「淳」爲「大」，義本《爾雅》，然云大明厚大天明地德，則不詞矣。謂「淳燿」、「敦大」、「光照」皆二字平列。「淳」字本作「焞」，焞，明也；燿，光也，言能光明天明，厚大地德也。今本作「淳」者，借字耳。　◎志慧按：虞翻訓祝爲「大」，韋昭訓祝爲「始」，似皆本文意，於後者，《釋名・釋親屬》有「祝，始也」之説，然未見更多佐證，頗疑祝融之稱，與師曠、史伯、醫和、庖丁、優孟、傅説、弈秋、巫咸、匠麗之類稱謂相似，祝亦其職業耳。**夫成天地之大功者**〔二六〕，**其子孫未嘗不章**，章，顯也。**虞、夏、商、周是也。**是成天地之功者。**虞幕能聽協風，以成樂物生者也**〔二七〕。虞幕，舜後虞思也。協，和也。言能聽知和風，因時順氣，以成育萬物，使之樂生者也〔二八〕，《周語》曰「瞽告有協風至，王乃耕藉〔二九〕」之類是也。　○《補音》：樂，盧各反。　○《補韋》：王應麟曰：《左傳》史趙云：自幕至于瞽瞍無違命，舜重之以明德，置德于遂。則幕在瞽瞍之先，非虞思也（《困學紀聞》）。　樸案：《周語》：先立春五日，瞽告有協風至。此云能聽協風，即無違命之實也。《左傳》又云瞽史知天道，瞽史官名，非即無目者，似虞氏世爲瞽史，故《堯典》言舜曰瞽子，又曰父頑，瞽以舉其職，頑以言其性也。　○《正義》：孔晁《國語注》：「幕能修道，功不及祖，德不及宗，故每於歲之大烝而祭焉，謂之報。」言虞舜祭幕，明幕是舜先矣。○《補正》：以虞幕爲虞思，大誤。◎志慧按：關於舜與「幕」之關係，參《魯語上·展禽論祭爰居非政之宜》相關討論，韋注與前同誤。虞幕能聽協風，能藉以成物樂生，瞽能預知有協風將至，以備耕藉，蓋皆古之觀象者乎。虞幕聽協風，因此而成物樂生，是爲「成天地之大功」，其後有舜而彰，據文義亦當幕先舜後。**夏禹能單平水土，以品處庶類者也。**單，盡也。庶，衆也。品，高下之品也。禹除水灾，使萬物高下各得其所〔三〇〕。○《集解》：單，與「殫」通。◎志慧按：《呂氏春秋·重己》「使烏獲疾引牛尾，尾絶力勯而牛不可行，逆也」高注：「勯，讀曰『單』，單，盡也。」可爲旁證。品，作爲「處」的狀語。韋注先「庶」後「品」，不知爲韋注舊貌，還是傳抄過程之倒，已不可考。**商契能和合五教，以保于百姓者也。**保，養也。五教：父義、母慈、兄友、弟恭、子孝也。《魯語》曰：「契爲司徒而民輯。」**周棄能播殖百穀疏**〔三一〕，**以衣食民人者也。**棄，后稷也。播，布也。殖，長也。百穀，黍、稷、稻、粱〔三二〕、麻、麥、荏、菽、雕胡之屬。疏，草菜之可食者〔三三〕。**其後皆爲王、公、侯、伯。**禹身王，稷、契在子孫〔三四〕。公、侯、伯，謂其後杞〔三五〕、宋及幕後陳侯也。○《辨正》：正文曰「其後」，則與大禹本人無關，當指禹之後嗣如啟及其子孫而言。韋注又曰：「公、侯、伯，謂其後杞、宋及幕後陳侯也。」依韋昭之説，則是知虞、夏、商亡國之後存滅國之事，其實更應包括此前之王、公、侯、伯，以與「成天地之大功者，其子孫未嘗不章（彰）」之義相呼應，亦作爲《鄭語》文末「楚蚡冒於是乎始啟濮」的伏筆。**祝融亦能昭顯天地之光明，以生柔嘉材**

者也，柔，潤也。嘉，善也。善材，五穀、材木也。○龜井昱：因火之利，故曰「生柔」。**其後八姓，於周未有侯、伯。**八姓，祝融之後八姓：己、董、彭、秃、妘、曹、斟、芈也。侯伯，諸侯之伯。○《辨正》：「侯伯」係承前「王、公、侯、伯」而來，夏禹、商契、周棄之後嗣皆爲王、公、侯、伯，此「侯伯」與「王公」並提，知其爲爵位，與前文「子男之國」同理，故「侯」與「伯」非修飾與被修飾關係，而爲並列關係。況且在鄭桓公時期，「諸侯之伯（霸）」尚未出現——那是入春秋以後的事了。**佐制物於前代者，**佐，助也。物，事也。前代，夏、殷也〔三六〕。**昆吾爲夏伯矣，**昆吾，祝融之孫、陸終弟二子〔三七〕，名樊〔三八〕，爲己姓，封於昆吾，昆吾，衛是也。其後夏衰，昆吾爲夏伯，遷于舊許。《傳》曰：「楚之皇祖伯父昆吾，舊許是宅。」○虞翻：昆吾，名樊，爲己姓，封昆吾。《世本》曰：「昆吾者衛是也。」（《史記·楚世家》集解引，汪、黄輯）○《左傳·昭公十二年》杜注：陸終氏生六子，長曰昆吾，少曰季連，楚之祖，故謂昆吾爲伯父。昆吾嘗居許地，故曰「舊許是宅」。○《史記·楚世家》索隱：今濮陽城中有昆吾臺。○《集解》：昆吾國居衛時在今直隸開縣，遷許時在今河南許昌縣。**大彭、豕韋爲商伯矣。**大彭，陸終弟三子，曰籛，爲彭姓〔三九〕，封于大彭，謂之彭祖，彭城是也。豕韋，彭姓之別，封於豕韋者。殷衰，二國相繼爲商伯。○虞翻：大彭，名翦，爲彭姓，封於大彭。《世本》曰：「彭祖者，彭城是也。」（《史記·楚世家》集解引，汪遠孫輯）。○《集解》：彭城在今江蘇銅山縣，韋城在今河南滑縣東南五十里。**當周未有。**未有侯、伯。**己姓昆吾、蘇、顧、温、董**〔四〇〕，五國，皆昆吾之後別封者，莒其後。○秦鼎：周時復有蘇、温，温在河内。《成十一年傳》：「蘇忿生以温爲司寇，封於河。」○《集解》：《隱十一年》陽樊、温、原十二邑皆蘇故地，今河南濟源縣西北二里有蘇故城。顧，今河南范縣東南二十八里有古顧城，《古今人表》以爲「鼓」，師古曰：「即顧。」温城在今河南温縣西南三十里，忿生邑，亦曰「蘇」，《詩》云「韋、顧既伐」，即此。董，今山西聞喜縣東有董池陂，董澤之陂也。◎志慧按：韋注「昆吾之後別封者」之「昆吾」指爲夏伯之昆吾。韋注此間之「莒」與下文正文曹姓之莒疑非一，或者莒國不止一姓，存疑。復次，董池陂，在山西省聞喜縣東鎮東官莊村，現名董澤湖。**董姓鬷夷豢龍，則夏滅之矣。**董姓，己姓之別受氏爲國者。有飂叔安之裔子曰董父〔四一〕，以擾龍服事帝舜，賜姓曰董，氏曰豢龍，封之鬷川，當夏之興，別封鬷夷，於孔甲前而滅矣。《傳》曰：「孔甲不能食龍，而未獲豢龍氏，劉累學擾龍於豢龍氏，以事孔甲。」○《補音》：鬷，子工反。○《正義》：《漢書·地理志》「南陽郡湖陽縣，故廖國也。」師古曰：「廖，音力救反，《左氏傳》作『飂』字，其音同耳。」案：今河南南陽府唐縣南有湖陽故城。《夏本紀》集解引賈逵《左傳注》：「豢，養也。穀食曰豢。」又引應劭曰：「擾者，柔擾，馴也，能順養得其嗜欲。」案：《玉篇》：「擾，當作『擾』。」張守節引《括地志》：「劉累故城在洛州緱氏縣南五十五里，乃劉累之故地。」◎志慧按：上文之董爲己姓之國，韋注此董「己姓別受氏爲國者」仍然是氏而非姓，疑因視上文之董爲姓而誤認此「董」亦爲姓。韋注所引《傳》文見《左傳·昭公二十九年》，唯《左傳》「食」下並無「龍」字。廖，又作「蓼」，今河南省唐河縣湖陽鎮有廖國古城遺址。**彭姓彭祖、豕韋、諸、稽，則商滅之矣。**彭祖，大彭也。豕韋、諸、稽，其後別封也。大彭、豕韋爲商伯，其後世失道，殷復興而滅之。○賈逵：大彭、豕韋爲商伯，其後世失道，殷德復興而滅之（《左傳·襄公二十四年》正義引，汪遠孫輯）。○虞翻：彭祖，名翦，爲彭姓，封於大彭（《史記·楚世家》集解引，黄奭輯）。○《正義》：《路史·國名紀》：「諸，彭姓，密之西北三十里，春秋之諸國。稽，彭姓，亳之譙有稽山。」案：羅氏分「諸稽」爲二地。然《吴語》「諸稽郢行成于吴」，必諸稽之後裔，則諸稽當合爲國名，羅説非是。○《集解》：諸，今山東諸城縣西北三十里，即春秋之諸國，漢改爲諸縣。稽，今安徽亳縣有稽山。◎志慧按：《吴語》之諸稽郢係越王句踐世子，與此中之「諸稽」無涉，此「諸稽」爲一（諸稽）爲二（諸、稽）尚難遽定，姑從《路史》説作二。**秃姓舟人，則周滅之矣。**秃姓，彭祖之別。舟人，國名。○賈逵：秃，彭姓別族也（《通志·氏族略》引，汪遠孫輯）。○《路史·國名紀》：秃姓，高陽氏後，楚地，昔常壽過克息舟，城而居之者。○《正義》：《昭十三年傳》楚有息舟，《哀二十一年傳》齊有舟道，《博古圖》有舟姜敦，則舟爲國名，當以在楚者近之。◎志慧按：《左傳·昭公十三年》：「越大夫常壽過作亂，圍固城，克息舟，城而居之。」即《路史》與董氏所引者。**妘姓鄔、鄶、路**[四二]**、偪陽，**陸終弟四子曰求言[四三]，爲妘姓，封於鄶。鄶[四四]，今新鄭也。鄔、路、偪陽，其後別封也。○服虔：檜是陸終第四子求言後（《詩·檜譜》正義引，汪遠孫輯）。○《補音》：偪，甫目反，又彼力反。○《正義》：

《隱十一年傳》杜注：「緱氏縣西南有鄔聚。」案：在今河南府偃師縣西南五十里。　○秦鼎：求言，《大戴禮》「來言」，《水經・洧水》「萊言」。　○《國語箋》：鄔，係「鄢」之誤，《潛夫論・志氏姓篇》云：「妘姓之後封於鄢、會、路、偪陽。」文本此。而其下接云：「鄢取仲任爲妻……是用亡邦。」本《周語》「鄢之亡也由仲任」爲説，是「鄢」字不誤，可知王符所見《鄭語》「鄔」作「鄢」。據韋注《周語》云：「鄢，妘姓國。」韋知是妘姓，當即本此，則其本原作「鄢」，至宋庠作音，傳本乃誤，而不能考正。○《集解》：偪陽，妘姓子，晉滅之，今山東沂水縣有故偪陽城。　◎志慧按：偪陽古城遺址，在今山東棗莊臺兒莊區張山子鎮侯塘村南。偪陽國，魯襄公十年（前五六三），經過長達一個月的鏖戰後，於五月甲午（六月三日）滅於諸侯聯軍。楚宣王滅宋，改爲傅陽，漢爲傅陽縣城。**曹姓鄒、莒**，陸終弟五子曰安，爲曹姓，封於鄒。　○《集解》：上文韋注「莒，己姓」，與此傳文不同，説者謂《韓非子》「文王侵孟，克莒，舉酆」即此，未知是否。　◎志慧按：此莒承前文韋注作己姓之後，又作曹姓，是文本有誤，抑或受姓之情況比較複雜，待考。**皆爲采衛**，皆，妘、曹也。采，采服，去王城二千五百里。衛，衛服，去王城三千里。　○《辨正》：《周禮・夏官・大司馬》、《職方氏》和《秋官・大行人》、《逸周書・職方》都記載去王城二千里爲采，去王城二千五百里爲衛，韋昭之説與上述文獻均有異，不知其所本。即便按韋注或《周禮》、《逸周書》之説釋本條之采衛，亦有不當，蓋曹、妘或六姓之所在去王城並不如此遥遠，故此采、衛實兼采邑與藩衛之意，「或在王室，或在夷、狄」，正説明此采、衛與距王城之遠近並無必然聯繫。**或在王室，或在夷翟，莫之數也。**或，或六姓之後也〔四五〕。在王室，蘇子、温子也。在夷翟，莒、偪陽也。○秦鼎：蘇子、温子本是一國，《僖十年傳》疏云：國名爲蘇，所都之邑名爲温。是也。○《辨正》：韋昭以爲「皆」僅指稱妘、曹二姓，而「或」則指稱六姓之後。其實二者皆指代妘、曹二姓，因爲己、董、彭、秃四姓，史伯明言已滅，無復在王室與夷、狄之事；妘、曹二姓之後則俱爲采衛，有的在王室，有的在夷狄，然無令聞，故必不興。**而又無令聞，必不興矣。斟姓無後。**斟姓，曹姓之别也。或云夏少康滅之，非也，《傳》有斟灌、斟尋〔四六〕，澆所滅，非少康〔四七〕，又皆夏同姓，非此也。○賈逵：斟姓是曹姓之後（《廣韻》平聲侵韻引，汪遠孫輯）。○《國語箋》：斟字恐誤，《潛夫論》本《鄭語》，紀祝融之後八姓，有斯無斟，是王符所見本作「斯」。《史記·楚世家》索隱引宋忠注《世本》云：「參胡，國名，斯姓，無後。」則宋忠在漢末所見《鄭語》亦作「斯」。◎志慧按：韋以斟姓爲曹姓之别，疑承自賈逵，唯史伯將此八姓並提，則賈、韋之説疑非。**融之興者，其在芈姓乎！芈姓夔越**〔四八〕，**不足命也，**夔越，芈姓之别國也，楚熊繹六世孫曰熊摯，有惡疾，楚人廢之，立其弟熊延。摯自棄於夔，其子孫有功，王命爲夔子。○賈逵：夔、越，皆芈姓（《通志·氏族略》引）。○孔晁：熊繹玄孫曰熊摯，有疾，楚人廢之，立其弟熊延。熊摯自棄於夔，子孫有功，王命爲夔子（《左傳·僖公二十六年》正義引，汪、黄輯）。○《略説》：不足命也，猶言不足名言也。○《正義》：今湖北宜昌府歸州西南三里有夔子城。○《集解》：融之興者，謂祝融後之興者。夔，上文作

「隗」，《内傳》引《國語》又作「歸」，皆聲近通用。夔越之越，即越章也，與吴越之越姒姓者異。◎志慧按：據正文，「夔越」爲一，蓋猶於越、閩越、甌越、百越之稱，賈逵視爲二，韋注從正文，是，故於正文斷句不取賈注。蠻芊蠻矣〔四九〕，蠻芊，謂叔熊在濮，從蠻俗也。○舊注：謂上言叔熊避難於濮蠻，隨其俗如蠻人也，故曰蠻（《周禮·職方氏》疏引，汪遠孫輯）。唯荆實有昭德，若周衰〔五〇〕，其必興矣！昭，明也。姜、嬴、荆芊，實與諸姬代相干也〔五一〕。姜，齊姓。嬴，秦姓。芊，楚姓。代，更也。干，犯也。言其代彊，更相犯閒也。○《略説》：干，與也。謂更相與於興也。○《發正》：干者，「閒」之假借字，《爾雅·釋詁》「閒，代也。」代相干，言世相代彊也。姜，伯夷之後也；伯夷，堯秩宗，炎帝之後，四岳之族也〔五二〕。嬴，伯翳之後也〔五三〕，伯翳，舜虞官，少皞之後伯益也。伯夷能禮於神，以佐堯者也；秩宗之官，於周爲宗伯，漢爲太常〔五四〕，掌國祭祀。《書》曰：「典朕三禮。」謂天神、人鬼、地祇之禮。伯翳能議百物〔五五〕，以佐舜者也。百物，草木、鳥獸也。議，使各得其宜。其後皆不失祀，而未有興者，興，謂爲侯伯也。周衰，其將至矣。」至於伯也。○《辨正》：「將至」的内容包含「伯（霸）」，但不僅「伯」也，因爲姜、嬴、荆芈之後之强盛有許多種形式，如《鄭語》結尾所説的：「及平王末，而秦、晉、齊、楚代興，秦景、襄於是乎取周土，晉文侯於是乎定天子，齊莊、僖於是乎小伯，楚蚡冒於是乎始啓濮。」因此，句意爲姜、嬴、荆芈之興盛即將到來。

【彙校】

〔一〕中，《補音》「直衆反」，明道本作「仲」，許宗魯本改從「仲」，《標注》亦云：「中，當作『仲』。」似不必。

〔二〕熊，《史記·楚世家》作「堪」，索隱云：「一作『湛』。」均不知何所據而云然，唯其姓爲熊，其名亦爲熊，且與霜、雪、紃（徇）都未見其關聯，文獻不足徵，姑且存疑。

〔三〕紃，《補音》：「似綸反。」《史記·年表》、《世家》皆作「徇」，古通。

〔四〕明道本無「四」字，據楚族世系，當脱，正統本有。

〔五〕明道本、正統本無「耳」字，此疑衍。

〔六〕「叔」下，明道本、正統本、《通志·藝術傳》有「熊」字，與下句合觀，似有者較勝。但公序本下文韋注有「叔，叔熊」三字，則似各有傳本。逃，《周禮·夏官·職方》「八蠻」疏引作「避」，無「而」字，或爲約引。

〔七〕明道本、正統本無此三字。

〔八〕「克能也」三字，正統本同，明道本無之，疑後者有脱誤。

〔九〕明道本、正統本句首有「先」字，疑「克」之訛。

〔一〇〕「逃」下，明道本、正統本有「難」字。

〔一一〕「立之」前，明道本、正統本有「而」字。

〔一二〕不能，正統本同，明道本作「態不」。

〔一三〕《考正》據《晉語四》「誰啟之心」謂未盡誤；《述聞》更指「天啟之心」謂天啟季之心也，下文「天之所啟」，與此相承不相背；《補正》亦云：「書傳多云『天啟其心』，此『心』字不誤。」《通鑒前編》卷九引亦有「心」字，但李慈銘云：「彼是子犯對重耳言，謂非天誰啟楚子以國君相待之心，此文正涉彼文而誤，此云季紃得立，是天所啟，安得有『心』字。」有後出轉精之妙。

〔一四〕廢，道春點本、秦鼎本作「去」，國內諸本（含道春點本之祖本穆文熙本）俱作「廢」，誤自道春點本始，《標注》復據義是正。

〔一五〕明道本、正統本無「吴回」二字，據下句「老童生重黎及吴回」，則此二字衍，疑係後人據《左傳・昭公二十九年》正義「吴回爲黎」增。

〔一六〕生，明道本作「産」，下「生」字同。

〔一七〕産，明道本作「生」。

〔一八〕季連，明道本無「季」字。

〔一九〕祖，明道本、正統本作「先祖」。

〔二〇〕爲，明道本、正統本作「曰」。

〔二一〕明道本無「於荆蠻」三字，疑脱。

〔二二〕明道本無「傳曰」以下十字，所引「《傳》曰」之文見於《左傳·昭公二十九年》正義，有者當衍。

〔二三〕淳，《述聞》據句義謂本字作「焞」，《説文·火部》引作「焞」，與「燿」並列，當從火作「焞」，可從。惇，明道本、正統本作「敦」，下同。

〔二四〕昭，明道本、正統本作「照」，下同，「照」爲「昭」之義符加旁字。

〔二五〕治，明道本、正統本作「理」。

〔二六〕大，明道本作「火」，《文選·幽通賦》李善注、《非國語》作「大」，《札記》、《補正》皆謂當從公序本作「大」，是，作「火」者訛。

〔二七〕成樂物生，明道本、遞修本、正統本、静嘉堂本、南監本、弘治本、許宗魯本、葉邦榮本、張一鯤本、穆文熙編纂本、閔齊伋本、《困學紀聞》卷六引同，《文選》陸士衡《皇太子宴玄圃宣猷堂有令賦詩》李善注引作「成樂生物」，李克家本作「成物樂生」，閔齊伋本、盧之頤本並注云：「一作『成物樂生』。」所指疑李克家本。段玉裁云：「玩韋解，當作『成物樂生』。」汪中、陳樹華、關修齡、户埼允明亦持此説，秦鼎從作「成物樂生」，《校證》據上述《文選》李善注、《天中記》卷二引作「成樂生物」，謂當據依，然韋解「成育萬物，使之樂生」各本無異辭，則段、汪諸賢之説是也，成物、樂生亦當時常語，《集解》據段氏説乙正。

〔二八〕明道本、正統本無「者也」二字。生，弘治本作「主」，後者字之訛也。

〔二九〕明道本無「王」字。

〔三〇〕萬物，明道本作「人物」，據義當作「萬物」。

〔三一〕疏，許宗魯本同，明道本、正統本作「蔬」，注同，「蔬」爲「疏」之後起字。

〔三二〕粱，明道本、正統本作「梁」，後者形訛。

〔三三〕草，正統本同，明道本作「莗」，《札記》、《翼解》、李慈銘謂當從公序本作「草」，是。「可食者」前，明道本、正統本有「屬」字，義同。

〔三四〕契，明道本作「棄」，稷爲周代始祖，契爲商代始祖，棄則爲稷之名，據上文禹、商、周及下文杞、宋等的表述，當從公序本，《集解》校記謂《集解》「誤從明道本作『棄』，據公序本改」。

〔三五〕杞，正統本同，明道本作「祀」，後者訛。

〔三六〕「殷」下，明道本有「周」字，衍。

〔三七〕弟二子，明道本、正統本「弟」作「第」，古同，下同。二，明道本、遞修本作「一」，《史記·楚世家》謂昆吾爲陸終長子。

〔三八〕樊，正統本作「攀」，疑後者誤。

〔三九〕彭姓，静嘉堂本、南監本、弘治本、許宗魯本作「彭祖」，無據。

〔四〇〕此「董」字《毛詩·檜風》正義引《詩譜》作「莒」，據韋注「莒其後」，則其所見本不作「莒」。

〔四一〕𩙥，《左傳·昭公二十九年》同，明道本作「𩗗」，《考異》、李慈銘、《補正》謂當作「𩙥」，其説是。裔，正統本同，明道本作「褭」，《集韻·祭韻》：「裔，或作『褭』。」

〔四二〕鄔，《春秋·襄公十年》正義、《詩·檜風》正義引《詩譜》並作「鄢」，當從。鄶，《詩·檜風》正義引《詩譜》作「檜」，蓋形符更旁字也。正文「鄔」前「鄶」後，韋注與之互乙，不知何故。路，《左傳》作「潞」。

〔四三〕求言，《六書故》女部「妘」下引同，《水經注》卷二十二「洧水」下引作「萊言」，求、萊古文形似，《世本》作「求言」。

〔四四〕明道本不重「鄶」，疑脱。

〔四五〕明道本不重「或」字，疑有者衍。

〔四六〕斟尋，《左傳·襄公四年》同，明道本及《左傳·哀公元年》作「斟鄩」，可見古本兩作，疑「鄩」爲「尋」之義符加旁字。

〔四七〕非，明道本同，静嘉堂本、南監本漫漶不可識，弘治本作「即」，李克家本據改，許宗魯本作「如」，當以作「非」者爲是。

〔四八〕夔，明道本作「蘷」，注同，唯明道本正文中間「自」作「目」，唐顔元孫《干禄字書》云：「蘷、蕽、夔，上俗，中通，下正。」
〔四九〕首「蠻」字，《古今韻會舉要》「閩」下引作「閩」字，《發正》：「《周禮·職方氏》鄭注云：『閩，蠻之别也。』引《國語》曰『閩芈蠻矣』，遠孫案：作『閩』是也，疑韋所據《國語》已誤。」户埼允明、《增注》亦已見及此，《集解》從改。
〔五〇〕若，弘治本作「於」，後者誤。
〔五一〕代，《詩·小雅·四月》正義引無之，疑脱。
〔五二〕岳，正統本作「嶽」。族，静嘉堂本、南監本漫漶不可識，弘治本作「侯」，後者誤。
〔五三〕伯翳，《漢書·地理志》作「伯益」，異寫耳。
〔五四〕太常，正統本同，明道本作「太宰」，據史實當作「太常」。
〔五五〕議，《漢書·地理志》作「儀」，顔注：「儀與『宜』同，宜，安也。」《札記》引段玉裁説：「玩韋解當本是『儀』。」則是並注之「議」皆爲「儀」之通假字。

公曰：「謝西之九州何如？」謝，宣王之舅申伯之國也，今在南陽。謝西有九州，一千五百家曰州〔一〕。何如，問可居不〔二〕。○《後漢書·郡國志》：南陽郡宛縣，本申伯國。棘陽東北百里有謝城。○《正義》：楚經營北方，大抵用申、息之師，其君多居于申。漢高祖踰宛，攻武關，張良謂

「强秦在前，强宛在後，此危道也」，楚與漢相持，常出武關，收兵宛、葉間。光武起南陽，以宛首事，申即宛也。武（桓）公欲據南北之重地，故以謝西爲言。○《標注》：九州，猶九國也。州，聚也。必定其户口，不當據《周禮》論家數。**對曰：「其民沓貪而忍，不可因也。**沓，黷也。忍，忍行不義。因，就也。○《標注》：忍，殘暴也。**惟謝、郟之間**〔三〕，閒，謂郟南謝北，虢、鄶在焉。郟後屬鄭，鄭衰，楚取之。魯昭元年《傳》曰「葬王於郟，謂之郟敖」是也。○《正義》：《昭元年傳》杜注：「郟縣屬襄城。」按：今屬河南汝州，與春秋王城之郟在洛陽者異地。◎志慧按：董氏所引《左傳》杜注之郟縣，今屬平頂山市。然「謝、郟之間」，不能得出韋注的「虢、鄶在焉」，反而指向前文史伯不建議染指的應國。據韋注「郟南謝北」，可知彼所見正文已是目前之狀。**其冢君侈驕，**冢，大也。○《增注》：冢君，諸侯之稱，《書》曰：「嗟我友邦冢君。」**其民怠沓其君**〔四〕，**而未及周德，**怠，慢也。忠信爲周〔五〕。言民慢黷其君，而未及於忠信也。○《略説》：其君未有及民以忠信之德。○李慈銘：及，猶被也，謂其民厭棄其君，而亦未及被周之德，故下云「更君而周訓之」，謂以周之法訓之也。○《標注》：周德，謂周室之衰替，言民雖怠沓而未至于周室亂敗之甚也。**若更君而周訓之**〔六〕，**是易取也，**更，更與君道導之〔七〕，則易取也。○户埼允明：太宰純曰：「更，變更也。更君者，《孟子》所謂『變置其君』也，韋注謬矣。」允明曰：周訓，以忠信訓之也，忠信曰周。○《標注》：周訓，謂用周法導之也。或曰：「周」衍文。◎志慧按：《增注》亦持變置其君之義，於後來的史實似當取變置之義，疑韋昭時士人階層已不復如孟子作變置其君之想，故曲爲之説。且可長用也。」長用，久處也〔八〕。○《略説》：謂用民也。◎志慧按：《增注》亦云：「言其民可長用也。」「長用」之賓語或爲「謝、郟之間」，或爲「其民」，於義兩可。

【彙校】

〔一〕一千五百家，明道本、《增注》、《正義》、《元龜》卷七九五總録部引、《史記·鄭世家》索隱「一」作「二」，據古制，後者是。百，明道本作「伯」，據韋昭所處時代，當作「百」或「佰」，作「伯」者字之誤。

〔二〕不，明道本作「否」。

〔三〕惟，明道本作「唯」。

〔四〕《增注》：「按文勢，『其君』二字疑衍。」不敢必，姑存之以俟考。

〔五〕爲，弘治本作「也」，後者誤，疑因平行的「怠慢也」之「也」字而誤。

〔六〕《考異》謂韋氏不爲「周」作解，疑涉上文「周德」而衍，《集解》從删，惟《通鑒前編》卷九、《元龜》卷七九五引已有之，韋昭未解「周訓」之「周」，蓋因上句已注曰「忠信爲周」，故不勞重複；下文「周訓而能用之，龢樂如一。夫如是，和之至也」，正有「周訓」一詞；從「周德」到

「周訓」，再以「周訓」收束，氣脈貫通，各本皆有「周」字，不便妄疑。

〔七〕次「更」字，弘治本、李克家本作「君」，疑因其下之「君」字而誤；弘治本、李克家本「道」、「導」俱作「道」，亦誤。與，明道本、《元龜》引作「以」。

〔八〕明道本「處」下有「之」字。

公曰：「周其弊乎〔一〕？」弊，敗也。對曰：「殆於必弊者〔二〕。殆，近也〔三〕。《大誓》曰〔四〕：『民之所欲，天必從之。』《大誓》，《周書》。言民惡幽王猶惡紂，欲令之亡，天必從之也。今王棄高明昭顯，而好讒慝暗昧；王，幽王也。高明昭顯，謂明德之臣。暗昧，幽暝不見光明之道也〔五〕。○賈逵：無光曰暗（釋慧琳《一切經音義》卷七引）。惡角犀豐盈〔六〕，而近頑童窮固，角犀，謂顏角有伏犀〔七〕；豐盈，謂頰輔豐滿：皆賢明之相也。頑童，童昏。固，陋也。謂皆暗昧窮陋〔八〕，不識德義者〔九〕。○《正義》：《論語》「學則不固」孔安國注：「固，蔽也。」賈誼曰：「反雅爲陋，少不諳事爲頑童，不學無術爲窮固也。」◎志慧按：下文「棄聘后而立內妾，好窮固也」一段四個句子各有與此「讒慝、暗昧」、「頑童、窮固」相對應者，與「窮固」相對者爲內妾，則「窮固」不宜一般地釋作「陋」，《論語》孔注曰「蔽也」，即蒙蔽君主之人。同理，頑童即是侏儒、戚施之流，下文韋注謂「皆優笑之人」是也，則頑乃「玩」之通假字，清代吳楚《説文染指・釋頑》即云：「《春秋傳》曰『忨歲而惕日』，『翫』、『忨』實一字，今則輒借玉部『玩，弄也』之『玩』矣。玩與『翫』、『忨』義亦近，《國語》曰『頑童』實即翫童。」可參。**去和而取同。**和，謂可否以相濟〔一〇〕。同，同欲也〔一一〕。君子和而不同。○秦鼎：和同，當與《昭廿年》晏子語並觀。**夫和實生物，同則不繼。**陰陽和而萬物生。同，同氣也。◎志慧按：此「和」指豐富性與多樣性；「同」則是指單一性、排他性。**以它平它謂之和，**謂陰陽相生，異味相和也。○馮友蘭《中國哲學史》第三章《孔子以前及其同時之宗教的哲學的思想》：如以鹹味加酸味，即另得一味；酸爲鹹之「他」，鹹爲酸之「他」——「以他平他」，即能另得一味；此所謂「和實生物」也。若以鹹味加鹹味，則所得仍是鹹味。鹹與鹹爲「同」，是則「以同裨同」，「同則不繼」也。◎志慧按：不言彼此與你我，而謂「以它平它」，蓋以「此」與「我」皆爲「它」，爲無數個它中的一個，如此方能去我執與我見，始有平等之心與平和之境，萬物可望共生共榮，此「和」係對「和實生物」之「和」的補充與展開，此點尤爲可貴，特予揭出。**故能豐長而物生之**〔一二〕。土氣和而物生之，國家和而民附之。◎志慧按：上句「生物」領起下文五味、六律、千品、萬方……繁富的大千世界，故「豐長而物生之」爲泛指，韋注略舉其一端耳。「豐長而物生之」的原因亦應是和合、包容，猶如天覆地載，而非和順、和平。**若以同裨同，盡乃棄矣。**裨，益也。同者，謂若以水益水，盡乃棄之〔一三〕，無所成也。○賈逵：裨，益也（《史記·衛將軍列傳》索隱，汪遠孫輯）。◎志慧按：接上「生物」，《穀梁傳·莊公三年》謂「獨陰不生，獨陽不生，獨天不生，三合然後生」，與此義近。韋解轉晦。**故先王以土與金、木、水、火雜，以成百物。**雜，合也。成百物，謂若鑄、冶、煎、亨之屬〔一四〕。◎志慧按：此「成」乃生成義，土、金、木、水、火互相作用方能生物，與韋注所云之「鑄、冶、煎、亨」之類無關。下文五、四、六、七……等等皆取其豐富性與多樣性之義。尤須注意者，其中之「雜」，非簡單的「合」，而係不同質事物間之共生相融。**是以和五味以調口，剛四支以衛體，**剛，彊也。**和六律以聰耳**〔一五〕，聽和則聰也。**正七體以役心，**役，營也。七體，七竅也。目爲心視，耳爲心聽，口爲心談，鼻爲心芳也〔一六〕。**平八索以成人，**平，正也。八索，謂八體〔一七〕，以應八卦也。謂乾爲首，坤爲腹，震爲足，巽爲股，離爲目，兑爲口，坎爲耳，艮爲手。○賈逵：八索，八王之法（《左傳・昭公十二年》正義引）。○《標注》：古蓋有《八索》、《九丘》之書，此或演其書義與？未可知者。◎志慧按：上文所言似皆與人體相關，故賈注「八王之法」義有不合，韋昭另辟蹊徑，良有以也，但史伯時代是否有如此成系統的《易傳》學説，尚需存疑，孔安國《尚書序》：「八卦之説，謂之八索，求其義也。」韋注疑本此。唯若以此爲説，則與上句「七體」多有重合，《荀子・王制》「養山林、藪澤、草木、魚鱉、百索」，王念孫《讀書雜志》載：「引之曰：『百索』二字義不可通，索，當爲『素』字之誤也。百素，即百蔬，《富國篇》曰：『葷菜百疏。』《魯語》曰：『能殖百穀、百蔬。』作『素』者借字耳。《月令》曰『取蔬食』，《管子・禁藏篇》曰『果蓏、素食』，是『蔬』、『素』古字通。」《補音》：「《尚書序》釋文云：『索，一作素。』」其實，金文、竹書中「素」與「索」有同形者，疑此「八索」即當楷定作「八素」，該句承上文口、體、耳、心之後，謂食用各種菜蔬以營衛其身。唯其時有八珍、百蔬，而未聞八素之説，姑存之以質諸博物君子。**建九紀以立純德，**建，立也。純，純一不尨駁也〔一八〕。九紀，九藏也：正藏五，又有胃、旁胱、腸、膽也〔一九〕。紀，所以經紀性命，立純德也。《周禮》曰：「九藏之動。」賈、唐云：「九紀，九功也。」○戶埼允明：九紀，蓋《洪範》「九疇」也。○《增注》：即洛書之數也。○《正義》：賈、唐云「九紀，九功也」者，《文六年傳》「水、火、金、木、土、穀謂之六府，正德、利用、厚生謂之三事。六府、三事謂之九功。」韋又引此者，亦得爲一義也。○《標注》：九紀，亦或演九丘之義者與？未可知者。若九藏，何得以立純德，亦不可從。**合十數以訓百體。**此所謂「近取諸身，遠取諸物」。賈、唐云：「十數，自王以下，位有十等：王臣公，公臣大夫，大夫臣士，士臣皁，皁臣輿，輿臣隸，隸臣僚，僚臣僕，僕臣臺。百體，百官各有體屬也，合此十數之名〔二〇〕，以訓導百官之體也。」○《標注》：十數，恐亦失解。十位何得合之，又何能以訓百體？◎志慧按：上下文羅列各種數字極言「和」之豐富多樣義，因而個體間都是並列平行的，而非上下級關係，賈、唐等以層級關係釋本句，疑不穩，下仿此。**出千品，具萬方，**百官，官有徹品，十於王〔二一〕，謂之千品。五物之官，陪屬萬位，謂之萬方。方，道也。○戶埼允明：「千品」、「萬方」以下「億事」、「兆物」、「經入」、「姟極」唯依數名，謂無所不至也，韋注恐非也。○《標注》：萬方，謂各職所守。**計億事，材兆物，收經入，行姟極。**計，筭也〔二二〕。材，裁也。賈、唐説皆以萬萬爲億〔二三〕。鄭後司農云：「十萬曰億，十億曰兆〔二四〕，從古數也。」經，常也。姟，備也。數極於姟，萬萬曰姟〔二五〕。自十等至千品、萬方，轉相生，故有億事、兆物。王收其常入，舉九姟之數也。○賈逵：該，備也（釋慧琳《一切經音義》卷十六、《原本玉篇殘卷・言部》引）。○《補音》：姟，古哀反，數之極也。○《札記》：段（玉裁）云：十萬曰億者，古數；萬萬曰億者，漢時今數，故鄭《詩箋》、《王制注》皆用古數，而《内則》注、《吕刑》、《孝經》注皆云萬億曰兆。此亦是古數。古數億以下以十相乘，億以上則以萬相乘，故韋云萬萬兆曰姟，謂萬億曰兆，萬兆曰京。萬京曰姟亦古數也。○《備考》：《國語》本旨自十百而上皆進一位以命數，昭不及此而遺經誤解。經固訓常而非史伯、觀射父之意也。宜用萬萬兆曰經、萬萬經曰姟，則得其正矣。○《標注》：自「五味」以下至「姟極」，徒任口陳名數以敷暢和之義也，至於其間統紀理解，雖史伯亦不自知也。當時流風謂此爲博物君子也，何曾討其言之當否？今也何必論焉，舍之可也。○《補正》：《集韻》：「十兆曰經，十經曰姟。」是經、姟皆數名，不訓常也。經，又作京。**故王者居九畡之田**〔二六〕，**收經入以食兆民**〔二七〕，九畡，九州之極數也。《楚語》曰：「天子之田九畡，以食兆民，王取經入焉，以食萬官。」◎志慧按：古有上中下三等數法，故不必糾纏於十萬曰億還是萬萬曰億之類之是非，本兩可也。唯於九畡之數，清孫詒讓（一八四八—一九〇八）《籀廎述林》卷三《國語「九畡」義》云：「上文並十數遞乘，則自當以十萬曰億，十億曰兆，十兆曰經，十經曰垓計之。周王畿千里，爲地百同。依《周禮・大司徒》鄭注，百里爲一同，積萬井九萬夫，以一夫百畝計之，一同凡九百萬畝，百同積九萬萬畝。是一同即九兆之田，十同即九經之田，百同即九畡之田。蓋三代聖王，建侯樹屏，各專其國，食其田，王所自食，不出畿服千里之外。九畡之田，自專據邦畿言之，而經入亦即京入，謂畿內什一之賦，故云食兆民萬官，不得廣及九州也。」其説於古禮有徵，可息諸家之訟。復次，孫詒讓之説承自鄭玄《周禮》注，唯鄭玄此注「王畿千里，爲地百同」之説不知何所據，如果「百里爲一同」爲真，則王畿僅十同而已——更何況「王畿千里」之説原係泛指，而經由實指的「千里」深究得來的田數僅九經而已，而非九畡。韋注謂「九州之極數」，本不必求其確數。**周訓而能用之，龢樂如一**〔二八〕。忠信爲周。訓，教也。言以忠信教導之，其民龢樂如一室也。○《標注》：周，偏也。○《補正》：謂心繫如一，不必指一室。◎志慧按：此「龢」承先王周訓而言，確係特指，但「如一」既非如在一室，亦非心繫如一，而是上下一體，和協輯睦、同心同德。**夫如是，龢之至也**。至，極也。**於是乎先王聘后於異姓**，同則不繼。◎志慧按：即《左傳·僖公二十三年》「男女同姓，其生不蕃」之義。**求財於有方**，使各以其方賄來，方之所無，則不貢也。○《校證》：有，語助詞也。◎志慧按：吾鄉有諺：「熟絡地方好過年，陌生地方好賺錢。」後半句義與此相類。**擇臣取諫工**〔二九〕，**而講以多物，務和同也**。工，官也。講，校也〔三〇〕。多，衆也。物，事也。○《增注》：講，講習也。多物，所謂五味六律之屬也。○《標注》：諫工，謂瞽師能箴者。◎志慧按：此「和同」偏至和而非同，蓋求其異質，而非以同裨同。**聲一無聽**，五聲雜，然後可聽也。**物一無文**〔三一〕，五色雜，然後成文也。

味一無果，五味合，然後可食。果，美也。　○《删補》：果，莊子所謂「癡腹果然」之「果」，果然，腹飽貌。　○《平議》：果之訓美，未聞其義，果當訓爲成，《論語·子路篇》「行必果」皇侃《義》疏引繆協曰：「果，成也。」又《文選·謝宣遠於安城荅靈運詩》注引許慎《淮南子注》曰：「果，成也。」五味合，然後可食，若止此一味，則不成味矣，故曰「味一無果」。　○《詳注》：果，飽貌。　◎志慧按：釋果爲「飽」，蓋從《莊子·逍遥遊》「腹猶果然」而來，於義似較釋「美」與「成」爲優，千葉玄之《增注》亦持此解。**物一不講**。講，論校也。　○《平議》：講，當讀爲「構」，「講」與「構」竝從冓聲，古音相同，故得通用。僖十五年《左傳》注「則講虚而不經」，釋文曰：「講，本又作『構』。」是其證也。《詩·四月篇》「我日構禍」鄭箋曰：「構，猶合集也。」又《青蠅篇》「構我二人」，箋曰：「構，合也。」是構有合集之義。物一不構，謂物一則不合集也。　◎志慧按：「講」字從冓，甲文「冓」爲雙魚交尾之狀，《説文·冓部》：「交積材也，象對交之形。」所謂「交積材」是其後起義，「對交之形」纔是其本義。此「物一不講」即「物一不冓」，《易·繫辭傳》所謂「一陰一陽之謂道」是也，《易·泰·象》之「天地交而萬物通也，上下交而其志同也」亦其義也，韋注與曲園先生之説皆未是，與上文「講以多物」之「講」區以别矣，特予揭出。**王將棄是類**〔三二〕，**而與剸同**〔三三〕。類，猶和也〔三四〕。　○《略説》：是類，以上所陳之類，謂和也。陶望齡云：「剸」與專通，《荀子》「信而不見敬者，好剸行也」。　○《翼解》：剸，即專一之「專」，《漢書·蕭何傳》「上以此剸屬任何關中事」，師古曰：「剸，與『專』同。」

《荀子·榮辱篇》「信而不見敬者好剸行」，亦以「剸」爲「專」。○《補正》：剸，與「專」同，專斷也。◎志慧按：關於「類」的訓解，《略説》較韋注更勝，《標注》同後者。關於和同之辨，其後晏子對齊景公問中也有所討論，載《左傳·昭公二十年》，二者皆力倡異質共存，相反相異卻相生相成，洩過濟不及，以臻平和之境；同時，二者皆通過紛繁的數字，將目標指向無數個體，與後世「吾爲天下計，豈惜小民哉」之類宏大敘事迴異。**天奪之明，欲無弊，得乎？**

【彙校】

〔一〕弊，許宗魯本作「敝」，疑字殘；李克家本、閔齊伋本作「弊」，《廣韻》去聲祭韻：「弊，困也，惡也。《説文》曰：『頓仆也。』俗作『弊』。」

〔二〕明道本、正統本句下有「也」字。《標注》：「於，疑當作『乎』。」不可必。

〔三〕近，弘治本作「迨」，無據。

〔四〕大，明道本、正統本作「泰」，下同。

〔五〕瞑，明道本、正統本作「冥」，《説文·冥部》：「冥，幽也。」《目部》：「瞑，翕目也。」於此「冥」爲本字，「瞑」爲通假字。道，明道本、正統本作「德」。

〔六〕犀，《舊音》字從王從犀，似屬異寫。豊，明道本、正統本作「豊」，注同，後者形訛。明道本下「豊長」同，正統本不誤。

〔七〕顔，明道本、正統本作「頂」，《詩·君子偕老》「揚且之顔」毛傳「顔角豐滿」，於義作「顔」者是。

〔八〕暗昧，明道本作「昧暗」，據正文後者疑倒。

〔九〕明道本無「者」字，脱。

〔一〇〕否，明道本、遞修本同，《舊音》出「不」，公序本凡表可否義者皆作「不」，此係特例。明道本、正統本無「以」字。

〔一一〕「同欲」前，明道本、正統本有「謂」字，與上句並列，似有者稍勝。

〔一二〕生，正統本同，明道本作「歸」，《考異》謂作「歸」是，作「生」者涉注文而誤，於義或是也，據韋注則不可必。

〔一三〕明道本、正統本「盡」前、「以水益水」後尚有一「水」字，據義當從有。

〔一四〕亨，明道本、正統本作「亨」、「亨」初文，「亨」後起字。

〔一五〕《校補》：「『和五味』、『和六律』用二『和』字，犯複。《皇王大紀》卷三十二上『和』字作『節』，似長。」蕭氏所揭出的問題誠是，其解決的辦法則有可商，蓋因《皇王大紀》晚於公序本與明道本，《元龜》卷七九五引亦同作「和」。文獻不足徵，姑且存疑。

〔一六〕明道本、正統本及《元龜》卷七九五引「目」前有「謂」字，似有者勝；句末無「也」字，兩可。
〔一七〕《元龜》卷七九五、《玉海》卷三十五藝文引同，明道本、正統本無「謂」字，疑脱。
〔一八〕明道本、正統本、《元龜》卷七九五引無「尨」字。駮，明道本、正統本作「駁」，古同。
〔一九〕又，弘治本作「人」，無據。旁，明道本、正統本、弘治本、許宗魯本作「膀」，静嘉堂本、南監本作「旁」，則是弘治本依俗擅改，許宗魯本因之。
〔二〇〕名，明道本、正統本作「位」。
〔二一〕「王」下，明道本、正統本、《元龜》引有「位」字，關於此「位」與下公序本亦有的「萬位」之「位」，李慈銘云：「二語俱本《楚語》，不當有兩『位』字，疑涉下文『謂』字音同而衍。」似是。
〔二二〕筭，明道本作「算」，古同，正統本作「筭」，當爲「筭」之訛。
〔二三〕唐，明道本作「虞」。
〔二四〕次「十」字，《元龜》卷七八〇引同，明道本作「萬」，據《五經算術》古本有上中下三等數法，下數者十十變之，中數者萬萬變之，上數者數窮則變，故十億曰兆與萬億曰兆皆合古數。
〔二五〕明道本、正統本作「萬萬兆曰姟」，亦各有所據，理由如上。
〔二六〕《補音》：「晐，古哀反，本或作『垓』，通，九州之田也，與上『姟』數字别。」《説文・土部》「垓」下引作「垓」，形符更旁字也。

〔二七〕《平議》：「此文有闕誤，當云『故王者居九畡之田以食兆民，收經入以食萬官』，故韋氏引《楚語》以解之。若如今本，則與《楚語》不合，韋不當無説矣。且民之數曰兆，而田之數曰畡，正一夫百畝之制，田之數曰畡，而王所取之數曰經，正什而取一之制，可知此文之誤矣。」曲園之説甚辨，唯乏直接證據。

〔二八〕龢，明道本、正統本作「和」，次同。

〔二九〕取，李克家本作「於」。

〔三〇〕「校」前，明道本、正統本有「猶」字，據前後注例，似不當有。

〔三一〕物，各本同，唯陸貽典校本據錢曾影鈔本改作「色」，《考正》、《增注》亦謂當作「色」，《集解》從改，物本有色義，如《楚語下·觀射父論祀牲》「毛以示物」韋注：「物，色。」《周禮·春官·鷄人》「鷄人掌共鷄牲，辨其物」鄭注：「物，謂毛色也。」《小宗伯》「辨其名物而頒之於五官」《正義》：「物，色也。」故於義不勞改字；然從行文言，下有「物一不講」，此作「物一無文」，未免相重，文獻不足徵，姑存疑。

〔三二〕「類」下，明道本、正統本有「也」字。

〔三三〕剸，《舊音》：「音專，賈、唐、孔作『專』。」當作「專」義時，「剸」與「專」通，如《荀子·榮辱》「信而不見敬者，好剸行也」，其中之「剸」即通「專」。

〔三四〕猶，明道本、正統本作「謂」，秦鼎從改，是。

「夫虢石父，讒諂巧從之人也，而立以爲卿士，與剸同也；石父，虢君之名也。巧從，巧於媚從也。 ○《增注》：讒諂巧從，則無可不相濟，猶聲、色、味、物與專同也。 ◎志慧按：石父，《晉語一》作「石甫」，古「甫」、「父」常通作。此謂幽王與虢石父臭味相投、同惡相濟。**棄聘后而立內妾，好窮固也；**聘后，申后。內妾，褒姒。**侏儒、戚施，寔御在側，近頑童也；**侏儒、戚施，皆優笑之人。御，侍也。**周法不昭，而婦言是行，用讒慝也；不建立卿士，而妖試幸措，行暗昧也。**試，用也。措，置也。不建立有德以爲卿士〔一〕，而妖嬖之臣用之於位〔二〕，佞幸之人置之於側也〔三〕。**是物也**〔四〕**，不可以久。** ○《增注》：是物，頑童窮固、讒慝暗昧之類也。**且宣王之時，有童謠**〔五〕宣王，幽王之父。 ○《正義》：《漢書·五行志》：「宣王立，女童謠曰：『檿弧箕服，實亡周國。』」顔師古曰：「女童謠，閭里之童女爲歌謠也。」《僖五年傳》杜注：「童齔之子，未有念慮之感，而會成嬉戲之言，似若有馮者，其言或中或否，博覽之士能懼思之，人兼而志之，以爲將來之驗，有益于世教。」**曰：『檿弧箕服**〔六〕**，實亡周國。』**山桑曰檿。弧，弓也。箕，木名。服，矢房也。 ○劉向：檿弧，桑弓也。萁服，蓋以萁草爲箭服，近射妖也。女童謠者，禍將生於女國，以兵寇亡也（《文獻通考》卷三百十三物異考引）。 ○賈逵：箕，木名。箙，矢筒也（《書鈔》武功部十四引，並見於《御覽》兵部七十八引，後者「箙」作「服」，汪遠孫輯）。 ○《舊音》：檿，一琰反。 ○《正義》：《漢書・五行志》「檿弧，桑弓也。萁服，蓋以萁艸爲箭服，近射妖也。」服虔曰：「檿，檿桑也。」顔師古曰：「檿，山桑之有文點者也。木弓曰弧。服，盛箭者。萁艸似荻而細，織之爲服也。」案：矢服佩於要（腰）間，《小雅》言「魚服」，《荀子・議兵篇》「負服矢五十箇」，若以木爲之，則屈申、旋轉皆礙，宏嗣以箕爲木名，不知所據何書，班氏所見之《國語》從艸、從其，而韋注從竹、從其，則此字譌于漢末也。 ○《補正》：箕無木名，《考異》引《漢書・五行志》，箕作「萁」，謂以萁草爲箭服。 ◎志慧按：從竹之字每從艸，不宜以訛字視之。《漢志》以箕爲草，顔注「似荻而細」，則又非紫箕、狼箕一類的植物，遂不知何所指，後者鬆脆，似不宜用於製作箭袋；賈逵視箕爲木，不知何所據，韋注承自賈逵，董增齡謂「若以木爲之，則屈申、旋轉皆礙」，其説是，然董氏認可《漢志》則不敢必，頗疑此箕（萁）乃指箭箙之U形狀。**於是宣王聞之，有夫婦鬻是器者**[七]，鬻，賣也。**王使執而戮之。**戮之於路。 ○《集解》：戮，責也，非殺之謂。 ◎志慧按：據下文「爲弧服者方戮在路，夫婦哀其夜號也，而取之以逸」，《集解》「非殺之謂」説是也，責則程度似嫌不足。**府之小妾生女，而非王子也，懼而棄之，**府，王内之府藏也。**此人也，收以奔褒。**此人，賣弧服者。收，取也。**褒人有獄，而以爲入**[八]。褒人，褒君姁也[九]。獄，罪也。入，進之於王[一〇]。 ○《舊音》：姁，況宇反。 ○《標注》：「人」者泛言也，縱令其君爲之，亦非斥君之辭。且褒姁非褒君也，下文可徵。**天之命此久**

矣，其又可爲乎〔一一〕？爲，治也。《訓語》有之《訓語》，《周書》。◎志慧按：韋昭以《訓語》爲《周書》，疑該篇或該章韋昭時尚存。曰：『夏之衰也，褒人之神化爲二龍，以同于王庭〔一二〕，褒人，褒君。共處曰同。◎志慧按：韋注「共處曰同」似無大誤，但難稱允當。尤其是「同」而後有漦，童妾遭之，不夫而育，可見此「漦」非同一般，要非韋注所説的「龍所吐沫」。聞一多《伏羲考》云：「同，即交合之謂。《海内經》『伯陵同吴權之妻阿女緣婦』郭注曰：『同，猶通，淫之也。』」張以仁《國語斠證》受到聞一多的啟發，斷漦爲「龍交合後所遺精液，故童妾遭之而孕也」。二位所説甚是，關於「同」字的此類含義，還可以補充以下二條例證：《易林·艮之解》云：「三十無室，寄宿桑中。上宫長女，不得來同，使我失期。」同書《豫卦》：「冰將泮散，鳴雁嗈嗈。丁男長女，可以會同，生育聖人。」尤其是後者，由「生育」一詞，可明確推知「會同」一詞有交媾之義。復次，「同」與「合」古文同形，則「同」有交合之義也就不言自明，而下文「漦」之義亦可尋繹而得，韋注不確。而言曰：余，褒之二君也。二先君也。○虞翻：龍自號。褒之二先君也（《史記·周本紀》集解引，汪、黄輯）。夏后卜殺之與去之與止之，莫吉。止，留也。卜請其漦而藏之，吉。漦，龍所吐沫，龍之精氣也。○應劭：漦，沫也（《漢書·五行志》顔注引）。○鄭玄：漦，音牛齝之「齝」（《漢書·五行志》顔注引）。○《舊音》：漦，仕菑反。◎志慧按：《漢書·五行志》：「劉向：『漦，血也。一曰沫也。』」乃布幣焉，而策告之。布，陳也。幣，玉帛也。陳其玉帛，以簡策之書告龍，而請其漦。○《漢書·五行志》顔注：奠幣爲禮，讀策辭而告之也。龍亡而漦在，櫝而藏之〔一三〕，櫝，櫃也。傳郊之。』傳祭於郊〔一四〕。及殷、周〔一五〕，莫之發也。及厲王之末，發而觀之，末，末年，汭彘之歲也〔一六〕。○虞翻：末年，王流彘之歲（《史記·周本紀》集解引，汪、黄輯）。漦流於庭，不可除也。言流於庭前。謂取而發之也〔一七〕。王使婦人不幃而譟之，裳正幅曰幃。譟，讙呼也。○唐固：群呼曰譟（《史記·周本紀》集解引，王、汪、黄輯）。○皆川淇園：蓋欲以厭而去之。○《正義》：《文選》嵇康《送秀才入軍詩》李善注：「《方言》曰：『袿謂之裾。』音圭。袿或爲『褘』。」《釋名》：「婦人上服曰袿，其下垂者上廣下狹，如刀圭也。」是褘指衣言，非指裳言，故《史記》及《漢書》皆言「嬴（羸）而譟之」。○《標注》：「不幃」者，謂脱幃啟前而露醜也，欲以汙穢厭之也。若衣不啟前，則幃之有無，誰能辨之？其復何厭？○《補正》：此即後人厭勝之法。◎志慧按：幃、褘形符更旁字。化爲玄黿〔一八〕，以入于王府。黿，或爲「蚖」。蚖，蜥蜴也，象龍。府之童妾未既齔而遭之，既，盡也。遭，遇也。毁齒曰齔。未盡齔，毁未畢也。女七歲而毁齒。○《漢書·五行志》引韋注：「玄，黑。黿，蜥蜴也，似蛇而有足。」師古曰：「黿似鼈而大，非蛇及蜥蜴。」○《舊音》：齔，初刃反，又音喟。◎志慧按：《説文·齒部》「齔」段注：「各本篆作齔，云从齒从七，初忍、初覲二音，殆傳會七聲爲之，今按：其字从齒匕，匕，變也。今音呼跨切，古音讀如貨。《本命》曰：『陰以陽化，陽以陰變。故男以八月生齒，八歲而毁。女七月生齒，七歲而毁。』毁與化義同音近。玄應書卷五『齜』舊音差貴切，卷十七舊音羌貴切。」《舊音》「又音喟」與玄應《音義》正合。「匕」聲符訛變作「七」形，即《説文》大徐本之篆形，遂有初忍、初堇、初覲、初問、恥問等音，蓋音隨形變也。大徐本《説文》解爲从齒、七會意，看似合理；小徐解爲從齒、七聲，則於音難通，若將「七」視爲「匕」之形訛，從齒、匕聲，聲符便有著落。今音「趁」當是積非成是的結果，至於「齓」字則是唐宋以後出現的俗字。**既笄而孕，**孕，任身也。女十五而笄。**當宣王而生**[一九]。厲王汭彘[二〇]，共和十四年死。十五年，宣王立，立四十六年。幽王在位十一年而滅。○《詩·小雅·白華》正義：《帝王世紀》以爲幽王三年嬖褒姒，褒姒年十四。若然，則宣王立四十六年崩，是先幽王之立十一年而生。其生在宣王三十六年也。厲王流彘之歲爲共和，十四年而後，宣王立。自宣王三十六年，上距流彘之歲爲五十年。流彘時童妾七歲，則生女時，母年五十六，凡在母腹五十年。其母共和九年而笄，年十五而孕，自孕後尚四十二年而生。作爲妖異，故不與人道同。**不夫而育，**育，生也。**故懼而棄之。爲弧服者方戮在路，夫婦哀其夜號也，而取之以逸，逃於褒。**逸[二一]，亡也。○《正義》：王伯厚《詩地考》：「《輿地廣記》：『興元府褒城縣，故褒國。』漢置褒中縣。《括地志》：『褒國故城在縣東二百步。』」**褒人褒姁有獄，而以爲入于王**[二二]，褒姁，褒君也。○《標注》：據「姁」字，或是婦人矣。**王遂置之，**置，赦褒姁。○《訂字》：置之，或曰：「置之宮中也。」**而嬖是女也，使至於爲后，而生伯服。**以邪僻取愛曰嬖[二三]。使至，有漸之言也。**天之生此久矣，其爲毒也**

大矣，將俟淫德而加之焉〔二四〕。加，遺也，遺以褒姒也〔二五〕。○《訂字》：加之，或曰：「加之禍也。」○《辨正》：釋「加」爲遺，文獻中似未見有其他語例，贈送妖毒亦不成詞，竊以爲釋爲「施加」更確切些，如《吕氏春秋·孝行覽》「光耀加於百姓」、同書《當賞》「人臣以賞罰爵禄之所加知主」，高誘於二「加」字皆注曰：「施也。」此句謂天加妖毒於幽王，亦上對下之辭，故不妨依例釋爲「施」。**毒之酋腊者，其殺也滋速。**精孰爲酋。腊，極也。滋，益也。○《補音》：腊，音昔。○户埼允明：喻降妖之久，其害甚大矣。○《發正》：《月令》「大酋」鄭注：「酒熟曰酋。」《方言》：「酋，熟也。」「久熟曰酋。」《周官·酒正》「二曰昔酒」鄭注：「昔酒，今之酋久白酒。」昔、腊音義同，酋腊，言毒之酋久也。○《補正》：酋，久熟也。腊，乾肉名。久熟之肉有毒，故《易》曰：「噬腊肉，遇毒。」**申、繒、西戎方强，**申，姜姓，幽王前后太子宜咎之舅也〔二六〕。繒，姒姓，申之與國也。西戎，亦黨于申。周衰，故戎、翟彊也。○《詳注》：申國於謝，今河南南陽縣有申城。今山東嶧縣東八十里有鄫城。◎志慧按：《詳注》所指山東嶧縣一帶的鄫國爲姒姓侯國，另有一姬姓繒國，與申國相鄰，説見《晉語一》按語。**王室方騷，**騷，擾也。**將以縱欲，不亦難乎？王欲殺太子以成伯服，必求之申，**太子將奔申〔二七〕。**申人弗畀，必伐之**〔二八〕。畀〔二九〕，與也〔三〇〕。**若伐申，而繒與西戎會以伐周，周不守矣！**言幽王無道，無與共守者〔三一〕。**繒與西戎方將德申，**申脩德于二國，二國亦欲助正〔三二〕，徼其後福〔三三〕。**申、吕方彊，**吕，申同姓。○《詳注》：今河南南陽縣西三十里有吕城。**其隩愛太子，亦必可知也，**隩，隱也。○《補音》：隩，於六反[三四]。○《國語箋》：愛，亦隱也，隩愛是連語。○《補正》：隩，與「噢」通，即噢咻之「噢」。◎志慧按：《老子》「道者，萬物之奥」王弼注：「奥，猶曖也，可得庇蔭之辭。」「隩」、「奥」通。**王師若在，**在，在申也[三五]。**其救之亦必然矣。**○《增注》：繒與西戎必救申也。**王心怒矣[三六]，虢公從矣，**言石父在[三七]，亦從王而怒。**凡周存亡，不三稔矣。**稔，年也。○《翼解》：《説文》：「稔，穀熟也。」《左襄二十七年傳》「不及五稔」注：「稔，年也，熟也，穀一熟爲一年。」**君若欲避其難，速規所矣[三八]，**○《增注》：規，度也。所，可以避難之地。**時至而求用，恐無及也。」**時，難也。用，備也。

【彙校】

〔一〕「有德」之後，《元龜》引有「之人」二字。

〔二〕「而」下，《元龜》引有「乃」字，似於義更密。

〔三〕佞幸，《元龜》卷七九五引同，明道本作「徼倖」，於義似作「佞幸（倖）」稍勝。

〔四〕《集解》無「也」字，不知何所據，疑脱。

〔五〕《詩・小雅・白華》正義引無「有」字。

〔六〕箕，《漢書・五行志》作「萁」，從竹之字亦或從艸。服，《説文・竹部》：「箙，弩矢箙也。」並引《周禮·司弓》「仲秋獻矢箙」爲説。裘錫圭《文字學概要》云：「古代多借『服』爲『葡』（《詩·小雅·采薇》：「象弭魚服。」魚服，即一種魚皮做的矢箙），『箙』應該是在假借字『服』上加注『竹』旁而成的分化字。」可參。

〔七〕「有」前，《左傳·昭公二十六年》正義引有「乃」字。

〔八〕遞修本同，明道本無此八字，亦無其下韋注，《札記》、秦鼎、《集解》以爲公序本衍，但《毛詩正義·小雅·白華》引有此，正統本亦有之，則是明道本脱亦未可知，龜井昱、《補正》即謂明道本脱。

〔九〕次「褒」字，静嘉堂本、南監本脱爛不可識，弘治本作「之」，無據。

〔一〇〕進，静嘉堂本、南監本脱爛不可識，弘治本、許宗魯本作「入」，疑據義臆補。

〔一一〕其又可爲乎，《元龜》卷七九五引同，明道本、《諸子瓊林》前集卷二人倫門「可」前有「何」字，於義則無大異。

〔一二〕同，《國語》各本同，《列女傳·孽嬖傳》引作「伺」，疑後者形近而訛。《史記·周本紀》作「止」，則於義似未周全。

〔一三〕藏，《周本紀》作「去」，《史記會注考證·周本紀》：「陳仁錫曰：『去，藏也。』愚按：與『弆』同。」《左傳·昭公十九年》「紡焉以度而去之」杜注：「去，藏也。」則是「去」與「藏」可互訓。

〔一四〕於，明道本、《諸子瓊林》作「之」。

〔一五〕及殷周，《國語》各本同，《通鑑外紀》卷三引亦同，《左傳・昭公二十六年》正義作「及歷殷、周」，《校證》據此認爲「及殷、周」之「及」涉下句而衍，本當作「歷殷、周」，其説有理，但證據不足。

〔一六〕沵，明道本作「流」，從今字也。

〔一七〕明道本、正統本無「之」字，據正文「發而觀之」，則有「之」者稍長。《略説》疑此一句當在上注「歲也」之下，有理，故在上句末施以句號。

〔一八〕黿，《古列女傳・孽嬖傳》引作「蚖」，或爲韋注所本。

〔一九〕明道本「宣王」下有「時」字，《左傳・昭公二十六年》正義引無「時」字，遞修本、静嘉堂本、南監本、弘治本、許宗魯本、葉邦榮本、張一鯤本、李克家本亦無之，《詩・小雅・白華》正義引兩次，一有一無，疑無者脱，《四庫薈要》本從有。

〔二〇〕沵，明道本、正統本作「在」。

〔二一〕逸，明道本、正統本作「逃」，韋注置於「逃於褒」下，則是解「逃」字；唯「逸」需解而「逃」不需解，仍以公序本爲優。

〔二二〕入，金李本原作「大」，疑爲刻工之誤，兹據諸本改。

〔二三〕僻，明道本、正統本作「辟」，古通。

〔二四〕侯，《通鑒前編》卷九、《元龜》卷七九五引同，明道本作「使候」二字，疑後者訛且衍。

〔二五〕明道本、正統本注作「加，遺以褒女」，疑脱一「遺」字，「姒」作「女」，或係字之殘。

〔二六〕宜咎，明道本、正統本作「宜臼」，文獻中兩作。

〔二七〕將，《詩·王風》正義引《詩譜》作「時」，《備考》、《考異》據此認爲當據改，是。

〔二八〕伐，張一鯤本、李克家本作「殺」，皆川淇園引作「殺」，並云：「一本作『伐』爲是。」可從。

〔二九〕畀，遞修本作「卑」，形訛，正文不誤。

〔三〇〕與，明道本、正統本作「予」。

〔三一〕與，明道本作「以」，秦鼎從改。明道本無「者」字，疑脱。

〔三二〕正，明道本、遞修本、南監本同，《訂字》謂宜作「申」，《略説》據《鈔評》作「申」，於義亦可，唯無早期版本依據。

〔三三〕徼，金李本原作「激」，疑寫工或刻工之誤，兹據明道本、遞修本、正統本等改。

〔三四〕六，《略説》謂當作「到」，是。

〔三五〕明道本、正統本此注作「在於申」。

〔三六〕心，各本同，《訂字》、《略説》謂宜作「必」，於義是，然「王心」加能願動詞的表達式亦見於上古文獻，故不必改。

〔三七〕明道本、正統本及《正義》皆無「在」字，秦鼎謂衍，從刪，是。

〔三八〕「速」前，明道本、正統本有「其」字，静嘉堂本、南監本、弘治本「速」作「遠」，後者疑補版過程之訛。

公曰：「若周衰，諸姬其孰興？」對曰：「臣聞之：武實昭文之功。武，武王。文，文王也。**文之胙盡**〔一〕，**武其嗣乎。**文王子孫，魯、衛是也。胙盡，謂衰也。嗣，繼也。武王子孫當繼之而興。**武王之子，應、韓不在，**三君云：「不在，時已亡也。」昭謂：若已亡，無宜説也〔二〕。近宣王時，命韓侯爲侯伯，其後爲晉所滅，以爲邑，以賜桓叔之子萬，是爲韓萬，則其亡，平王時也〔三〕。應則存焉〔四〕，上史伯云「南有應、鄧」是也。不在，言不在應、韓，當在晉也。○《詩毛氏傳疏·韓奕》：周有二韓：一爲姬姓之韓，襄二十九年《左傳》「叔侯曰『霍、楊、韓、魏，皆姬姓也』」是也；一爲武穆之韓，僖二十四年《左傳》「富辰曰『邘、晉、應、韓，武之穆也』」，《國語·鄭語》「史伯曰『武王之子，應韓不在』」是也。鄭箋以武穆之韓即是晉滅姬姓之韓，誤合爲一，杜注《左傳》、韋注《國語》皆沿其説。○《標注》：注「侯伯」舛。○《集解》：武穆之韓，在今京兆固安縣境。姬姓之韓，今陝西韓城縣南十八里有古韓城。　◎志慧按：陳奂離析二韓甚是，據史伯所言可知，武穆之韓在西周末年已不復存在，其事遂不可考。應國墓地遺址在今河南省平頂山市新華區北滍村滍陽嶺上，應爲周同姓國，其亡國時間亦無考，上文史伯云「當成周者，南有荆蠻、申、吕、應、鄧」，或者今平頂山之應可以當之，而此處「應、韓不在」之應，是否又一個武穆之應，文獻不足徵，姑且存疑。復次，「應韓不在」一語，據文法似當從三君説，唯皆無確據，過而存之可也。**其在晉乎！距險而鄰於小，**距〔五〕，距守之地險也。小，小國，謂虞、虢、霍、楊、韓、魏、芮之屬。　○《補正》：距險，則地勢足恃；鄰於小，易吞併也。**若加之以德，可以大啟。**」國既險固〔六〕，若增之以德，可以大開土宇。　後魯閔元年，晉滅魏、霍。僖五年，滅虞、虢公〔七〕。

【彙校】

〔一〕胙，明道本、正統本作「祚」，出本字也，注同。

〔二〕宜，明道本同，遞修本、静嘉堂本、南監本、弘治本、許宗魯本、葉邦榮本作「宣」，後者字訛，或涉下句「宣王」而訛。

〔三〕《詩·大雅·韓奕》正義引句首有「在」字。「平王」前，明道本、正統本有「非」字，《四庫薈要》從有。有「非」字當是歷史事實，而無「非」字則是韋昭的誤解，明道本增「非」字雖然符合史實，但不是韋昭的本意。

〔四〕存，明道本、正統本作「在」，義同。

〔五〕「距距守之地」五字，明道本與遞修本同，張一鯤本、孔氏詩禮堂本、《正義》首「距」下有「險」字，文淵閣《四庫》本因詩禮堂本。當從，他本疑脱。

〔六〕既，明道本、正統本作「已」，於義同。

〔七〕公，葉邦榮本同，明道本、遞修本、正統本、静嘉堂本、南監本、弘治本、許宗魯本、張一鯤本、李克家本、孔氏詩禮堂本作「也」，金李本誤，葉邦榮本承之。

公曰：「姜、嬴，其孰興？」對曰：「夫國大而有德者近興〔一〕，秦仲、齊侯，姜、嬴之儁也〔二〕，且大，其將興乎！」

秦仲，嬴姓，附庸秦公伯之子，爲宣王大夫。《詩序》云：「秦仲始大。」齊侯，齊莊公，姜姓之有德者。此二人爲姜、嬴之儁，且國大，故近興也。　○《增注》：本注「莊公」，當爲「武公」，共和元年，當齊武公十年。宣王即位元年，當其廿九年。莊公，武公五世孫也。莊公元年，當宣王三十四年。　○《集解》：秦仲，秦莊公之父，襄公之祖。　◎志慧按：韋注秦仲爲宣王大夫，而史伯在此回應的是鄭桓公對當下姜、嬴二國走向的疑問，所以正如韋注將齊侯落實到當下的齊莊公一樣，這秦仲也應該是秦襄公，後者爲秦莊公次子，故稱，《增注》與《集解》之誤亦同。龜井昱謂

「時襄公未列爲諸侯，鄙在西邊，仍舊稱秦仲也」，或是也。公説。乃東寄帑與賄〔三〕，虢、鄶受之，十邑皆有寄地。十邑〔四〕，謂虢、鄶、鄢、蔽、補、丹、依、𩵋、歷、莘也〔五〕。後桓公之子武公竟取十邑之地而居之〔六〕，今河南新鄭是也。賈侍中云：「寄地，猶寄止也〔七〕。」○虞翻：十邑，謂虢、鄶、鄢、蔽、補、丹、依、𩵋、歷、莘也（《史記·鄭世家》集解引，汪、黄輯）。○《韓非子·内儲説》：鄭桓公將欲襲鄶，先問鄶之豪傑良臣、辯智果敢之士，盡與姓名，擇鄶之良田賂之，爲官爵之名而書之。因爲設壇場郭門之外而埋之，釁之以鷄豭，若盟狀。鄶君以爲内難也，而盡殺其良臣。桓公襲鄶，遂取之。○秦鼎：寄地，《譜》所謂分其地也。謂十國分其地以寄於桓公也。一説：寄帑、寄地皆寄託也。暫時寄地十國，後更取之也。寄止，猶客宿，非久留也。是餌十邑以寄地而已。

【彙校】

〔一〕大，金李本原作「太」，疑寫工或刻工之誤，兹從其他各本改。

〔二〕儁，正統本、《詩·秦風》正義引《詩譜》、《元龜》引作「儁」，古通，次同。

〔三〕帑，正統本同，明道本與《漢書·地理志》作「帑」，二字古同。

〔四〕邑，弘治本作「色」，字訛，正文不誤。

〔五〕八國，《史記·鄭世家》集解景祐本、紹興本等引「莘」作「華」。明道本「鄢」作「鄔」，明道本、正統本「丹」作「舟」，「莘」作「華」。

〔六〕竟，明道本作「意」，後者字訛。

〔七〕明道本無「猶」字、「也」字。

幽王八年〔一〕**，而桓公爲司徒，**即位八年。**九年，而王室始騷，**騷，謂適庶交争，亂虐滋甚也。**十一年而斃。**幽王伐申，申、繒召西戎以伐周，殺幽王於麗山戲水〔二〕，桓公死之。**及平王末**〔三〕**，而秦、晉、齊、楚代興，**代，更也。平王即位五十一年。**秦景、襄於是乎取周土，**景，當爲「莊」。莊公，秦仲之子、襄公之父。取周土，謂莊公有功於周，周賜之土也。及平王東遷，襄公佐之，故得西周豐〔四〕、鎬之地，始命爲諸侯。三君皆云：「秦景公，宣王季年伐西戎，破之，遂有其地。」昭謂：幽王爲西戎所殺，故史伯云「申、繒、西戎方彊」。至平王時，秦襄公猶征伐之〔五〕，故《詩序》云襄公「備其兵甲，以討西戎」。西戎方彊，而征伐不休」是也〔六〕。又景公乃襄公十世之孫，而云宣王時破之，遂有其地〔七〕，誤矣。○《詩毛氏傳疏·終南》：《史記·秦本紀》言：「平王封襄公爲諸侯，賜之岐以西之地。」據此，知襄公賜封僅有岐西，尚無岐東，至豐鎬之南山，必非秦履。○《辨正》：謂秦景公取周土與史實不符。秦莊公呢？從前八二一年到前七七八年間在位，不在平王時期，與「平王末」無關，且早于史伯與鄭桓公之對談。故謂「景公」係「莊公」之誤亦有未安。文中還有其他幾處年代上的問題，如秦襄公、晉文侯、齊莊公、楚蚡冒皆在「平王之末」以前，如此安排於時間和敘事順序上皆有未當。其中所述只是想借兩周之際大勢以證明史伯之深謀遠慮、高瞻遠矚和桓公之從善如流，若干歷史年代上的出入或史實上的疏漏可視爲千里馬之牝牡驪黄，《國語》本來就不是純粹的歷史著作，而是當時一種叫做「語」的文類和教材，作明德之用。**晉文侯於是乎定天子，**文侯，文侯仇也〔八〕。定，謂迎平王，定於洛邑〔九〕。**齊莊、僖於是乎小伯，**莊，齊太公後十二世莊公購也〔一〇〕。僖〔一一〕，莊公之子禄父也。小伯，小主諸侯盟會〔一二〕。**楚蚡冒於是乎始啓濮**〔一三〕。蚡冒，楚季紃之孫、若敖之子熊率。濮，南蠻之國，叔熊避難處也。○葉明元《抄評》：《春秋》所載鄭國事非一，而獨録此者，見桓公所以有鄭之因，述其始也。○《正義》：啓是拓土，《魯頌》曰「大啓爾宇」、《僖二十五年傳》「晉于是始啓南陽」是也。○《補正》：蚡，《内傳》作「坌」，同。

【彙校】

〔一〕上海師大校點本與陳桐生譯注《國語》等將以下内容單列，並施標題，唯其中所述者實係上文史伯預言的驗辭，緊接於果辭「公説。乃東寄……十邑皆有寄地」之後，爲《國語》記言之語的典型形態，故從合。

〔二〕麗，明道本、正統本作「驪」。水，明道本、正統本作「下」，秦鼎云：「戲，驪山之北之水名也。」

地在今陝西臨潼。

〔三〕及平王末，明道本、正統本作「及平王之末」，據上文「及厲王之末」，似以有者爲整齊。

〔四〕豐，明道本、正統本作「酆」，古同，後者義符加旁字也。

〔五〕明道本、正統本無「猶」。

〔六〕序，明道本、正統本作「敘」。

〔七〕有，明道本作「取」。

〔八〕明道本不重「文侯」二字，疑脱，正統本有之。

〔九〕「定」下，明道本、正統本有「之」字，可從。

〔一〇〕太公，正統本作「大公」。

〔一一〕僖，明道本作「僖公」，據正文「齊莊、僖」，似明道本據義增。

〔一二〕《詩·齊風·甫田》正義引韋注無次「小」字。

〔一三〕蚡，明道本作「盆」，注同。

《鄭語》卷第十六

國語卷第十七

楚語上

《舊音》：楚，按《史記·世家》顓頊之後也。陸終生六子，少曰季連，爲芊姓。至鬻熊爲文王師，成王封熊繹於楚，居丹陽。宋忠曰：丹陽郡，在枝江縣。至楚文王，自丹陽徙於郢，在南郡江陵縣也。

《釋地》：楚國，芈姓，顓頊之後也，其後有鬻熊，事周文王，早卒，成王封其曾孫熊繹於楚，居丹陽。至熊通，始稱武王。武王十九年，魯隱公之元年也。惠王八年，獲麟之歲也。惠王五十七年卒。自惠王以下十二世二百九年，而秦滅之。

《集解》：楚自熊繹受封，八世至熊渠（志慧按：《史記·楚世家》：「熊繹生熊艾，熊艾生熊䵣，熊䵣生熊勝。熊勝以弟熊楊爲後，熊楊生熊渠。」自熊繹至熊渠實只五世，其誤或始自宋人林堯叟），立其長子康爲句亶王，中子紅爲鄂王，少子執疵爲越章王，此僭王之始也。又八世至熊儀，是爲若敖。又二世至熊眴（《楚世家》作「眴」），是爲蚡冒。又一世熊通，是爲楚武王，武王十九年入春秋。今湖北荆州南道以北至河南方城縣、信陽縣境皆楚故地。

1 士亹論傅太子之道〔一〕

莊王使士亹傅太子葴〔二〕，莊王，楚成王之孫、穆王之子旅也。士亹，楚大夫。葴〔三〕，恭王名。

〇《補音》：亹，亡偉反。徐鉉引《説文》無此「亹」字，當作「娓」，然經典相承作「亹」已久，衆惑難諭。〇《補正》：《書·甘誓》疏引《楚語》作「昭王使觀射父傅太子，射父答以堯有丹朱」云云，與此文大同小異。**辭曰：「臣不材**〔四〕，**無能益焉。」王曰：「賴子之善善之也。」**賴，恃也。**對曰：「夫善在大子**〔五〕，**大子欲善，善人將至；若不欲善，善則不用，**◎志慧按：所見各標點本皆於此下句，下句「故」引出結果，似以作逗號較優。類似表達亦見於清華簡《趙簡子》范獻子語：「子始造於善，則善人至，不善人退。子始造於不善，則不善人至，善人退。」可互參。**故堯有丹朱，**朱，堯子，封於丹。〇《釋地》：堯子朱封於丹，今南陽府内鄉縣西南一百二十里有丹水城，本漢縣，又有丹朱冢。〇《補正》：丹，即丹水，在今河南府内鄉縣。◎志慧按：《史記·高祖本紀》正義引《汲冢紀年》云：「后稷放帝子朱于丹水。」可參。**舜有商均，**均，舜子，封於商。〇《釋地》：舜子均封於商，後復號有虞，故虞城在歸德府虞城縣南三十里。〇《補正》：舜以商封契，又以封均，何也？無考。〇《集解》：今陝西商縣之武關西北二十里有商城，是其地，與契封之商别。

契封之商在今直隸欒城縣地，有商山。**啟有五觀**，啟，禹子也。五觀，啓子，大康昆弟也〔六〕。觀，洛汭之地。《書序》曰：「大康失國，昆弟五人須于洛汭。」《傳》曰：「夏有觀、扈。」○舊注：觀國，夏啟子大康之第五弟所封也，在衛縣，夏相滅之（《元和郡縣志》十六引，汪遠孫輯）。○王應麟《困學紀聞》卷二：五子述大禹之戒，作歌，仁義之人其言藹如也，豈朱、均、管、蔡之比，韋氏説非也。○《增注》：以《五子之歌》觀之，大康五弟非可稱姦子者也。以五觀爲所謂五子者，非是也歟？五觀者，疑是謂大康歟？○《正義》：觀城縣，今隸山東曹州府。古觀國城，在縣西。雒出王城南，至相谷西東北流，去虎牢城四十里注河口，謂之洛汭，則觀與洛汭爲兩地矣。○秦鼎：《墨子·非樂篇》有武觀，或云即五觀也。○《發正》：洛水至河南鞏縣已入河，去觀城尚遠，不得以觀爲洛汭之地。觀乃姚姓之國，更不得以爲啟子所封，且無兄弟五人合封一國之理，《古今人表》始云「太康，啟子，昆弟五人，號五觀」，韋氏遂沿其誤，而又以觀爲地，引《傳》「夏有觀、扈」爲證。杜注《内傳》云：「觀國，今頓丘衛縣。」當即姚姓之國，至夏時而叛，與五觀迥然無涉，豈得目爲姦子？《五子之歌》如姦子所作，孔子删《書》亦奚取而存之乎？《水經·巨洋水注》：「《國語》曰：『啟有五觀。』」謂之姦子，五觀，蓋其名也，所處之邑其名曰觀，酈善長亦誤以觀爲邑名。◎志慧按：歷觀文獻，關於五觀凡有以下諸説：一、觀爲人名，以其封國觀地而得名，武觀止爲一人，《墨子·非樂上》有引《武觀》之文。又如《今本竹書紀年》亦云：「帝啟十一年，放王季子武觀於西河。」二、武觀爲五人，認爲「武觀」或「五觀」即《書序·五子之歌》的「昆弟五人」，如《逸周書·嘗麥》、《漢書·古今人表》班固自注、《潛夫論·五德志》、《國語》本條韋注，以及清代治《尚書》的惠棟、段玉裁、孫星衍等，皮錫瑞《今文尚書考證》有論説，王先謙《尚書孔傳參正》認同皮説。三、《武觀》和《五子之歌》是兩書，《武觀》事在啓時，而非太康失國時事，如程元敏《尚書學史》即作是説。文獻不足徵，存疑可也。**湯有大甲，**大甲，湯孫，大丁之子。不遵湯法，伊尹不能正，放之於桐。○《路史·國名記》：桐，空桐也。宋之虞城南五里有桐亭，故空桐地，今尚曰空桐，非桐鄉。注引《世本》云：「空桐，商後國。」◎志慧按：虞城，今屬河南商丘。《左傳·哀公二十六年》：「冬十月，（宋景）公游于空澤，辛巳，卒于連中，大尹興空澤之士千甲，奉公自空桐入如沃宮。」杜注：「梁國虞縣東南有地名空桐。沃宫，宋都内宫名。」**文王有管、蔡。**管、蔡，文王子、周公兄也〔七〕。○《集解》：管、蔡非本名，以封於管、封於蔡而名之也。管國在今河南中牟縣。蔡國在今河南上蔡縣，縣西南十里有古蔡城。◎志慧按：據《史記·管蔡世家》，管叔爲周公兄，蔡叔爲周公弟。**是五王者**〔八〕，**皆元德也**〔九〕，**而有姦子。**◎志慧按：《左傳》《論語》及二戴《禮記》俱不見丹朱與商均，如果這個譜系在孔子之前已經存在，何以「祖述堯舜，憲章文武」的孔子以及七十二子一字未及？按照後來儒家的道統譜系，堯舜之後是禹而不是啟，啟似乎也未曾享有「元德」的稱號。湯與大甲是祖孫關係，放在這個譜系中顯得另類。指大甲爲姦子，亦似不見於其他儒家文獻。疑該材料係孟子之前學者爲呼應禪讓學説之創作並托名於楚莊王時期的士亹。夫豈不欲其善？不能故也。若民煩，可教訓？煩，亂也。○皆川淇園：或疑煩當作「頑」，字之誤也。○《述聞》：民，讀爲「泯」，泯、煩，皆亂也。○秦鼎：煩，亂，猶强聒也，言若民强聒，教之使其爲善。○龜井昱：《晉語》「處師弗煩」，恭王非靈俐兒歟？士亹非泛論教誨之方者也。蠻、夷、戎、翟〔一〇〕，其不賓也久矣〔一一〕，賓，服也。○賈逵：賓，伏也（《史記·司馬相如列傳》索隱引，汪遠孫輯）。○《增注》：言民之煩亂皆可以教訓也，則夷狄猶將賓服也，而其不賓之久也，則不可以教訓故也。◎志慧按：關於「民煩」的釋義，皆川淇園、冢田虎、秦鼎、王引之説皆是也，唯四夷不賓與「若民煩可教訓」不接，所見今人標點本多於「民煩」下斷，「可教訓」下作句號，也有作逗號的，如此則句法不完。古文「可」「何」同形，頗疑「可」字下原書有一重文號，按今世書法與標點則是：「若民煩，何可教訓？」如此則於文氣、句法、書法皆合，文獻不足徵，姑存此以質諸高明。中國所不能用也。」王卒使傅之。

【彙校】

〔一〕穆文熙《鈔評》題作「士亹申叔論教太子」，葉明元《抄評》作「楚王與子亹申叔時論教太子」，上海師大本作「申叔時論傅太子之道」，言主有二，上海師大本有失周延，今分爲二篇，並各依言主施題。

〔二〕太子，明道本系統、遞修本同，李克家本作「大子」。以下《國語》正文中諸「大子」、「大甲」，明道本、正統本、許宗魯本作「太子」、「太甲」，遞修本、静嘉堂本、南監本、金李本、葉邦榮本、張一鯤本、李克家本作「大子」、「大甲」，其中遞修本、金李本、弘治本、葉邦榮本内部用字未能一致，弘治本、許宗魯本祖於南監本，又從俗改。蒧，《補音》：「子林反，按《左傳》、《史記》皆作『審』，楚共王名也。今諸本多作『蒧』，疑非是。又蒧、審音相近，楚夏語或然。」明道本、正統本、許宗魯本作「箴」，但從艸與從竹之字古文中每通用，如「藉」與「籍」、「第」與「苐」，故二者皆無誤。

〔三〕蒧，明道本作「審」，《札記》謂當作「審」，唯《國語》正文作「蒧（箴）」，注當一律。

〔四〕材，明道本、正統本作「才」。

〔五〕大，明道本、正統本、許宗魯本、《增注》作「太」，下「大康」、「大甲」、「大丁」、「大師」同。

〔六〕大康，遞修本、南監本作「太康」，次「大康」及下句韋注之「大甲」、「大丁」同，後者係公序本通例。

〔七〕明道本、正統本「子」與「兄」前俱有「之」字。

〔八〕五王，静嘉堂本、南監本、弘治本作「王王」，後者誤。

〔九〕「元德」前，明道本、正統本有「有」字。

〔一〇〕翟，明道本、正統本作「狄」，下同。

〔一一〕賓，明道本、遞修本、張一鯤本作「賔」，遞修本與之前用字不一，注同。

2 申叔時論傅太子之道〔一〕

問於申叔時，叔時，楚賢大夫申公也。○《補正》：此士亹問也。叔時曰：「教之《春秋》，而爲之聳善而抑惡焉，以戒勸其心；以天時紀人事，謂之《春秋》。聳，奬也。抑，貶也。○賈逵：抑，止也（釋慧琳《一切經音義》卷八引，王、黃、蔣輯）。○《方言》卷六：自關而西，秦晉之間，相勸曰聳。○《困學紀聞》卷六：《春秋》，在孔子前，所謂《乘》、《檮杌》也。○《補正》：觀此，則知凡諸侯之史皆謂之《春秋》，不獨魯也。◎志慧按：此《春秋》當然不是魯《春秋》，下文「教之《詩》」之「《詩》」，也肯定不是今傳本之《詩經》，但在言説者心目中，應是具體的一部教材，故以下相應材料可視爲書名者皆標以書名號；如禮、樂、令、語、故志等或未必成書，或未必爲某一專書，則不施書名號。教之《世》，而爲之昭明德而廢幽昏焉，《世》，先王之世繫也〔二〕。昭，顯也。幽，闇也。昏，亂也。爲之陳有明德者世顯，而闇亂者世廢也〔三〕。○舊注：先王之繫、世本，使知有德者長，無德者短（《周禮·瞽矇》疏引，汪遠孫輯）。○《荀子·禮論篇》楊注：繫世，謂書其傳襲，若今之譜牒也。　○《補正》：世繫，猶譜牒也。　◎志慧按：此間所教之《世》，當然包括先王之世系，但不僅此也，僅從《周語》所呈現的周室單氏家族材料中，即可見單襄公、單頃公、單靖公及後者曾孫單穆公，前後共七世；《魯語》所呈現的材料中，亦可見季孫家族從季文子、季武子、季悼子、季平子、季桓子到季康子，前後共六世，《國語》所見這些世臣世族的材料雖不敢必其淵源於家族譜牒，但在公共文獻中尚有如此詳細的家族史記録，則帝繫以外，其時尚有世家大族的譜牒應該没有問題。**以休懼其動**〔四〕；休，嘉也。動，行也。使之嘉顯而懼廢也。　○《爾雅·釋詁》：休、嘉，美也。　**教之《詩》，而爲之道廣顯德**〔五〕，**以耀明其志**；道，開也。顯德，謂若成湯、文、武、周、召〔六〕、僖公之屬，《詩》所美者〔七〕。　○《標注》：僖公非類，宜削去。　**教之禮，使知上下之則**；則，法也〔八〕。　**教之樂，以疏其穢而鎮其浮**；疏，滌也。樂者，所以移風易俗，盪滌人之邪穢也〔九〕。鎮，重也。浮，輕也。○賈逵：浮，輕也（《文選》殷仲文《南州桓公九井作》李善注引，汪遠孫輯）。　○《辨正》：就文義而言，浮者當壓，而非增重，如學者其心浮躁，教者當設法使之持重鎮定，以止其浮躁之心，故竊以爲此處取「鎮」之本義爲長，《説文·金部》：「鎮，博壓也。」范曄《逸民傳論》：「或静己以鎮其躁，或去危以圖其安。」六臣注《文選》吕延濟注曰：「鎮，壓。躁，動。」「鎮其浮」與「鎮其躁」句式正同，義亦應無殊。　**教之令，使訪物官**；令，先王之官法、時令也〔一〇〕。訪，議也。物，事也。使議知百官之事業。　○《標注》：物官，謂物各有其官也。　**教之語，使明其德，而知先王之務用明德於民**

也〔一一〕；語，治國之善語。教之故志，使知廢興者，而戒懼焉；故志，謂所記前世成敗之書。教之《訓典》，使知族類，行比義焉。訓典，五帝之書也〔一二〕。族類〔一三〕，謂若惇敘九族〔一四〕。比義，義之與比也。○《述聞》：義，當讀爲「儀」。《説文》：「儀，度也。」比儀者，比之、度之也。「行比義焉」者，行猶「用」也，言使知其族類而用其比度。若是而不從，不見從也〔一五〕。動而不悛，悛，改也。○秦鼎：動，有所感動也。則文詠物以行之，文，文詞也〔一六〕。詠，風也。謂以文詞風託事物以動行之〔一七〕。○秦鼎：文，即詩也。○《國語箋》：文詠物，當是詠文物之倒文，故與下「求賢良」偶對，《内傳・桓二年》云：「火龍黼黻，昭其文也；五色比象，昭其物也，文物以紀之。」此其義也。其實，凡服用之有文章者皆曰文，猶凡器物之中制度者皆曰物。文物之所晐者廣，故申叔時言教以《春秋》等而太子不悛，則爲之常諷詠文物於其側以行之，言文物而三代之典章罄矣。求賢良以翼之。翼，輔也。悛而不攝，則身勤之，攝，固也。勤，勤身以勗勉也。○秦鼎：身，謂師傅之身也。多訓典刑以納之，刑，法也。務慎惇篤以固之。攝而不徹，徹，通也。○《增注》：攝，整飾也。則明施舍以道之忠，施己所欲，原心舍過，謂之忠恕。○《述聞》：施舍，謂賜予。○《增注》：明施舍，謂施可施，舍可舍也。○秦鼎：凡「明」者，教之之道也。原心，謂原父子之親之類也。明久長以道之信，有信然後可長久〔一八〕。○龜井昱：所謂思長世之德，歷遠年之數，是久長也。明度量以道之義，義，宜也。言度量所宜也。○《補音》：度，待洛反。○《增注》：

法度分量不明，則事失其義。　○龜井昱：度量，經國之制度也。宫室車器之度，衣服飲食之量，上下各有其宜，是義也。**明等級以道之禮，**等級，貴賤之品。　○賈逵：等級，上下等差也（《原本玉篇殘卷·糸部》引）。**明恭儉以道之孝，**恭儉，所以事親。　○《發正》：孝，亦善德之通稱，非指事親言之。**明敬戒以道之事，**敬戒於事，則無敗功。　○《標注》：敬，「儆」之本字。**明慈愛以道之仁，明昭利以道之文，**昭，明也。明利，言利人及物。　○《平議》：昭，當讀爲「招」，明招利以導之文，與下句「明除害以導之武」正相對成義。招利，謂招而來之；除害，謂除而去之。**明除害以道之武，**除害，去暴亂也。　○《增注》：武，所以除人物之害也。**明精意以道之罰，**明盡精意，斷之以情。**明正德以道之賞，**正德，謂不私所愛也[一九]。　○《標注》：「正德」解太容易。**明齊肅以耀之臨。**齊，壹也。肅，敬也。耀，明也。臨，臨事也。　○户埼允明：太宰純曰：「齊，側皆切，敬也。」　○《增注》：齊肅，心愼而不散也。　◎志慧按：《補音》於《楚語下·觀射父論祀牲》之「齊肅」作「如字」，於「齊敬」則作「阻皆反」，其實，齊肅猶齊敬，「齊」皆當讀如「齋」，太宰純説是也，韋注誤。**若是而不濟，不可爲也。**濟，成也。爲，爲師傅也。　○户埼允明：太宰純曰：「爲，猶治也。猶言疾不可爲也。」予按舊注説其意義，不必爲非。　○秦鼎：爲師傅，猶作巫醫。謂不可救藥也。　○《補正》：不可爲，猶言不可教，指太子説。　◎志慧按：《略説》承春臺之後云：「若疾不可爲之義，言若上之所謂而太子之德不成，則不可復治也。」衆説中最爲完備，而吴説尤簡要。

【彙校】

〔一〕此下至「不（否）則赧」，明道本、遞修本、正統本、南監本、金李本、許宗魯本等與上文合作一處，雖俱爲一事，但言主爲二，故從分，並仿上一篇另施標題。

〔二〕「先王」前，明道本、正統本有「謂」字，秦鼎從補。

〔三〕世，静嘉堂本、南監本、弘治本作「也」，涉句末「也」字而誤。

〔四〕休，《補音》出注，《述聞》卷四、卷六俱取「喜」義，承吴宗輝惠告，兩浙東路茶鹽司刻本《周禮·春官·瞽矇》鄭玄注引杜子春説作「怵」，《周禮·春官·宗伯下》「瞽矇」賈疏引亦作「怵」，釋文：「怵，北本作『休』。」阮刻《十三經注疏》本俱作「休」。《補正》謂作「怵」語意較順，唯韋昭所見者爲「休」，清沈廷芳（一七〇二—一七七二）《十三經注疏正字》卷二八《周禮》「瞽矇」下云：「原文本作『休』，分承『昭廢』，作『怵』誤也。」龜井昱謂「戒勸」「休懼」字並反應，《斠證》謂「休懼」分别對應於「善惡」，俱有理。

〔五〕道，明道本、正統本作「導」，下文「明施舍以道之忠」一段之諸「道」字同。道廣，《新書·傅職》作「廣道」，亦通。

〔六〕召，明道本、正統本作「邵」，義符加旁字也。

〔七〕「《詩》」前，明道本、正統本有「諸」字，若從有「諸」，則「詩」字不得施書名號。

〔八〕明道本無「則法也」三字韋注，疑脱。

〔九〕盪，明道本、正統本作「蕩」，古同。

〔一〇〕「先王」前，明道本、正統本有「謂」字，上下文韋注多無「謂」字，似亦不必有。

〔一一〕秦鼎以爲上下並列句句末多用「焉」字，此「也」字亦以「焉」爲長，其説有理，唯《新書·傅職》引亦作「也」。

〔一二〕也，静嘉堂本、南監本同，明道本、正統本、弘治本、許宗魯本無之。

〔一三〕族類，弘治本、許宗魯本作「知族類」，係涉正文而誤。

〔一四〕敘，明道本作「序」，古通作。

〔一五〕明道本無此韋注，疑脱。

〔一六〕詞，明道本、正統本作「辭」，次同。

〔一七〕之，明道本、正統本作「也」字，據正文，似有「之」者較優。

〔一八〕可，明道本、正統本作「可以」二字。久，遞修本作「人」，字訛。

〔一九〕「私」下，明道本、正統本有「於」字。

「且夫誦《詩》以輔相之，威儀以先後之，體皃以左右之，明行以宣翼之，宣，徧也。

○《略説》：明行，明善之行也。宣，示。翼，助也。言以善行示而助之。**制節義以動行之，恭敬以臨監之，勤勉以勸之，孝順以納之，忠信以發之，德音以揚之。**○《增注》：發，起發。揚，顯揚也。**教備而不從者，非人也，其可興乎？**興，猶成也。○《辨正》：以「成」釋「興」有些勉强，文中在討論對太子的教育，當以起、發等意義爲近，《説文·舁部》：「興，起也。从舁、从同，同力也。」《大學》「上老老而民興孝」、《孟子·盡心上》「待文王而後興者，凡民也；若夫豪傑之士，雖無文王猶興」，其中之「興」皆具感發、興起之意，本條之「興」用法與此類似，則義亦當與「感發」、「興起」相類。**夫子踐位則退，**夫子，大子[一]。退，謙退也。○《删補》：此夫子，申叔時指士亹。言位，即謂士亹就師傅位也，不如此，則下二句如何解説乎？○《備考》：蓋言子亹今踐師傅之位則宜退讓，退讓則太子敬師傅之意深而勤學也，不退讓則太子赧然慚愧向教之情衰矣。○李慈銘：謂太子嗣位，則退老也，故云「自退則敬」，注非。○《補正》：此夫子謂士亹，語以如太子不可教，則踐位而退，非指太子。◎志慧按：「夫子」一詞用於指稱不在場的對象，韋昭與李慈銘説是。「踐位」一詞有特有的適用范圍，韋昭與李慈銘所説者亦是。作爲師傅自有教誨之職，不違多讓，於「退」字之義訓，韋昭與《備考》説非，李慈銘與《補正》説是。**自退則敬，**自退則見敬也。**不則赧**[二]。」赧，懼也。不自退，則恒憂懼[三]。◎志慧按：《説文·赤部》：「赧，面慚赤也。」從生理反應看，臉色因慚愧而呈潮紅，若爲憂懼，則呈現青色或蒼白色。從文意言，謙退則見敬，否則不見敬，自取其辱，故訓赧爲懼不如訓受辱稍勝。復次，前節對話，《尚書·甘誓》孔穎達正義亦引，唯事主爲昭王與觀射父，時序上未見其不合，但士亹、觀射父、申叔時對教育對象的定位皆不合常情，更何況這個對像是世子。無論是恭王，還是惠王，都没有對話中披露的不堪。聯繫《周語上》末二篇，一邊大肆抬高晉文公，一邊又極力貶低晉惠公；《魯語上》「臧文仲請賞重館人」，以信義之名粉飾晉文公主導的分贓鬧劇。經與郭萬青教授商討，頗疑這二篇如此模樣，也有著出身三晉的編者的因素，識者正之。

【彙校】

〔一〕大子，南監本同，明道本、遞修本作「太子」。

〔二〕不，明道本、正統本作「否」。赧，明道本作「赧」，李慈銘以爲後者俗字，是。

〔三〕恒，明道本、正統本作「常」，韋昭處吳，本不需避漢諱，然其中或有援引鄭衆、賈逵等避諱成例而失改者，故不能以是否避漢諱作爲版本依據。

3 子囊議恭王之謚

恭王有疾，恭王，太子蔵也〔一〕。疾在魯襄十三年。召大夫曰：「不穀不德，失先君之業，業，伯業也。◎志慧按：伯，今作「霸」，《説文·月部》「霸」下段注云：「俗用爲王霸字，實『伯』之叚借字也。」覆楚國之師，不穀之辠也。覆，敗也，謂鄢陵之戰爲晉所敗。若得保其首領以没〔二〕，保首領，免刑誅也。○《略説》：蓋免刼弑、戰死也，刑誅不可施之國君。唯是春秋所以從先君者，請爲『靈』若『厲』。」亂而不損曰「靈」，殺戮不辜曰「厲」。言春秋禘、祫，當以主謚〔三〕，序昭穆，從先君於廟堂也。◎志慧按：若，或也，《左傳·定公元年》：「晉文公爲踐土之盟，曰：『凡我同盟，各復舊職。』若從踐土，若從宋，亦唯命。」其中二「若」字即作「或」解。大夫許諾。

【彙校】

〔一〕太子，明道本同，張一鯤本、李克家本作「大子」。蔵，許宗魯本作「箴」，從《説文》篆體，明道本、正統本作「審」，疑據《左傳》、《史記》改。《補音》：「《左傳》、《史記》皆作『審』，楚共王名也，今諸本多作『蔵』，疑非是。又，蔵、審音相近，楚、夏語或然。」《略説》：「《周禮·地官·羽人》曰：『十羽爲審。』鄭注引《爾雅》曰：『一羽謂之箴，十羽謂之縛。』審、箴皆爲羽數之名，乃作『箴』似是。」《補音》、《略説》俱能得其委曲，唯從竹之字亦或從艸，故「蔵」、「箴」並無正誤之别。

〔二〕没，明道本、正統本作「歿」。

〔三〕主，明道本、正統本作「立」，秦鼎謂當從之，李慈銘則以爲作「主」者是，文獻中兩作，且形近，不敢必其一爲是。

王卒，及葬，子囊議謚。子囊，恭王弟令尹公子貞。○《正義》：《曲禮》：「言謚曰類。」鄭注：「使大夫行，象聘問之禮。」孔疏：「言將葬，就君請謚也。凡謚，既是表德，故由尊者所裁，當未葬之前，親使人請之于天子。」楚以僭王猾夏，不通中國，故不知請謚之典。君生而自議其謚，臣即以卑而謚君，皆未合典章也。**大夫曰：「君王有命矣**〔一〕**。」子囊曰：「不可。夫事君者，先其善，不從其過。**先其善，先舉君之善事以爲稱〔二〕，不從其過行也〔三〕。**赫赫楚國，而君臨之，**赫赫，顯盛也。○《標注》：「顯盛」下，宜補「之貌」二字。◎志慧按：《標注》說是也，《詩·小雅·節南山》毛傳作「赫赫，顯盛貌」。韋昭承毛傳，「貌」字疑脱。**撫征南海**〔四〕**，訓及諸夏，其寵大矣。**撫，安也。征，正也。南海，羣蠻也。訓，教也。寵，榮也。教及諸夏，謂主盟會、頒號令也〔五〕。○《讀書叢録》卷六：《周禮·地官·序官》注：「訓，讀爲馴，馴服也。」謂服及諸夏。**有是寵也而知其過，可不謂『恭』乎？**《謚法》：「既過能改曰恭。」◎志慧按：《逸周書·謚法解》：「敬事供上曰恭，尊賢貴義曰恭，尊賢敬讓曰恭，既過能改曰恭，執事堅固曰恭，安民長悌曰恭，執禮敬賓曰恭，芘（庇）親之門曰恭，尊長讓善曰恭，淵源流通曰恭。」韋昭僅取改過之義而不及恭王其他德業，有欠周延。若先君善，先其善事。則請爲『恭』。」大夫從之。

【彙校】

〔一〕明道本、正統本無「君」字，疑脱。

〔二〕「稱」前，明道本有「其」字。

〔三〕明道本無「也」字，空一格，正統本有之，則是明道本脱。

〔四〕征，《後漢書·劉梁傳》作「正」，古通，但據韋昭「征，正也」之注則可知韋昭所見本必作「征」。

〔五〕頒，明道本、正統本作「班」，通假字。

4 屈建祭父不薦芰

屈到嗜芰。屈到，楚卿，屈蕩子子夕也〔一〕。芰，蔆也。○舊注：屈到，楚卿（《御覽》果部十二引，汪遠孫輯）。◎志慧按：芰，一名菱，一年生浮水水生草本植物，五至十月開花，七至十一月結果，小者爲刺菱，大者爲大菱，江西南昌海昏侯墓蒸煮器裏就有菱角的殘留。又，陸佃《埤雅》卷十四「蔆」下引《武陵記》云：「四角、三角曰芰，兩角曰蔆。」有疾，召其宗老而屬之，家臣曰老。

宗老，爲宗人者〔二〕。○《舊注》：宗老，宗臣也。屬，託也。（《御覽》禮儀部四引，汪遠孫輯）。○《標注》：注宜言「宗老，宗人，爲家臣者也」。**曰：「祭我必以芰。」及祥，**祥，祭也。○《略説》：此蓋二十五月大祥。○《補正》：免喪而祭，如小祥、大祥是也。◎志慧按：《禮記·間傳》：「父母之喪，期而小祥，又期而大祥。」先小祥，父母死十三個月小祥，然後纔是大祥，則是小祥之時就會遇到祭品的選擇問題，不知關修齡何以指此爲大祥。**宗老將薦芰，屈建命去之。**建，屈到之子子木也。**宗老曰**〔三〕：**「夫子屬之。」**夫子，屈到也。**子木曰：「不然。夫子承楚國之政，**承，奉也。**其法刑在民心**〔四〕，**而藏在王府，**○《略説》：民服從焉，記之於心而不忘。◎志慧按：此「刑」義同《詩·大雅·思齊》「刑於寡妻」之「刑」，毛傳：「刑，法也。」朱熹《集注》：「刑，儀法也。」**上之可以比先王，下之可以訓後世，**○秦鼎：比先王，可以比先王之典刑也。**雖微楚國，諸侯莫不譽。**微，無也。雖使無楚國之稱，諸侯猶皆譽之以爲善也。○《補正》：微，獨也，謂不獨楚國。◎志慧按：微未聞「獨」義，韋注無誤，皆川淇園、《增注》俱訓作「非」，義近。**其《祭典》有之曰：『國君有牛享，**諸侯以太牢也。**大夫有羊饋，**羊饋，少牢也。**士有豚犬之奠，**士以特牲。○賈逵：奠，陳也（《原本玉篇殘卷·丌部》）引。**庶人有魚炙之薦，**庶人祀以魚。**籩豆、脯醢則上下共之。**共之，以多少爲差也。○《詳注》：籩、豆，祭器，籩以竹，豆以木。脯，乾肉。醢，肉醬。○《辨正》：上下共之，應該是籩、豆之類的祭器，脯、醢之類的祭品，從國君到大夫、士、庶人各階層都共用之意，「以多少爲差」祇是韋昭據當然之理的猜測，並不能作爲對「共之」一詞的訓釋。**不羞珍異，不陳庶侈。』**羞[五]，進也。庶，衆也。侈，猶多也。○賈逵：珍，美也（釋慧琳《一切經音義》卷二十二引，汪遠孫輯）。○《增注》：庶侈，謂諸奢侈之物也。**夫子不以其私欲干國之典。」**○舊注：言不犯常法（《御覽》人事部三十引，汪遠孫輯）。○惠士奇《禮説》卷二：蔆、芡、栗、脯，分實八籩，天子之祭禮也。大夫而薦芰，是僭用天子之禮，故屈建曰「干國之典」。**遂不用。**干[六]，犯也。○《標注》：祥祭，大禮也，子木去芰，是也；柳州誚之，非也。若他日吉凶之告禋，歲時之薦，月吉之奠，或用芰，亦無不可，子木蓋或爲之矣。然是章美其去芰而已矣，不問其他，古有月吉薦新之禮，漢惠之櫻桃可參考。◎志慧按：此韋注似應前置於「干國之典」下。復次，柳州之言如次：「門内之理恩掩義。父子，恩之至也，而芰之薦不爲愆義。屈子以禮之末節，忍絶其父將死之言，吾未知賢乎否也。《禮》之言齋也，曰：『思其所嗜。』屈建曾無思乎？」於常人，柳州之説誠是，於子木這樣的顯貴，當其問題意識從遵從父親遺願一變而爲其本人言行可能産生的影響，自然不敢造次，詩所謂「赫赫師尹，民具爾瞻」，可不慎乎？

【彙校】

〔一〕明道本首「子」前有「之」字。

〔二〕爲宗人者，明道本、正統本作「謂宗人也」，秦鼎從改，是。
〔三〕宗老，《御覽》禮儀部四引同，明道本無「宗」字，於義亦通。
〔四〕刑在民心，《正義》刊本作「在刑民心」，誤乙，稿本不誤。
〔五〕羞，遞修本作「著」，疑形近而訛。
〔六〕干，遞修本作「子」，字訛。

5 蔡聲子論楚材晉用

湫舉娶於申公子牟〔一〕，湫舉，楚大夫，伍參之子、伍奢之父伍舉也。子牟，申公王子牟也〔二〕。○《舊音》：湫，音焦。○《釋地》：楚有湫邑，在襄陽府宜城縣，杜元凱所謂南郡鄀縣東南有湫城者也。伍舉，湫邑大夫，故稱湫舉。◎志慧按：湫，典籍又借作「椒」，《水經注·沔水》作「湫城」，清華簡《楚居》作「湫郢」，白公之亂後楚惠王改名作「肥遺」，新蔡葛陵楚簡作「肥遺郢」，地在今湖北鍾祥市長壽鎮，當地有長壽城址，係東周時期舊城。此説采自徐文武《清華簡〈楚居〉「湫郢」考》。**子牟有辠而亡**，亡，奔也。**康王以湫舉爲遣之**〔三〕，康王，恭王之子康王昭也。**湫舉奔鄭，將遂奔晉**。鄭小而近，故欲奔晉。**蔡聲子將如晉**，蔡聲子，蔡公孫歸生子家也。唐云：「楚滅蔡，蔡聲子爲楚大夫。」昭謂：蔡時尚存〔四〕，聲子通使於晉、楚耳。在魯襄二十六年。**遇之於鄭郊**〔五〕，**饗之以璧侑**，饗，食也。璧侑，以璧侑食。○《正義》：侑，訓勸，謂助歡也。《僖二十八年傳》：「王饗醴，命晉侯侑。」侑，古通「右」，《詩・彤弓》「一朝右之」毛傳：「右，勸也。」曰：「**子尚良食**，尚，猶强也。良，善也。○户埼允明：太宰純曰：「尚，當訓庶幾。」○秦鼎：尚良食，猶《外戚世家》言「行矣，彊飯，勉之」。一説，尚，庶幾也。亦通。◎志慧按：尚，有庶幾之義，見於《説文・八部》「尚」下，但此處蔡聲子面對湫舉，似不必用庶幾一詞，《文選》枚叔《七發》李善注引賈逵注《國語》云：「尚，且也。」與韋注義近，賈、韋二注皆不可謂誤。**二先子其皆相子**，相，助也。二先子，謂湫舉之父伍參、聲子之父子朝也。《傳》曰：「楚伍參與蔡大師子朝友，其子伍舉與聲子相善。」**尚能事晉君以爲諸侯主**。」主，盟主也。**辭曰**：「**非所願也**。**若得歸骨於楚**，**死且不朽**。」自謂不朽。**聲子曰**：「**子尚良食**，**吾歸子**。」使子得歸。**湫舉降**，**三拜**，拜善言也。**納其乘馬**，**聲子受之**。四馬曰乘。受而不辭，定其心也。○龜井昱：納己旅途所乘之馬，此乘馬亦不容説四馬。○《正義》：聲子，大夫，亦當四馬。

【彙校】

〔一〕湫，《漢書・人物表》同，《舊音》擧唐、孔本作「椒」，明道本、正統本、《左傳》亦作「椒」，上古幽蕭合韻，二字同音通假，下同。

〔二〕「申公」前，明道本、正統本有「楚」字，秦鼎本從補。

〔三〕以湫舉爲遺之，遞修本、南監本、張一鯤本、孔氏詩禮堂本同，後者有孔廣栻乙正符號，明道本、正統本與文淵閣《四庫》本俱作「以爲湫（椒）舉遺之」，疑《四庫》本從孔校，於語法似後者爲長。

〔四〕存，静嘉堂本、南監本、弘治本、許宗魯本作「在」。

〔五〕明道本無「郊」字，《左傳·襄公二十六年》正義有之，無者疑脱，正統本有。

還，見令尹子木，子木，屈建也。《傳》曰：「聲子通使於晉，還如楚。」子木與之語，曰：「子雖兄弟於晉，然蔡，吾甥也，蔡、晉同姓。謂吾舅者，吾謂之甥。二國孰賢？」對曰：「晉卿不若楚，順説之辭也。時趙武爲晉正卿〔一〕，不及子木之忠，然而有德。○龜井昱：如子木與趙文子言，弗能對，注「忠」字可怪。其大夫則賢，賢於楚大夫也。其大夫皆卿才也〔二〕。若杞梓、皮革焉，楚實遺之。杞梓，良材也。皮革，犀、兕也。雖楚有材，不能用也。」子木曰：「彼有公族、甥舅，若之何其遺之材也？」○《集解》：子木言晉自有公族甥舅之材，何云楚遺之耶？對曰：「昔令尹子元之難，子元，楚武王子、文王弟王子善也，欲蠱文夫人，遂處王宮，鬭班殺之。在魯莊二十八年及三十年。或譖王孫啟於成王，啟，子元子也。成王，文王子也。或譖啟與父同辠。王弗是，是，理也〔三〕。○《刪補》：王弗是者，王聽譖言而弗是王孫啟而廢也。○《訂字》：是，正也。○《備考》：言楚王不直王孫啟也，《說文》云：「是，直也。」王孫啟奔晉，晉人用之。及城濮之役，晉將遁矣，晉楚戰於城濮，在魯僖二十八年。遁，逃退也。王孫啟與於軍事〔四〕，謂先軫先軫，晉中軍帥。曰：『是師也，唯子玉欲之，子玉〔五〕，楚令尹得臣也。與王心違，王不欲戰〔六〕，子玉固請〔七〕，王怒，少與之師。故唯東宮與西廣實來〔八〕。東宮、西廣，楚軍營名。○《正義》：《僖二十八年傳》孔疏：「文元年，商臣以宮甲圍成王，是東宮兵也。」《宣十二年傳》欒武子說楚事云：「其君之戎分爲二廣，廣有一卒，卒偏之兩。」是楚有左右廣也。《周禮·車僕》「掌廣車之萃」鄭注：「廣車，橫陳之車。」襄十一年，鄭人賂晉侯以廣車，蓋兵車之名，名之爲廣，因即以車表兵，謂屬西廣之兵也。○秦鼎：東宮，謂太子宮甲也。宮甲，見《文元年》。楚有左右廣，見《宣十二年》。廣，蓋兵車之名。諸侯之從者，畔者半矣〔九〕，畔，舍子玉也〔一〇〕。若敖氏離矣，若敖氏，子玉同族〔一一〕。離，謂不欲戰也。○《補正》：謂離心也。楚師必敗，何故去之？』先軫從之，大敗楚師，則王孫啟之爲也。

【彙校】

〔一〕「時」前，明道本有「言」字，孔廣栻斷後者誤，可從，正統本無之。

〔二〕才，明道本、正統本作「材」。

〔三〕《札記》引段玉裁説：「《説文》：諟，理也。韋以『是』爲『諟』省。」認爲此亦讀爲例。

〔四〕與，明道本作「豫」，《考異》據下文「雍子與於軍事」謂當作「與」，上海師大本徑改作「與」，是。

〔五〕玉，明道本作「王」，後者形訛。

〔六〕王，遞修本作「主」，後者字訛。

〔七〕玉，張一鯤本作「王」，後者形訛。

〔八〕實，明道本、正統本作「寔」，古同，下「實讒敗楚」、「實通吴晉」之「實」同。來，南監本同，許宗魯本作「求」，後者形訛。

〔九〕畔，明道本、正統本作「叛」，韋注同。

〔一〇〕玉，遞修本字殘，下句韋注「玉」字同。

〔一一〕同族，静嘉堂本、南監本、弘治本、許宗魯本作「之族」，未見所據。

「**昔莊王方弱**〔一〕，方弱，未二十。**申公子儀父爲師**，儀父，申公鬭班之子，大司馬鬭克也〔二〕。

王子燮爲傅，燮，楚公子。使師崇、子孔帥師以伐舒。師崇，楚太師潘崇也。子孔，楚令尹成嘉也。舒，羣舒也。○《正義》：《文十二年傳》杜注：「羣舒，偃姓，舒庸、舒鳩之屬，廬江南有舒城，西南有龍舒。」今安徽廬州府舒城、廬江二縣之境皆羣舒地也。◎志慧按：其事見載《左傳·文公十四年》。燮及儀父施二帥而分其室〔三〕。施皋於二帥。二帥，潘崇、子孔也〔四〕。室，家資也。○《增注》：行罪曰施。○《國語箋》：施，亦讀爲廢弛，謂罷黜二帥之爵禄。◎志慧按：後者意義指向較詳明。師還，至則以王如廬〔五〕，師，子孔、潘崇之師也。二子懼，故以王如廬。廬，楚邑也。《傳》曰：「初，鬭克囚于秦，秦有殽之敗，而使歸求成，成而不得志。公子燮求令尹不得，故作亂。城郢，而使賊殺子孔〔六〕，弗克而還。」○《補正》：廬，在今湖北襄陽府南漳縣東五十里。廬戢黎殺二子而復王。戢黎，廬大夫也。二子，燮及儀父也。或譖析公臣於王，析公臣，楚大夫也。或譖之，言與知二子之亂。○《正義》：楚邑尹皆曰公，則臣即析尹。《僖二十五年傳》杜注：「析，楚邑，一名白羽。」今河南南陽府淅川縣及内鄉縣之西北境皆析地也。王弗是，析公奔晉，晉人用之。實讒敗楚，使不規東夏，則析公之爲也。規，猶有也。東夏，蔡、沈也〔七〕。《傳》曰：「繞角之役，晉將遁矣，析公曰：『楚師輕窕〔八〕，易震蕩也。若多鼓鈞聲，以夜軍之，楚師必遁。』晉人從之，楚師宵潰。晉遂侵蔡〔九〕，襲沈，獲其君。鄭於是不敢南面，楚失諸華〔一〇〕。」繞角之役，在魯成六年。○賈逵：規，猶有（《令集解》卷三引）。○《增注》：規，猶征也。以法正人曰規。○秦鼎：《傳》曰：

襄廿六年。楚軍不能持重，易震恐摇蕩，使亂其軍，多擊軍鼓，鈞同其聲，夜攻其軍，使不知虚實。於是鄭畏晉，不敢南向從楚。　○《釋地》：沈，杜氏曰：汝南平輿縣北有沈亭。　○金其源：《淮南子·主術訓》：「是故心知規而師傅諭導。」注：「規，謀也。」不規東夏者，不克謀夫東夏也。　○《校證》：《周語中》周襄王曰：「昔我先王之有天下也，規方千里，以爲甸服。」韋解：「規，規畫而有之也。」彼「規」字正與此「規」字同義。　◎志慧按：不規東夏，意爲東夏如申、蔡等國脱離楚國的勢力范圍。

【彙校】

〔一〕方弱，《左傳·文公十四年》杜注作「幼弱」，據韋注「未二十」，似當從作「幼弱」，作「方」者形訛。

〔二〕也，弘治本作「子」，後者誤。

〔三〕帥，明道本作「師」，次同，《札記》、李慈銘、《補正》、《集解》皆謂當從作「帥」，是，作「師」者形訛，正統本作「帥」，疑從公序本改。

〔四〕潘崇、子孔，明道本、正統本作「子孔、潘崇」，正文潘崇在前，似當從公序本。

〔五〕「盧」下，明道本尚有「戢黎」二字，《札記》、李慈銘、《集解》謂當從删，《考異》據《左傳·文公十四年》謂有者衍，皆是也，正統本無之。

〔六〕賊殺，明道本無「殺」字，《左傳・文公十四年》所載有之，無者脱。

〔七〕蔡、沈，明道本作「沈、蔡」。

〔八〕窕，《舊音》摘「挑」，謂賈本作「佻」，古通。

〔九〕晉，明道本、正統本作「晉人」，《左傳・襄公二十六年》亦有之，則似無者脱。

〔一〇〕諸華，今傳《左傳・襄公二十六年》作「華夏」。

「昔雝子之父兄譖雝子於恭王〔一〕，雝子，楚大夫。父兄，同宗之父兄也。王弗是，雝子奔晉，晉人用之。及鄢之役，晉將遁矣，鄢，鄢陵也。在魯成十六年〔二〕。雍子與於軍事，○《增注》：鄢陵之役與於軍事者，在《内傳》則苗賁皇也。襄二十六年《傳》聲子之言亦以爲賁皇，而雍子之與於軍事者，以爲晉楚遇於靡角之谷之時，此可疑也。◎志慧按：《增注》之懷疑有據，疑爲傳聞異辭，或者竟是《楚語》編者錯置。謂欒書曰：『楚師可料也，欒書，晉正卿。料，數也。在中軍王族而已。唐云：「族，親族，同姓也。」昭謂：族，部屬也。《傳》曰：「欒、范以其族夾公行〔三〕。」時二子將中軍，中軍非二子之親也。○《删補》：中軍王族，謂楚也，《内傳》亦云「楚之良在其中軍王族而已」，不然，下文「攻其王族」句如何解邪？舊解以晉爲説，未審。○秦鼎：「中軍」、「王族」連説，與僖廿八年原軫、郤溱「以中軍公族横擊之」同。《傳》曰：「楚師之良在其中軍王族而已。」 ○《詳注》：《内傳》説此事，作苗賁王，與此略異。 ◎志慧按：此王族指楚之王族，而不屬晉，韋注有誤。唐固所説的親族、同姓與韋昭所説的部屬，驗諸當時宗法社會中的軍隊組織，本是一回事，軍隊長官與屬下的關係，同時也是家族中的長幼、尊卑關係。復次，《左傳·成公十六年》將「楚之良在其中軍王族而已」一語繫於苗賁皇名下。**若易中下，楚必歆之。**中下，中軍之下也〔四〕。歆，猶貪也〔五〕。易欒〔六〕、范之行，示之弱，以誘楚也〔七〕。《傳》曰：「欒、范易行以誘之。」鄭司農以爲：易行，中軍與上下軍易卒伍也〔八〕。中軍之卒良，故易之〔九〕。 ○賈逵：歆，貪也（《原本玉篇殘卷·欠部》引）〔一〇〕。 ○《略説》：《傳》曰：「欒、范易行以誘之。」杜注云：「易行，謂簡易兵備，欲令楚貪己，不復顧二穆之兵。」二穆，楚子重、子辛是也。愚謂欒書將中軍，范燮佐之，則易行者是中軍而已，依下「吾中」、「吾上下」，此「下」必衍文。 ○《補正》：中、下對文，謂中軍、下軍也，訓「中軍之下」，非。 ◎志慧按：韋注本不誤，誤在後來者如《略説》、《補正》將韋注「之」字理解成了助詞，在韋昭本意，此「之」乃動詞，「中軍之下」意爲調中軍到下軍的駐防地，當然也内涵著下軍更換到中軍的駐防地，即下句「易欒、范之行」，謂將欒、范調防到下軍是也，當然，欒、范調防到下軍駐防地以後，繼續示之以弱，使弱小的對手孤軍深入，簡易兵備亦是題中應有之義，杜注亦有一定合理性。**若合而函吾中**〔一一〕，合，合戰也。函，入也。中，中軍也。 ○《舊音》：函，音咸。或爲臽，音滔。 ○《補音》：函，胡嵒反，又胡南反。今本並作「函」。○《校補》：竊謂「函」讀爲「臽」，不必以爲誤字，通假之例。**吾上下必敗其左右**，晉上、下軍必敗楚之左右軍也。○户埼允明：修齡曰：「《傳》曰：『中行、二郤必克二穆。』」愚按：《傳》曰：「韓厥將下軍。」與此「上、下」合，是也。聲子蓋傳聞之異。◎志慧按：晉之下軍此時實爲欒、范率領的中軍。**則三萃以攻其王族**〔一二〕**，必大敗之。』**萃，集也。時晉有四軍，言三集者，中軍先入，而上下及新軍乃三集以攻之〔一三〕。**欒書從之，大敗楚師，王親面傷，則雎子之爲也。**王，楚恭王也。面傷，謂吕錡射其目。○《正義》：《襄二十六年傳》以鄢陵敗楚之謀，爲苗賁皇語，此以爲雎子語，檢《成十六年傳》「塞井夷竈」二語屬之士匄，《襄二十六年傳》又屬之苗賁皇，一書而互異，孔疏引鄭衆云：「此范匄言之，苗賁皇亦言之。」則雎子奔晉，晉人既與之鄐以爲謀主，安知非苗賁皇言之，雎子亦言之乎？◎志慧按：韋解謂「時晉有四軍」，疑據《左傳·襄公二十六年》「四萃於其王族」而爲説，觀《晉語》，則此戰晉國僅投入中軍及上下軍，《左傳》杜注亦只謂「四面集攻之」，則此「三萃」似當釋作集合中軍及上下軍。此戰例與田忌賽馬逼似，然早於後者二〇〇多年。復次，劉炫據此謂《國語》非左丘明作，而董增齡則據此又以爲《國語》出自左氏，《國語》非一人一時所作，故二説可不予置評。唯一事而屬之二人，總不免令人生疑，《國語》材料來源複雜，難免各有據依，古史茫昧無考，存疑可也。《左傳》「塞井夷竈」一語分屬二人，董氏之回護難以采信，如此鴻篇巨著，對不同來源的材料，安排偶有不周，亦在情理之中，要不以此爲討論依據可也。

【彙校】

〔一〕雝，明道本、正統本作「雍」，義符更旁字，遞修本、南監本、金李本前三處作「雝」，第四處作「雍」，自當前後一致，下同。

〔二〕「在」前，明道本、正統本有「役」字。

〔三〕夾，明道本、張一鯤本、李克家本、孔氏詩禮堂本同，遞修本、静嘉堂本、南監本、弘治本、許宗魯本作「來」，字訛，金李本據義校，可從。

〔四〕「下」前，秦鼎據《左傳·成公十六年》疏引孔晁注及韋注和《左傳·襄公二十六年》正義引補「上」字，孔廣栻批校孔氏詩禮堂本録戴震説，亦從增，據《左傳》苗賁皇「分良以擊其左右」，是也，唯《楚語》正文作「易中下」，則是《左傳》、《國語》傳聞異辭，不必强合。

〔五〕貪，明道本作「食」，據義當作「貪」，《左傳·襄公二十六年》正義引韋注亦作「貪」，作「食」者字之誤也，正統本作「貪」，據賈注「歆，貪也」，疑係黄刊明道本寫工或刻工之誤，而非正統本據他本改訂。

〔六〕明道本、正統本重「易」字。文淵閣《四庫》本「易」前有「簡」字，《左傳·襄公二十六年》正義引韋注亦有「簡」字，戴震從增，這是據《左傳》與杜注爲説，臧琳《經義雜記》卷七以爲當釋爲變易，韋昭依鄭司農，注中不當有「簡」字。

〔七〕誘，《左傳·襄公二十六年》正義引韋注作「誑」，於義同。也，弘治本作「曰」，涉下而誤。
〔八〕《考異》據《左傳·襄公二十六年》正義引韋注無「上」字，謂各本皆衍，其説是。
〔九〕之，明道本、正統本「也」字。
〔一〇〕釋玄應《一切經音義》卷七及釋慧琳《一切經音義》卷三十二將本條置於《周語下》「民歆而得之」之下，於義非也，疑玄應誤抄，慧琳仍之。
〔一一〕函，明道本、正統本同，《舊音》：「或爲『臽』。」《述聞》謂係「臽」字之譌，今經傳通作「陷」，「陷」有入義，其説是，《集解》從改，次同。
〔一二〕三，《述聞》、《發正》據《左傳·襄公二十六年》謂當作「四」，視「三」爲「三」，隸定之誤也。《集解》從改。《正義》則謂下軍佐所統之卒不出，仍以《國語》所記爲是，説俱有理，並存之以備考。
〔一三〕之，明道本、正統本作「也」字，似有「之」者爲優，《左傳·襄公二十六年》正義引有「之」字。

「昔陳公子夏爲御叔取於鄭穆公〔一〕，公子夏，陳宣公之子、御叔之父也。爲御叔取鄭穆公少妃姚子之女夏姬也。生子南。子南之母亂陳而亡之，子南，夏徵舒之字也。御叔蚤死〔二〕，陳靈公與孔寧、儀行父淫夏姬，徵舒殺靈公〔三〕。楚莊王以諸侯討之而滅陳。使子南戮於諸侯。言爲諸侯所戮，在魯宣十一年。莊王既以夏氏之室賜申公巫臣，則又畀之子反，卒於襄老〔四〕。畀，予也〔五〕。巫臣，楚申公屈巫子靈也。子反，司馬公子側也。襄老，楚連尹也。初，莊王欲納夏姬，巫臣諫王曰〔六〕：「不可。君召諸侯，以討辠也。今納夏姬，貪其色也。貪色爲淫，淫爲大罰。」王乃止，將以賜巫臣，則又與子反。子反欲取之〔七〕，巫臣又難之，卒以與襄老〔八〕。○《補音》：畀，必利反。襄老獲於邲〔九〕，二子爭之，未有成，晉、楚戰於邲，在魯宣十二年〔一〇〕。晉知莊子射襄老〔一一〕，獲之，以其尸歸。二子，子反、巫臣也。爭，爭夏姬。成，定也〔一二〕。恭王使巫臣聘於齊，以夏姬行，巫臣導夏姬使歸，託以求襄老之尸，恭王遣焉。巫臣聘諸鄭〔一三〕，鄭伯許之。及使適齊，至鄭，遂以夏姬行〔一四〕。遂奔晉。晉人用之，實通吳、晉。使其子狐庸爲行人於吳，子反殺巫臣之族，巫臣在晉，請使於吳，吳子壽夢説之，乃通吳于晉，使其子爲吳行人〔一五〕。◎志慧按：《左傳·成公十五年》：「十一月，（魯叔孫僑如）會吳于鍾離，始通吳也。」杜注：「始與中國接。」申公巫臣通吳及其後一系列事件，《左傳·成公七年》有詳細記載，早於魯叔孫僑如之通吳。而教之射御，道之伐楚〔一六〕，至于今爲患，則申公巫臣之爲也。

【彙校】

〔一〕取，明道本、正統本作「娶」，下同。「穆公」下，《詩·陳風·株林》正義引有「女」字。

〔二〕蚤，明道本、正統本作「早」，出本字也。

〔三〕殺，明道本、正統本作「弒」，出本字。
〔四〕於，《考正》、《略説》、秦鼎皆謂當係「與」字之誤，據注是，《集解》從改。
〔五〕予，明道本、正統本作「與」。
〔六〕明道本、正統本無「王」字。
〔七〕「取」下，明道本無「之」字，疑脱。
〔八〕明道本、正統本無「以」字，於義俱通。
〔九〕獲於，明道本、正統本作「死于」，據韋注於義俱通。
〔一〇〕宣，李克家本作「襄」，後者誤。
〔一一〕知，明道本、正統本作「智」，下同。
〔一二〕「定」前，明道本、正統本有「猶」字。
〔一三〕鄭，明道本作「鄭伯」，疑涉下「鄭伯」而衍。
〔一四〕明道本、正統本句末有「焉」字。
〔一五〕行人，静嘉堂本、南監本脱爛不可識，弘治本作「所殺」，非。
〔一六〕道，明道本、正統本作「導」，出本字也。

「今湫舉取於王子牟[一]，子牟得辠而亡，執政弗是，執政，卿也。謂湫舉曰：『女實遺之。』彼懼而奔鄭，緬然引領南望[二]，緬，猶邈也。領，頸也。○賈逵：緬，思貌也（《文選》潘安仁《寡婦賦》李善注引，王、汪、黃、蔣輯）。○胡紹煐《文選箋證·寡婦賦》：緬、邈雙聲，遠也。緬，亦邈也。曰：『庶幾赦吾辠。』又弗圖也[三]，◎志慧按：《左傳·襄公二十六年》：「懼而奔鄭，引領南望，曰：『庶幾赦余。』亦弗圖也。」杜注：「楚亦不以爲意也。」亦可以釋此。乃遂奔晉，晉人又用之矣。彼若謀楚，其亦必有豐敗也哉。」豐，大也[四]。

【彙校】

〔一〕明道本、正統本無「王」字。

〔二〕南，孔氏詩禮堂本作「而」，静嘉堂本、南監本脱爛，弘治本作「之」，後者必誤。

〔三〕弗，明道本、正統本作「不」。

〔四〕「大」前，明道本、正統本有「猶」字。

子木愀然，愀，愁皃。曰：「夫子何如，召之其來乎？」對曰：「亡人得生[一]，又何不來爲[二]？」子木曰：「不來，則若之何？」對曰：「夫子不居矣，不居，言當奉命於它國。春

秋相事，以還軫於諸侯。軫，車後橫木也。言四時相聘問之事，回車於諸侯也〔三〕。○《增注》：相，助也。○《標注》：還軫，狀其多事急遽也，會盟、行軍皆在焉，注四時聘問失於太寬。◎志慧按：軫，指古代車廂底部四周的橫木，分兩側和前後共四根，共同組成的結構稱軫框，是車廂底座支架的主要部分，此借代車輛。還軫，猶駕車巡行。**若資東陽之盜，使殺之，其可乎？**資，賂也。東陽，楚北邑。○《釋地》：《郡國志》：南陽郡育陽邑有東陽聚，在今南陽府鄧州東。○《補正》：此數語，設辭以激子木，非實然也。**不然，不來矣〔四〕。」**○穆文熙：賂盜以殺，乃激之之辭。子木果不從，而厚其室以召之，其善説哉（《鈔評》）！**子木曰：「不可，我爲楚卿，而賂盜以賊一夫於晉，非義也。子爲我召之，吾倍其室。」**倍其室，益其家也。**乃使湫鳴召其父而復之。**

【彙校】

〔一〕生，《左傳·襄公二十六年》正義引作「復」，戴震從改，《校證》謂下文「使椒鳴召其父而復之」，字亦作「復」，似作「復」者稍長，有理。

〔二〕又何不來爲，《通鑒外紀》卷七引同，《補音》謂「本或曰『又何來爲』」，無「不」字，並云「文似相反，疑非是」，《札記》、《考異》、《集解》並謂無「不」者是，《集解》亦從或本。然揣摩上下文文氣：「亡人得生，又何不來爲？」緊接著「不來」一詞，子木曰：「不來，則若之何？」一氣呵成，且《左傳·襄公二十六年》正義引亦作「何爲不來」，則是黄丕烈、汪遠孫、徐元誥疑所不當疑。

〔三〕回，明道本、正統本作「迴」，後者爲「回」的形符加旁字。

〔四〕秦鼎據《左傳·襄公二十六年》正義謂「不然不來矣」五字衍文無疑，其説是。

6 伍舉論臺美而楚殆

靈王爲章華之臺，靈王，楚恭王之庶子、靈王熊虔也。章華，地名。《吴語》曰：「乃築臺於章華之上。」○《釋地》：章華，今荆州府監利縣西北有華容故城。○《集解》：攷華容縣在今湖南岳陽縣西北，湖北監利縣有華容城，非此，則章華臺在今湖南華容縣境矣。◎志慧按：關於楚國章華臺的所在，目前有湖北潛江、荆州、監利、湖南華容等説，譚其驤、鄒衡等認爲潛江龍灣春秋遺址即章華臺遺址，該遺址考古位列二〇〇〇年全國十大考古發現，可參。**與伍舉升焉**〔一〕**，曰：「臺美夫**〔二〕**！」**伍舉，湫舉也。湫〔三〕，邑也。**對曰：「臣聞國君服寵以爲美，**服寵，謂以賢受寵服，是爲美也〔四〕。○《古文析義》：服寵，謂身被榮貴。○秦鼎：服，天子寵命之服。○《標注》：寵，謂賢名、仁聲之寵榮也，言嬰之於身以爲美也。○《補正》：寵，猶禄也。服寵，猶受禄也，謂以德受天之禄。◎志慧按：服寵以爲美，係從視覺上言，《補正》以禄訓寵，無據；韋注雖無大誤，仍以林雲銘、《標注》之解爲周延。**安民以爲樂，**以能安民爲樂。**聽德以爲聰**[五]，聽用有德也。**致遠以爲明。**能致遠人也。○《標注》：謂政化及于遠方也。◎志慧按：此「明」與美、樂、聽並列，與「觀大」「視侈」相對，似就内在感覺而非外在效果言，故「致遠」亦當解作見微知著、高瞻遠矚，韋注所謂「致遠人」和《標注》「政化及于遠方」皆不及焉。二句義與孔子「視思明，聽思聰」相類。**不聞其以土木之崇高、彤鏤爲美，**彤，謂丹楹。鏤，謂刻桷。○《校文》：彤鏤，疑「彫鏤」之誤，韋氏亦從爲之辭，已見《周語》。◎志慧按：本句及《校文》所揭《周語下·晉羊舌肸聘周》韋昭所見者皆爲「彤鏤」，「彫鏤」、「彤鏤」於義並通，《文章類選》卷十二作「彫鏤」，疑依後世用詞習慣擅改。**而以金石、匏竹之昌大、囂庶爲樂**[六]；金，鐘也。石，磬也。匏，笙也。竹，簫管也。昌，盛也。囂，華也[七]。庶，衆也。○《述聞》：囂，亦衆也，囂庶，謂聲音衆多也。**不聞其以觀大、視侈、淫色以爲明，而以察清濁爲聰也。**察，審也。清濁，宫、羽也。◎志慧按：以上四句，二「不聞其以……」，二「而以……」，取AB—AB式，看似整飭，但據文義，「金石、匏竹之昌大、囂庶」與「土木之崇高、彤鏤」「觀大、視侈、淫色」不當爲國君之美、樂、明，故首「而」亦應作「不聞其……」，或者删首「而」與次「不聞其」。總之，前三句並列，取否定式。最後一句「而以察清濁爲聰」，「而」字一轉，取肯定式。本句群四個句子承上四句美——樂——聰——明的句序，作美——樂——明——聰，整齊中有錯落。疑傳播者仿末句擅改次句，致次句句義相反。復次，詞序上，「淫色」與「觀大、視侈」相反；

詞義上,「淫色」是對「觀大、視侈」的概括。前二句相應的介詞賓語「崇高、彤鏤」和「昌大、囂庶」皆取四字式,故疑「淫色」二字係「觀大、視侈」的注文闌入。

【彙校】

〔一〕升,《後漢書·邊讓傳》李賢注引同,《吴越春秋·王僚使公子光傳》《初學記》卷二十四居處部、《記纂淵海》卷八作「登」,義同,且文獻中二字常通作,如《周易》升卦,馬王堆帛書即作登卦。

〔二〕臺美夫,《元龜》卷七四二引同,《群書治要》卷八無「臺」字,但《吴越春秋·王僚使公子光傳》有之,唯其下並無「夫」字,配補本《御覽》居處部五「夫」作「乎」,若表感嘆,當作「夫」;若表疑問,則當作「乎」,於文義俱通。

〔三〕次「湫」字,静嘉堂本、南監本、弘治本作「秋」,字殘。

〔四〕《群書治要》、明道本、正統本「是」前有「以」字,疑涉上「以」字衍。

〔五〕《吴越春秋·王僚使公子光傳》作「克聽以爲聰」。

〔六〕囂,正統本同,明道本作「躢」,《補音》出「躢」,注同。

〔七〕華,遞修本、静嘉堂本、南監本、弘治本、許宗魯本、葉邦榮本、張一鯤本、李克家本、《增注》、秦鼎本同,明道本、正統本作「譁」,《左傳·成公十六年》杜注:「囂,喧嘩也。」「華」無「喧囂」

義，疑係「譁」字之殘，《增注》云：「華，或作『譁』。」知其亦不敢必「華」字爲是。

「先君莊王爲匏居之臺[一]，匏居，臺名。○賈逵：匏居，高臺名（《初學記》居處部臺引，王、汪、黄、蔣輯）。○《五經異義》：天子有三臺：靈臺以觀天文，時臺以觀四時施化，囿臺以觀鳥獸、魚鼈。諸侯卑，不得觀天文，無（靈）臺，但有時臺、囿臺也（《初學記》居處部臺引）。高不過望國氛，氛，祲氣也。○《訂字》：師古曰：「謂陰陽氣相浸，漸以成災祥也。」◎志慧按：顔師古語見《漢書·匡衡傳》注。《越絶書·越絶外傳記地傳》：「龜山者，句踐起怪游臺也。因以炤龜，又仰望天氣，觀天怪也。」可參。大不過容宴豆，言宴有折俎、籩豆之陳[二]。木不妨守備，不妨城郭守備之材。用不煩官府，財用不出府藏[三]。◎志慧按：《漢書·蓋寬饒傳》：（毌將）隆奏言：「武庫兵器，天下公用。國家武備，繕治造作，皆度大司農錢。大司農錢自乘輿不以給供養，供養勞賜，壹出少府。蓋不以本藏給末用，不以民力供浮費，别公私，示正路也。」《明史·周經傳》：「大同缺戰馬，馬文升請太倉銀以市。（周）經言：『糧、馬各有司存，祖訓六部毋相壓，兵部侵户部權，非祖訓。』帝爲改撥太僕銀給之。」漢有少府與大司農之别，明有太僕與户部之别，春秋時期王室財政與公共財政是否有制度性的區别安排，史文有闕，以彼例此，有助於理解本句原文與韋注。民不廢時務，官不易朝常。問誰宴焉，則宋公、鄭伯；言二國朝事楚。問誰相禮，則華元、駟騑；相，相導也。華元，宋卿，華御事之子右師元也〔四〕。騑，鄭穆公之子子駟也〔五〕。**問誰贊事，則陳侯、蔡侯、許男、頓子，**贊，佐也。○《釋地》：頓國，在今陳州府項城縣。◎志慧按：今河南省項城市南頓鎮尚存頓國故城遺址，又名鬼修城，遺址時代跨越夏、商、周、秦、漢。**其大夫侍之。**各侍其君。**先君是以除亂克敵〔六〕，而無惡於諸侯。**

【彙校】

〔一〕匏，《吴越春秋·王僚使公子光傳》作「抱」，特定名謂不可强索其義。

〔二〕折，弘治本作「所」，字訛。弘治本並以「容」字爲旁注，亦非。

〔三〕財，明道本、正統本作「材」，於義俱通。

〔四〕御事，明道本、正統本作「鄉」，字之訛也，《補正》謂當從作「御事」，上海師大本徑從公序本，《左傳·文公七年》、《十年》並見華御事，當從。

〔五〕駟，明道本、正統本作「騑」，如此則字重，疑涉上文而誤。

〔六〕是以，《群書治要》、《文章正宗》卷五引同，明道本、正統本作「以是」。

今君爲此臺也，國民罷焉〔一〕，財用盡焉，年穀敗焉，敗，廢民之時務。○《補音》：罷，經典通作「疲」。百官煩焉，爲之徵發。舉國留之，留，治之。○《平議》：畱，當讀爲「擂」，《詩·斯干篇》「椓之橐橐」鄭箋曰：「椓，謂擂土也。」《正義》曰：「擂者，以手平物之名。」靈王爲章華之臺，國人皆爲之擂土，故曰舉國擂之，作「畱」者，省偏旁耳。數年乃成。願得諸侯與始升焉，諸侯皆距，無有至者。而後使太宰啟疆請於魯侯〔二〕，啟疆，楚卿薳子也〔三〕。魯侯，昭公也。事在昭七年。懼之以蜀之役，蜀，魯地。魯宣公使求好於楚，楚莊王卒，宣公薨，不克作好。至成公即位〔四〕，受盟於晉，楚子怒，使公子嬰齊帥師侵魯。至蜀，魯人懼〔五〕，使孟孫賂楚以請盟，在魯成二年〔六〕。○《釋地》：杜氏曰：「蜀，魯地，泰山博縣西北有蜀亭。」案：蜀亭在今泰安府泰安縣西。而僅得以來。僅，猶劣也。○《集解》：僅，猶裁也。使富都那豎贊焉，富，富於容兒。都，閑也。那，美也。豎，未冠者也。言取美好，不尚德也。○《補音》：那，乃多反。○《發正》：富、都、那三字義相近。○《翼解》：都，亦美也。◎志慧按：《方言》卷二「美狀爲窕」郭注：「言閑都也。」知韋昭、郭璞之時，都、閑近義，皆指向美貌。而使長鬣之士相焉，長鬣，美須髯也〔七〕。○《補音》：鬣，力輒反。○《說文·人部》「儠」段注：鬣者，「儠」之假借字也，韋昭、杜預釋爲美須髯，誤。《廣雅》曰：「儠，長也。」按：儠儠，長壯貌。辭賦家用「獵獵」，字蓋當作「儠儠」。◎志慧按：《左傳·昭公七年》：「楚子享公于新臺（即章華臺），使長鬣者相。好以大屈（杜注：「大屈，弓名。」）。既而悔之。薳啟彊聞之，見公。」其事涉及魯昭公、薳啟彊、伍舉，載於《左傳》《國語》，似爲當時一輿論熱點。臣不知其美也。

【彙校】

〔一〕國野制度下，國内稱人，野外稱民，先秦文獻中有「野人」而罕見「國民」，《吴越春秋》本句作「國人怨焉」，疑此「國民」係避唐諱之後回改。罷，《群書治要》作「疲」。

〔二〕彊，明道本、正統本作「彊」，上海師大本徑作「疆」，啟疆與啟彊文獻中並見，《説文·田部》：「畺，界也，从畕。三，其界畫也。」「疆」爲「畺」的形符加旁字，《釋名》卷四：「彊，畺也。」可互訓，故亦可以通作。

〔三〕明道本無「子也」二字，李慈銘斷其脱，是。

〔四〕明道本無「至」字，正統本有，似明道本脱。

〔五〕「懼」下，明道本有「之」字，正統本無之，似不必。

〔六〕明道本、正統本無「魯」字，上海師大本徑補，但上文韋注有「昭七年」之説，則無「魯」者亦未必爲脱文。

〔七〕須，明道本、正統本作「鬚」，「鬚」爲「須」之形符加旁字。

「夫美也者，上下、外内〔一〕、小大、遠邇皆無害焉〔二〕，故曰美。若於目觀則美〔三〕，於目則美，德則不也〔四〕。縮於財用則匱，縮，取也〔五〕。○賈逵：縮，盡也（《原本玉篇殘卷·糸部》引）。○《增注》：縮，斂束也，《周語》曰「縮取備物」。○《標注》：縮，如字，仍是盈縮之謂。◎志慧按：此「縮」與前一句之「周」相對而言，自當以其常訓「短」、「不足」解之，賈注庶幾近之。不足於財用，就會造成匱乏。疑韋昭拘泥於下句「聚民利以自封」，故有此解。是聚民利以自封而瘠民也，胡美之爲〔六〕？封，厚也。胡，何也。何以爲美。○《經傳釋詞》卷二：爲，猶有也。夫君國者，將民之與處，民實瘠矣，君安得肥？安得獨肥，言將有患。且夫私欲弘侈，則德義鮮少。德義不行，則邇者騷離，而遠者距違。騷，愁也。離，畔也〔七〕。邇，境內。遠，鄰國也。○《困學紀聞》卷六：伍舉所謂騷離，屈平所謂離騷，皆楚言也。楊雄爲《畔牢愁》，與《楚語》注合。○户埼允明：太宰純曰：「騷，騷擾之『騷』，不必訓愁。」○《增注》：騷離，騷擾離散也。天子之貴也，唯其以公、侯爲官正〔八〕，正，長也。而以伯、子、男爲師旅。帥師旅也〔九〕。○《述聞》卷十八：經傳言師旅者有二義，一爲士卒之名，《小司徒》五卒爲旅、五旅爲師是也；一爲羣有司之名，《宰夫》「掌百官府之徵令，辨其八職，一曰正，掌官灋以治要；二曰師，掌官成以治凡；三曰司，掌官灋以治目；四曰旅，掌官常以治數」是也。襄十年《左傳》「官之師旅不勝其富」，十四年《傳》「今官之師旅無乃實有所闕，以攜諸侯」，《晉語》「陽有夏商之嗣典，有周室之師旅，樊仲之官守焉」，皆謂掌官成、官常者。官之師旅，猶言羣有司也。周室之師旅，即官守也。韋注「伯子男爲師旅」曰「帥師旅也」，皆不知師旅爲羣有司之名，而誤以爲帥師旅者，夫帥師旅者豈得遂謂之師旅乎？ ○《增注》：公侯爲官正，則伯子男爲師旅也。 ○秦鼎：帥師旅，謂使伯子男帥天子之師旅也。 ○孫詒讓《周禮正義》卷六：《襄二十五年傳》曰：六正、五吏、三十帥、三軍之大夫、百官之正長、師、旅。六正已是六卿，則正長非卿可知，故杜注曰：百官正長，羣有司也。正長爲有司，則師、旅可知。《楚語》曰：天子之貴也，唯其以公侯爲官正，而以伯子男爲師旅。言公侯伯子男，譬若百官之正長師旅，爲天子之羣吏也。 ◎志慧按：句猶云天子之所以高貴，是因爲有公侯伯子男等各級臣工爲之張羅。「官正」、「師旅」僅取其尊卑有差之義，前揭各家重在探究「師旅」的詞義而於句義反少措意。其有美名也，唯其施令德於遠近，而小大安之也。若斂民利以成其私欲〔一〇〕，使民蒿焉忘其安樂，而有遠心，蒿，耗也。遠心，畔離也。 ○《翼解》：此亦以疊韻爲訓也，蒿、耗同音，耗，義爲虛、爲敗、爲減。 ○《標注》：蒿、藁通，藁焉，枯瘁之貌。 ○《集解》：蒿，憂損之意。其爲惡也甚矣，安用目觀？

【彙校】

〔一〕外内，《群書治要》卷八、《元龜》卷七四二引同，明道本、正統本與上海師大本作「内外」，疑係據後世語言習慣擅改。

〔二〕邇，《群書治要》、《元龜》引同，明道本、正統本作「近」，疑據後世用字習慣改。

〔三〕本句各本同，《文選》張衡《西京賦》李善注引「於」字前有「周」字，據下句「縮於財用則匱」，有者較勝，《集解》徑補。

〔四〕德則不，《群書治要》卷八引同，明道本、正統本作「於德則不美」。

〔五〕「取」前，明道本有「言」字，正統本無之。

〔六〕爲，《群書治要》、《元龜》引同，明道本、正統本作「焉」，與「胡（何）……之爲」句式不合，疑訛，上海師大本徑作「爲」，是。

〔七〕畔，明道本、正統本作「叛」，出本字也，次同。

〔八〕明道本、正統本句末有「也」字。

〔九〕《考異》謂「帥師旅也」前當有「師旅」二字，各本脱，其實該四字所釋者爲整個句子，此間並無脱文。

〔一〇〕私，静嘉堂本、南監本作「弘」，後二者字之訛也，弘治本復傳其訛。

「**故先王之爲臺榭也，**積土曰臺〔一〕，無室曰榭。**榭不過講軍實**〔二〕，講，習也。軍實，戎士也〔三〕。○鄭氏〔四〕：軍所以討獲曰實（《文選》左太沖《吴都賦》劉淵林注引，汪遠孫輯）。○《標注》：軍之甲兵、資糧謂之軍實，行軍之擒馘、鹵掠之物皆稱軍實，田獵之獲禽亦稱軍實也，獨不指吾戎士爲軍實也。○《集解》：隱五年《左傳》「以數軍實」杜注曰：「軍實，謂車徒、器械及所獲。」《詩·抑》孔疏曰：「軍實者，即車馬、弓矢、戎兵是也。」《文選·吴都賦》李善注引鄭氏曰：「軍所以討獲曰實。」元誥案：杜注、孔疏、鄭説是也。講，讀爲構，有合集之義。構軍實，謂藏集軍之器用也。◎志慧按：《集解》探「軍實」之義甚有淵源，於「講」字似不能得其實，蓋從未聞軍之器用藏於榭也，將士於臺之上、榭之中號令三軍、教習士卒則文獻多有，故仍以韋注爲優。臺不過望氛祥。凶氣爲氛[五]，吉氣爲祥。○《補正》：「氛祥」二字，吉凶亦可互説。故榭度於大卒之居，大卒，王士卒也。度，謂足以臨見之[六]。○《逸周書·克殷解》：「王入，即位于社，太卒之左。」孔晁注：「太卒，屯兵以衛也。」◎志慧按：「屯兵以衛」之義可補韋注之所未及，《詳注》從之，是。臺度於臨觀之高。足以臨下觀上，使屋榭不蔽目明而已[七]。○《校證》：榭之爲用，所以容軍卒、聚士衆也，故當稱其多寡以爲大小；臺之爲用，所以觀凶吉之氣也，故當稱其高矮以爲高低。韋解似未能盡其義。其所不奪穡地，稼穡之地。其爲不匱財用[八]，爲，作也。其事不煩官業[九]，業，事也。其日不廢時務。以農隙也。瘠磽之地[一〇]，於是乎爲之；不害穀土也。磽，确也。城守之木[一一]，於是乎用之；城守之餘，然後用之。官寮之暇[一二]，於是乎臨之；暇，閒也[一三]。四時之隙，於是乎成之。隙，空閒時也。故《周詩》曰：『經始靈臺，經，謂經度之，立其基趾也[一四]。天子曰靈臺。○《正義》：天子之臺皆名曰靈臺。**經之營之。庶民攻之，不日成之。**攻，治也。不日，不程課以時日也〔一五〕。○《標注》：不日，謂未幾日也，是速之甚已。**經始勿亟，庶民子來。**亟，疾也。子來，如子爲父也〔一六〕。**王在靈囿，麀鹿攸伏。』**囿，域也。麀，牝鹿也。攸，所也。視牝鹿所伏，息愛牸任之類也。○《說文·口部》：囿，苑有垣也。一曰禽獸曰囿。○《補音》：麀，於求反。○李慈銘：牸，猶「牛羊腓字之」之「字」。任，猶「娠任身也」。皆謂獸之孳孕。◎志慧按：《周詩》，見《毛詩·大雅·靈臺》。**夫爲臺榭**〔一七〕**，將以教民利也，**臺，所以望氛祥而備灾害；榭，所以講軍實而禦寇亂：皆所以利民也〔一八〕。**不知其以匱之也。**知，聞也。**若君謂此臺美而爲之正**〔一九〕，以爲得事之正。**楚其殆矣！」**殆，危也。◎志慧按：《國語》記言之語在嘉言善語之後大抵都有聞者的反應，本條獨缺，或有脱文，如《新書·諭誠》楚王向翟王使者夸臺之美，翟王使者諷以正道直行之後，文以「楚王愧」作結；或與下條以類相聚，故有多因一果。

【彙校】

〔一〕曰，明道本、正統本、《群書治要》卷八作「爲」。

〔二〕榭，《詩·大雅·抑》正義、《文選·吴都賦》李善注引俱作「射」，古通。

〔三〕士，《群書治要》引同，明道本、正統本作「事」，疑據文義訂正。

〔四〕《輯存》：「此蓋鄭仲師（衆）說。」

〔五〕凶，遞修本作「四」，後者字訛。

〔六〕明道本、正統本無「之」字，但有「也」字。

〔七〕「使」前，明道本有「明」字，李慈銘斷其衍，《補正》與上海師大本徑删，是。

〔八〕用，静嘉堂本、南監本、弘治本作「周」，後三者形訛。

〔九〕官，南監本漫漶，遞修本、静嘉堂本、弘治本作「宫」，後三者形訛。

〔一〇〕磽，《補音》作「墝」，並韋注「确」亦作「埆」，云「口交反，克角反」，從土之字亦或從石，今浙東方言仍以「墝埆」形容山地干旱的現象。

〔一一〕木，所見各本唯孔氏詩禮堂本作「末」，《札記》據注謂當作「末」，《集解》、《校證》從之，據注是，知孔氏詩禮堂本亦有獨得之處。

〔一二〕寮，明道本、正統本、許宗魯本作「僚」，出其本字也，許宗魯本從《說文》篆體。

〔一三〕閒，許宗魯本作「間」，明道本、正統本作「閑」，《說文·門部》「閑」段注：「古多借爲清閒字。」次同。

〔一四〕趾，明道本、正統本作「址」，古通。

〔一五〕時，明道本、正統本作「期」。

〔一六〕「父」下，明道本、正統本有「母」字。

〔一七〕臺榭，明道本作「榭臺」，但前文俱作「臺榭」，當據以乙正。

〔一八〕皆所以利民，《群書治要》引同，明道本「民」下有「者」字，於義有者稍長。

〔一九〕謂，正統本作「爲」，音近而訛；弘治本作「請」，形近而訛。

7 范無宇論國爲大城未有利者

靈王城陳、蔡、不羹，三國，楚別都也。魯昭八年，楚滅陳，使穿封戌爲陳公。十一年，滅蔡，使公子棄疾爲蔡公。今潁川定陵有東不羹城〔一〕，襄城有西不羹亭〔二〕。 ○《補音》：羹，魯當反。○陳深《讀春秋編》卷一「夏城中丘」：「城者，完舊也。」 ○《補正》：西不羹，在今許州襄城縣東南。東不羹，在今南陽府舞陽縣北。不羹有二，故《內傳》言四國，此言三國者，合言之也。 ◎志慧按：東不羹城遺址在河南省舞陽縣章化鄉前、後古城村，距舞陽縣城三十公里，西不羹城遺址在河南省襄城縣范湖鄉宋莊堯城崗。當地「羹」字讀音仍存古音。**使僕夫子皙問於范無宇，**子皙，楚大夫僕皙父也。范無宇，楚大夫芋尹申無宇也。 ○《左傳·昭公十一年》正義：古者羹臛之字音亦爲郎，故《魯頌·閟宮》、《楚辭·招魂》與史游《急就篇》羹與「房」、「漿」、「糠」爲韻，但近世以來，獨以此地音爲郎耳。 ○《發正》：范，楚邑，《內傳·文十年》「楚范巫矞似」杜注云：「范邑之巫。」或食采於范，故稱范無宇。○《集解》：僕夫子晳，「夫」字疑涉注誤衍，《内傳》作「僕析父」，蓋姓僕，名子晳，字析父也。**曰：「吾不服諸夏而獨事晉**〔三〕**，何也？」**不服，心不服也。○皆川淇園：言諸夏不服從乎吾而獨服從乎晉何也。**唯晉近我遠也。今吾城三國，賦皆千乘，亦當晉矣。**禮，地方十里爲成，出長轂一乘，馬四匹，牛十二頭，步卒七十二人，甲士三人〔四〕。三國各千乘，其地三千成也。○《略説》：亦，亦楚也。當，敵也。言三千乘國可能敵晉矣。◎志慧按：《左傳·成公元年》杜注引《周禮》曰：「井出長轂一乘，馬四匹，牛十二頭，甲士三人，步卒七十二人。」《論語·學而》邢昺疏引《司馬法》云：「兵車一乘，甲士三人，步卒七十二人。」疑韋注所引之禮即爲周時軍禮，與今傳《周禮》有交集，但又有出入。**又加之以楚，諸侯其來乎？」對曰：「其在《志》也，國爲大城，未有利者。**志，記也。言在書籍所記，國作大城，未有利者〔五〕。**昔鄭有京、櫟，**京，嚴公弟叔段之邑〔六〕。櫟，鄭子元之邑。《魯桓十五年》，鄭厲公「因櫟人殺檀伯，而遂居櫟〔七〕」。檀伯，子元也。○《釋地》：京，共叔段邑，在開封府滎陽縣東南二十里。櫟，厲公突邑，在開封府禹州。《傳》曰：「鄭莊公城櫟而寘子元。」○楊伯峻《春秋左傳注·昭公十一年》：子元，《左傳》除此外，先見於隱五年，又見於桓五年。據隱五年《傳》「鄭二公子敗燕師於北制」之文，則子元爲鄭莊公之子。馬宗璉《補注》云：「疑子元即厲公之字，當日實自有櫟侵鄭事，昭公出而厲公始入，故曰『使昭公不立』。」此説是也。鄭衆以子元爲檀伯，蓋拘於桓十五年《傳》「鄭伯因櫟人殺檀伯而遂居櫟」之文，固誤。**衛有蒲、戚，**蒲，甯殖之邑。戚，孫林父之邑。○《釋地》：蒲，甯殖邑，今大名府長垣縣治是也。○《補正》：戚，在今大名府開州北七里。◎志慧按：戚，《補正》所指者是，在今河南省濮陽縣北。**宋有蕭、蒙，**蕭、蒙，宋公子鮑之邑。○《釋地》：蕭本宋附庸，楚莊王滅之，後爲宋邑。昭公之時，蕭尚未亡，無緣屬鮑。考《唐書·宰相世系表》云：宋戴公生子衎，字樂父，裔孫大心平南宮長萬有功，封於蕭，以爲附庸。則乃叔大心之邑也。故城在徐州蕭縣北一十五里。蒙，公子鮑邑，故城在歸德府商邱縣東北四十里。○《詳注》：蕭，今江蘇蕭縣西北十里。蒙，今河南商丘縣東四十里。○《集解》：考《路史·國名紀》，蒙有二：一爲高陽氏後，在今山東蒙陰縣；一景亳，湯都，在今安徽蒙城縣，未知孰是。**魯有弁、費**〔八〕，弁、費，季氏之邑。○《補音》：費，兵媚反。○《補正》：弁，《内傳》作「卞」。卞城在今山東兖州府泗水縣。費，即今山東沂州府費縣。**齊有渠丘，**渠丘，齊大夫雝稟之邑〔九〕。○《釋地》：《郡國志》：北海郡安邱縣有渠邱亭，今青州府安邱縣也。**晉有曲沃，**曲沃，欒盈之邑。**秦有徵、衙。**徵、衙，秦桓公之子、景公之弟公子鍼之邑〔一〇〕。○《補音》：徵、衙，上如字，下音牙。○《補正》：徵，《漢書·地理志》爲左馮翊徵縣。衙，在今陝西同州府白水縣東北六十里。◎志慧按：徵在今陝西省澄城縣，澄即澂的異體，今澄城縣城有街名曰古澂街，「澂」，當地年長者讀如澄，徵疑「澂」之異寫，《左傳·文公十年》：「秦伯伐晉，取北徵。」陸德明《音義》：「如字，《三蒼》云：縣，屬馮翊，音懲，一音張里反。」似在兩可之間；《補音》則據本字註音。循名從主人之原則，此「徵」亦當音澄。今澄城縣城南尚存戰國古城遺址。《春秋·文公二年》：「春，王二月甲子，晉侯及秦師戰于彭衙，秦師敗績。」彭衙在今陝西省白水縣，爲晉河西八城之一。**叔段以京患嚴公，鄭幾不封**〔一一〕，叔段圖篡嚴公〔一二〕，不克，出奔，在魯隱元年。封，國也。**櫟人實使鄭子不得其位**〔一三〕。魯嚴公十四年，厲公自櫟侵鄭，獲大夫傅瑕，與之盟而赦之，使殺鄭子而納厲公。鄭子，嚴公子子儀也。**衛蒲、戚實出獻公**，甯殖、孫林父逐衛獻公，獻公奔齊，在魯襄十四年。**宋蕭、蒙實殺昭公**〔一四〕，昭公兄鮑殺昭公而立，在魯文十六年。**魯弁、費實弱襄公**，襄公十年〔一五〕，季武子卑公室，作三軍，而自征之。二十九年，又取弁以自予〔一六〕。◎志慧按：事見《左傳》，《襄公十一年》：「季武子將作三軍」，「正月，作三軍，三分公室，三家各有其一」。《二十九年》：「季武子取卞。」**齊渠丘實殺無知**，魯嚴公八年〔一七〕，無知殺襄公而立。九年，雝廩殺之。**晉曲沃實納齊師**，欒盈奔齊，齊嚴公納之，盈以曲沃之甲晝入，爲賊於絳，在魯襄二十三年。**秦徵、衙實難桓、景**，公子鍼有寵於桓〔一八〕，如二君於景。難，謂侵逼也〔一九〕。魯昭元年，鍼奔晉，其車千乘。**皆志於諸侯，此其不利者也。**皆見記録於諸侯。

【彙校】

〔一一〕頴，遞修本、正統本同，許宗魯本、明道本作「潁」，後者古同「穎」，此處當從水，疑爲形訛。

〔二〕有東不羹城，明道本、正統本作「西北有不羹亭」；「有西不羹亭」，明道本、正統本作「西北有不羹城」，《漢書·地理志》同公序本，而無「城」、「亭」二字，《左傳·昭公十一年》杜注：「襄城縣東南有不羹城，定陵西北有不羹亭。」

〔三〕本句《元龜》卷七三二及七四五引同，《校文》謂按文當作「諸夏不服吾」，《述聞》亦持此說，於義是，《集解》從乙，但於當時句法似作「諸夏不吾服」更勝，惜乎證據不足；《斠證》則疑「而」猶「之」也，不煩顛倒其文亦自可通也，亦新奇。

〔四〕士，金李本原作「十」，字殘，係襲自靜嘉堂本、南監本之殘，弘治本、葉邦榮本、張一鯤本同誤，茲據義徑從他本改。

〔五〕者，明道本、正統本作「也」。

〔六〕嚴，疑承鄭衆、賈逵等避漢明帝諱，明道本、正統本作「莊」，作「莊」者係後世回改，下同。

〔七〕明道本、正統本無「而」字，《左傳·莊公十五年》有。

〔八〕弁，《左傳》、《魯語》作「卞」，《札記》謂「卞」係「弁」之俗體，是。

〔九〕雝，明道本、正統本作「雍」，次同。

〔一〇〕明道本、正統本無「秦」字，據上下文例，似當從有。

〔一一〕封，明道本作「克」，且韋注無「封國也」三字。

〔一二〕篡，正統本同，明道本作「纂」，後者形訛。

〔一三〕實，明道本、正統本作「寔」，古同，下同。

〔一四〕殺，明道本、正統本作「弒」，次同。實殺昭公，《左傳·昭公十一年》作「實殺子游」，皇甫謐《帝王世紀》卷四謂北亳在蒙，或當依《左傳》，則公子御說所奔亳也。

〔一五〕十年，明道本、正統本作「十一年」，《左傳》載其事在襄公十一年春，秦鼎從明道本，疑韋注從夏曆，下文處暑之注可證，而明道本改從周曆，於史實皆是也。

〔一六〕予，遞修本作「子」，字訛；弘治本作「目子」，亦訛。

〔一七〕嚴公，明道本、正統本作「莊」一字。

〔一八〕桓，遞修本、靜嘉堂本、南監本作「栢」，後三者因避諱字缺末筆而訛，弘治本、許宗魯本不誤。

〔一九〕逼，明道本、正統本作「偪」，二字古常互訓，實形符更旁字也。

「且夫制城邑，若體性焉〔一〕，有首領、股肱，至于手拇、毛脈〔二〕，拇，大指也。毛，須髮也〔三〕。○賈逵：拇，大指也（釋慧琳《一切經音義》卷二十引）。○《呂氏春秋·壅塞篇》：「牛之性不若羊，羊之性不若豚。」高注：「性，猶體也。」大能掉小，故變而不勤。掉，作也。變，動也。勤，勞也。○賈逵：掉，搖也（《文選》楊子雲《長楊賦》李善注引，王、汪、黃輯）。勤，勞也（《北堂書鈔》政術部十引）。◎志慧按：《説文·手部》：「掉，摇也。《春秋傳》曰：『尾大不掉。』」段注：「掉者，摇之過也。摇者，掉之不及也，許渾言之。」掉指大幅度地摇晃。《西京雜記》卷五「怒掉揚鬣」之「掉」亦取此義，韋解爲「作」，不知何據。地有高下，天有晦明，民有君臣，國有都鄙，古之制也。先王懼其不帥，帥，循也。故制之以義，旌之以服〔四〕，行之以禮，謂名位不同，禮亦異數。辨之以名〔五〕，名，號也。書之以文，書其名位及其所掌主〔六〕。道之以言。既其失也，易物之由。易物，易其尊卑、服物之宜也。○《補正》：既，極也。◎志慧按：沈鎔從吴説，惟「既」有盡、已、卒、畢、終等義，無極義，韋昭未加注，則似從其常訓「……以後」可也。夫邊境者，國之尾也，譬之如牛馬，處暑之既至，處暑，在七月節〔七〕。處，止也。䖟⿱蜼虫之既多，而不能掉其尾，臣亦懼之。大曰䖟，小曰⿱蜼虫。不能掉尾，益重也，以言三國亦將畔也〔八〕。○《舊音》：⿱蜼虫，由季反。○《補音》：䖟，莫耕反。○《正義》：「⿱蜼虫」與「⿱罒虫」古字通，《廣雅》訓蛘。○《集解》：虻即「蝱」之省，《説文》：「蝱，齧人飛蟲也。」不然，是三城也〔九〕，豈不使諸侯之心惕惕焉？」惕惕，懼也。

【彙校】

〔一〕性，《校證》據《左傳·昭公十一年》正義引謂當作「牲」，下文首領股肱等皆牲體之稱，唯城邑都鄙關係之比與牲體無涉，亦未見「牲體」作「體牲」之語例，疑《左傳正義》所引者爲通假字。

〔二〕有，《左傳正義》作「自」，《校證》以爲於義爲長，是。手拇，《左傳·昭公十一年》正義引作「拇指」，《元龜》卷七三五、七四二俱引作「指拇」，日本早稻田大學圖書館藏日本文永六年寫本《香字抄》卷中引《玉篇》所引《國語》亦作「指拇」，疑「拇指」係「指拇」之倒。脉，《舊音》出「胍」，云：「故胡反，胍肫。」《玉篇·肉部》：「胍，故胡切，肶胍。」《廣韻·模韻》：「胍，胍肫，大腹。」《補音》云「本或作『脉』」，許宗魯本作「脈」，《舊音》可能没有意識到「脈」的俗字亦作「胍」，因而致誤，張以仁《〈國語舊音〉考校》已揭出。《考異》謂「脉」即「脈」之隸變，其實「𠂢」爲「永」之反寫。

〔三〕須，明道本、正統本作「鬚」，後者爲前者之形符加旁字。

〔四〕旌，明道本作「施」，《考異》、《補正》、《校證》、《集解》謂宜從公序本作「旌」，上海師大本徑作「旌」，是。

〔五〕辨，《元龜》卷七三五、七四二引同，明道本作「辯」，同源字，《説文·辡部》「辯」下段注：「辯，治也。治者，理也，俗多與『辨』不别，辨者，判也。」

〔六〕明道本無次「其」字，正統本有之，疑明道本脱。

〔七〕節，《删補》、千葉玄之、秦鼎謂當作「中」，其説有理，但於文獻無證。

〔八〕畔，明道本、遞修本、正統本、静嘉堂本、南監本、許宗魯本作「然」，弘治本、葉邦榮本、張一鯤本、孔氏詩禮堂本作「畔」，似據義改，作「然」者稍勝。

〔九〕也，所見各本《國語》同，《左傳·昭公十二年》正義作「者」，於句法，似作「者」字稍勝。

法。

子晳復命，王曰：「是知天咫，安知民則？咫，言少也。言少知天道耳〔一〕，何知治民之法。○《補韋》：咫，當作「只」，亦楚言也。○《删補》：天咫，蓋猶言天度也，對下「民則」言。○皆川淇園：咫，助語也。○吴汝綸：咫，同「只」，辭也。○李慈銘：咫，周尺也。尺者，法度也。天咫，猶言天則也。○《補正》：八寸曰咫。◎志慧按：此爲《楚語》，似黄模、吴汝綸等説較勝，《平議》亦視爲助詞，並下文「神狎民則」之「則」亦謂與「只」同，可從。**是言誕也。」**誕，虚也。**右尹子革侍，**子革，楚大夫字，故鄭大夫子然之子然丹也〔二〕。◎志慧按：孫以王父之字爲氏，這是春秋時期中國北方的習俗，也有以父之字爲氏者，如衛子叔、公孟，宋之石氏，齊之施伯，此亦其例。**曰：「民，天之生也，知天，必知民矣，是其言可以懼哉。」**

【彙校】

〔一〕「言」前，明道本有「此」字。

〔二〕明道本、正統本無「字」，疑脱。「鄭」下明道本有「國」字，依例似衍，正統本無之。

三年，陳、蔡及不羹人納棄疾而殺靈王〔一〕。城後三年也〔二〕，在魯昭十三年。棄疾，恭王之子、靈王之弟平王也。靈王爲無道〔三〕，棄疾入國爲亂，三軍畔之於乾谿，王自殺。言「殺」者，王之死由三國也。○《補音》：乾，古寒反。◎志慧按：殺，通「弑」，係敘述者之誤，韋注「王之死由三國也」，曲爲迴護，不必。《左傳·昭公六年》「次于乾谿」杜注：「乾谿，在譙國城父縣南，楚東竟。」乾谿，陸德明《左傳音義》未注，清華簡《楚居》中書作「秦溪」，則其時「乾」字似作如字讀，地在今安徽省利辛縣張村，當地方音有三讀：乾（干）溝、干鷄溝、乾（音前）溪溝，其遺址又稱作乾（音前）溪陰陽城。

【彙校】

〔一〕殺，明道本、正統本作「弑」，韋注同。

〔二〕三年，明道本同，遞修本、静嘉堂本、南監本、弘治本、許宗魯本作「二年」，靈王城陳、蔡、不羹事在魯昭公十一年，十三年是十一年的後二年，而非後三年，則是遞修本等爲是。

〔三〕明道本、正統本無「爲」字。

8 左史倚相儆申公子亹〔一〕

左史倚相廷見申公子亹〔二〕，倚相，楚左史也。子亹，楚申公史老也。廷見，於廷見之〔三〕。子亹不出，左史謗之，舉伯以告，舉伯，楚大夫也。○賈逵：對人道其惡曰謗也（釋玄應《一切經音義》六引《國語》「左史謗之」並賈注，汪、蔣輯）。○《正義》：《論語》「子貢方人」，鄭康成本作「謗人」，則謗乃公論其是非，非訕訐也。子亹怒而出，曰：「女無亦謂我老耄而舍我，而又謗我。」八十曰耄。舍，棄也。左史曰〔四〕：「唯子老耄，故欲見以交儆子。交，夾也。○龜井昱：言百方儆之也。若子方壯，能經營百事，倚相將奔走承序，承受事業次序也。○《述聞》卷三：「奔走承序」四字並列，或曰「時序」，時序，亦謂承順也。○《辨正》：《說文・广部》：「序，東西牆也。从广，予聲。」周代行禮時所以序別尊卑、內外、親疏之處，差序、次序、順序、時序之義蓋由此而來。「承序」之「序」，當是「緒」的通假字，《說文・糸部》：「緒，絲耑也。」段注：「耑者，艸木初生之題也，因爲凡首之稱，抽絲者得緒可引，引申之，凡事皆有緒可纘。」故「緒」有事業、功業、志業等義，如《詩・大雅・常武》「三事就緒」、《魯頌・閟宮》「纘禹之緒」、《商頌・殷武》「湯孫之緒」等等，因此而有「承緒」、「繼緒」等詞。緒、序音同，故得通假，因而又有「承序」、「繼序」等詞。韋昭既就借義解作「事業」，又拘泥本字釋爲「次序」，模棱兩可，遂致不倫。**於是不給，而何暇得見？**〔五〕給，供也。○《校補》：給，及也。不給，即「不暇」，下句「何暇」與此相應。◎志慧按：《晉語一》「誡莫如豫，豫而後給」韋注：「給，及也。」此「給」義似蕭説爲勝。**昔衛武公年數九十有五矣，**武公，衛僖公之子、共伯之弟武公和也。**猶箴儆於國，**箴，刺也。儆，戒也。**曰：『自卿以下，至于師長、士，**師長，大夫。士，衆士也。○《述聞》：傳言「師長」者有二義，有訓公卿者，有當訓爲士者，「自卿以下至於師長、士」是也，蓋上言卿，下言士，而中包大夫，故曰「以下」，曰「至於」，猶言「自天子以至於庶人」，中包公、卿、大夫、士耳。◎志慧按：王説未解決師長與士既然屬同一級別，爲何需要重複的問題，韋注無誤。**苟在朝者，無謂我老耄而舍我，**舍，謂不諫戒也〔六〕。**必恭恪於朝，朝夕以交戒我；聞一二之言，必誦志而納之，以訓道我**〔七〕。**』**言，謗譽之言也。志，記也。**在輿有旅賁之規，**規，規諫也。旅賁，勇力之士，掌執戈楯〔八〕，夾車而趨〔九〕，車止則持輪。○《補音》：楯，食允反。◎志慧按：楯，《補音》三云食允反，訓爲欄杆時讀食允反，訓爲戈盾時則當音盾。**位宁有官師之典，**中庭之左右謂之位，門屏之閒謂之宁。師，長也。典，常也。○《補音》：宁，直吕反。○《述聞》：此謂君之位宁也。位者，君視朝之位也。宁者，《曲禮》「天子當宁而立」是也，韋注《楚語》曰「門屏之閒謂之宁」是也，其曰「中庭之左右謂之位」則非也。○《增注》：典，常法也。○《正義》：《釋名》云：「宁，佇也。」將見君，所佇立定之處也，屏之内爲宁，通作「著」。《昭十一年傳》「朝有著定」、《周語》「大夫士日恪位著，以儆其官」。**倚几有誦訓之諫**〔一〇〕，誦訓，工、師所誦之諫，書之於几也〔一一〕。○舊注：工、師所作誦訓之諫書之於几，令誦習之也（《書鈔》服飾部二引，汪遠孫輯，唯將「工」書作「官」）。○方苞《方望溪先生全集·集外文補遺》：即《周官》誦訓也，注誤。○《略説》：《周禮·地官》：「誦訓，掌導方志以詔觀事，掌導方慝以詔辟忌，以知地俗。」蓋謂是類也。**居寢有暬御之箴**〔一二〕，暬，近也。◎志慧按：《詩·小雅·十月之交》：「曾我暬御。」毛傳：「暬御，侍御也。」《周禮·天官》：「内小臣奄士四人。」俱可參證。**臨事有瞽史之道**〔一三〕，事，戎、祀也。瞽，樂太師〔一四〕，掌詔吉凶。史，太史也，掌詔禮事。○《略説》：凡事皆是，不必戎、祀。◎志慧按：臨事與「宴居」相對，《略説》之解是。此瞽史，謂樂師和史官則是也，謂之樂太師與太史則不敢必，疑韋昭特與下句「師工」相區别，其實乃互文相足耳。**宴居有師、工之誦。**師，樂師。工，瞽矇也。誦，謂箴諫也〔一五〕。○《正義》：《禮記釋文》引鄭康成曰：「退朝而處曰燕居，退燕避人曰間居。」《周禮·瞽矇》：「掌諷誦《詩》、《世》、《奠繫》。」鄭司農云：「諷誦《詩》，主誦《詩》以刺君過。杜子春云：『《世》、《奠繫》，諸侯、卿、大夫《世本》之屬也。』瞽矇掌誦《詩》，並誦《世》、《繫》，以勸戒人君也。」賈公彦曰：「背文曰諷，以聲節之曰誦。」◎志慧按：韋注以師爲樂師，工爲瞽矇，但瞽矇即樂師，韋於《周語上·召公諫厲王弭謗》「瞽獻曲」下解云：「瞽，樂師。」故此「師」似以常訓師保、師傅解之爲長。**史不失書，矇不失誦，以訓御**

之，御，進也。　◎志慧按：《平議》以爲「御，當讀爲語」，然韋解以本字釋「進」已通，不勞輾轉求通假字。**於是乎作《懿》，戒以自儆也**〔一六〕。　三君云：「《懿》，戒書也。」昭謂：《懿》，《詩·大雅·抑》之篇也〔一七〕。　懿，讀曰抑〔一八〕，《毛詩敘》曰〔一九〕：「《抑》，衛武公刺厲王〔二〇〕，亦以自儆也〔二一〕。」○《刪補》：如昭之言武公年耄始作《抑》詩，按《史記·衛世家》，武公者，僖侯之子，共伯之弟，以宣王三十六年即位，則靈王之世，武公時爲諸侯之庶子耳，未爲國君，未有職事，善惡無豫於物，不應作詩刺王，必是後世乃作，追刺之耳云云，所以責靈王之臣爲武公之自警者，以人之得失在於朋儕，武公雖非靈王之臣，亦是朝廷之士，淪胥以敗，無世不然云云，雖文刺前朝，實意在當代，故誦習此言以自肅敬。操以爲武公在平王之時，追刺前朝而作此詩也。　○《補正》：玩《抑》詩詞意，衹是自儆，無刺厲王意。又武公年九十五，在平王之世，去厲王已七八年，何爲復暴其惡乎？此必無之事也。　◎志慧按：衛武公作《懿》的時間與動機，《楚語》言之甚詳，曰「年數九十有五矣」，曰「以自儆」，本無多少詮釋空間；毛序以美刺教化説詩，作爲讀者或用詩者，自有其如此闡釋的合法性，要不以讀者之志强加到作者或作品之上可也，渡邊操之費力調停，正有混一讀者之志與作者之志之嫌。**及其没也，謂之叡聖武公**〔二二〕。　叡，明也。《書》曰：「叡作聖。」《謚法》〔二三〕：「威强叡德曰武。」　○賈逵：叡，明也（釋慧琳《一切經音義》卷二十九引）。**子實不叡聖，於倚相何害？**害，傷也。　○秦鼎：言雖子不叡聖，無害於我，以其免奔走不給也，但如其害楚國何？　○龜井昱：子之不出見我求規諫

者，此子之不叡聖也，我不得見何妨？《周書》曰：『文王至于日中昃，不皇暇食。日昳曰昃。《易》曰：「日中則昃。」○《正義》：皇，亦暇也，重言之，古人複語，猶「艱難」也。○《詳注》：《周書》、《無逸》文，與此略異。**惠于小民，唯政之恭。』文王猶不敢惰**〔二四〕。**今子老楚國而欲自安也，**老，老恃楚國也〔二五〕。○《校文》：老，家臣之長，大夫通得稱之。《春秋傳》曰：「其老豈敢棄其國？」《禮》曰：諸侯使人使於諸侯，使者自稱曰「寡君之老」，上大夫擯者曰「寡君之老」。○户埼允明：太宰純曰：「老，即長老之『老』也。」○《補韋》：某氏補正：天子諸侯之卿皆稱老，《春秋傳》：劉文公曰：天子之老。楚伯州犁曰「將不得爲寡君老」是也。○《補正》：此「老」字，乃退居之名，如《内傳》「桓公立，乃老」云云。◎志慧按：「老」字當作動詞解，或恃老，或退居，於義兩可。復次，黄模所引之某氏《補正》不知出于何人之手，要不將吴曾祺《國語補正》相混淆可也。**以禦數者**〔二六〕，**王將何爲？**禦，止也。數者，謂箴戒、誹謗也。爲人臣尚如此，王將復何爲？○《增注》：數，責數也。**若常如此，楚其難哉！」**難以爲治〔二七〕。**子亹懼**〔二八〕，**曰：「老之過也。」**老，子亹名也。○户埼允明：老，老耄之「老」，子亹之名稱無所據考，上文曰「老耄」，與此語相顧。**乃驟見左史。**

【彙校】

〔一〕本篇叙左史倚相事，上二篇敘靈王事，下一篇亦敘靈王，再下一篇復敘左史倚相，若據以類相從的原則，疑本篇當與下一篇對調。馬王堆帛書《繆和》第十八章載倚相之封事，敘楚王采納左史倚相建議，從越國分得原吴國的大片土地，時在越克吴的前四七三年之後，上距靈王離世至少五六年，而勸告申公子亹的倚相不會很年輕，職是之故，本篇當置於下篇之後。

〔二〕廷，《述聞》據下文「子亹不出」，則在家，非在朝也，謂係「迋」之訛，《説文・辵部》：「迋，往也。」其説可從，《集解》徑從改。静嘉堂本、南監本、弘治本作「延」，字訛，注同。

〔三〕於廷見之，明道本、正統本作「見於廷也」，《諸子瓊林》前集卷二十一外修門作「見之於廷也」。

〔四〕左史，《元龜》卷九〇一、《文章正宗》卷五引同，明道本、正統本作「左史倚相」四字，《考異》、《集解》疑其衍，此公已是第三次出現，而「倚相」之名前已交代，故此處似不必重複。

〔五〕暇，遞修本字從月，形近而訛。

〔六〕戒，明道本、正統本作「誡」，「誡」爲「戒」之形符加旁字。

〔七〕道，《補音》：「徒到反，亦作『導』。」明道本、正統本作「導」。

〔八〕楯，明道本、正統本、《元龜》卷九〇一引作「盾」，「楯」係「盾」的義符加旁字。

〔九〕《周禮・旅賁氏》「夾」下有「王」字，似非引此，義並通。

〔一〇〕几，弘治本作「凡」，字訛，注文不誤。

〔一一〕本注各本同，《晦庵集》卷六十九引無「誦訓」二字，據文法疑各本衍。

〔一二〕暬，正統本同，明道本作「褻」，古同。

〔一三〕道，明道本、正統本作「導」，出本字也。

〔一四〕太師，明道本同，正統本、張一鯤本作「大師」。

〔一五〕箴諫，《文章正宗》引同，明道本、《諸子瓊林》下有「時世」二字，疑衍。

〔一六〕《述聞》據《尚書·説命》正義、《詩·小大雅》正義引《詩譜》及《大雅·抑》正義、抄本《書鈔》等文獻引《國語》均無「戒」字，斷其涉注文「戒書」而衍，王氏並據《補音》出「作《懿》」二字，謂宋庠所見者亦無「戒」字，《集解》據上述徑删。疑《抑》之爲詩，意在箴戒，故又有「抑戒」之稱，傳本《書鈔》藝文部六、胡宿《文恭集》卷十一、《元龜》卷九〇一、《通鑒外紀》卷四引皆有「戒」字，是其證。復次，《略説》云：「懿，美也。美戒，謂《抑》之詩也。」别出心裁，於義亦有可取，故過而存之。

〔一七〕雅，《補音》出「疋」，云：「古『雅』字。」《説文·疋部》：「古文以爲《詩·大雅》字。」遞修本作「疋」，形訛。

〔一八〕讀曰，明道本、《諸子瓊林》作「讀之曰」，疑衍「之」字。

〔一九〕敘，明道本、正統本作「序」，古同。
〔二〇〕剌，明道本、正統本、静嘉堂本、南監本、弘治本、李克家本作「剌」，字訛。
〔二一〕儆，《毛詩》作「警」，形符更旁字也，從人之字亦或從言。
〔二二〕叡，明道本、正統本作「睿」，古同，注同，次同。
〔二三〕「謚法」下，明道本有「曰」字。
〔二四〕惰，正統本同，《元龜》、《文章正宗》引同，明道本、《諸子瓊林》作「驕」。
〔二五〕老恃，各本同，《略説》、秦鼎疑作「恃老」，然無據。
〔二六〕數者，明道本作「數戒者」，《諸子瓊林》作「數戒者」，但其下韋注則俱引作「數者」，故有「戒」字者當衍，正統本亦無之，《集解》、上海師大本徑作「數者」。
〔二七〕正統本同，明道本韋注作空格從闕，陳奂校本係彼據公序本所補。
〔二八〕明道本、《諸子瓊林》無「懼」字，《元龜》卷九〇一、《文章正宗》卷五引有「懼」字，上海師大本從有，與下句「乃驟見左史」合觀，於文義句法似有者更勝，《集解》謂無者脱。

9 白公子張諷靈王宜納諫〔一〕

靈王虐，白公子張驟諫。子張，楚大夫白公也。○《正義》：楚縣尹皆曰公，故曰白公。○《補正》：白，楚邑。其大夫稱白公。《内傳・哀十六年》「召勝使處吴竟，爲白公」，蓋後子張而居是邑者。○《詳注》：今河南息縣東有白城。《内傳・哀十六年》「召勝使處吴竟，爲白公」，子張蓋先勝而爲白公者。◎志慧按：《左傳・哀公十六年》杜注：「汝陰褒信縣西南有白亭。」《水經注・淮水》：「淮水又東逕淮陰亭北，又東逕白城南，楚白公勝之邑也，東北去白亭十里。」《路史・國名紀一》：「白，蔡之褒信西南白亭是，楚平滅以封子建之子勝，曰白公。」褒信，劉宋時易名「苞信」，元爲包信，今隸河南息縣。白亭在包信西南，白城又在白亭西南，淮河之北。前五三八年，楚靈王滅賴，靈王與白公子張這一段對話發生在前五二八年夏曆八九月。包信所在地域即賴國所在，此白是否包含舊賴國領地，俟考。王患之，謂史老曰：「吾欲已子張之諫，若何？」史老，子亹。已，止也。對曰：「用之實難〔二〕，已之易矣。○皆川淇園：言諫能用之莫善焉，而今王實難用，則已之甚易耳。若諫，君則曰：『余左執鬼中，右執殤宮。中，身也。《禮》曰〔三〕：「其中退然。」夭死曰殤。殤宮，殤之居也。執，謂把其録籍，制服其身，知其居處，若今世云「能使殤」也〔四〕。○《刪補》：鬼中、殤宮，疑録鬼之書，執以行祭禮，韋注恐迂。○《述聞》：宮，讀爲「躳」，中、躳皆身也。執殤躳，猶言執鬼中。作「宮」者，假借字耳。○《補韋》：補正：「成獄之書曰中，《周官・小司寇》『登中于天府，士師受中，協日刑殺』，《晉語》『以回鬻國之中』，執鬼中，言操殺人之柄也；執殤宮，言能夷滅人之子孫也。」○《補正》：二語謂能役使鬼神，故物之情狀無不知，蓋自以爲聖而拒言者。◎志慧按：皆川淇園與《删補》同一思路，謂「鬼中、殤宮似是古録箴諫之書名」，聯繫下文「凡百箴諫，吾盡聞之……」，可能性極大。《禮記・檀弓》「文子其中退然，如不勝衣」鄭注：「中，身也。退，柔和貌。」韋注釋「中」爲身，有據。《逸周書・謚法解》謂「極知鬼神曰靈」，或者在當時人看來靈王有知生死、使鬼神的特異功能，故有此言，下文白公遂以武丁臻於神明接續話頭，亦通。惜皆查無實據。**凡百箴諫，吾盡聞之矣，寧聞它言？』」**不欲聞諫也。

【彙校】

〔一〕此條故事當發生在上條之前，上條史老經左史倚相之勸諫，已自稱「老之過」，於此不當再教唆靈王飾非拒諫，係傳抄之倒，抑或編者之誤，俟考。

〔二〕實，明道本、正統本作「寔」。

〔三〕禮，明道本、正統本作「禮記」，語見《檀弓》，上海師大本徑作「禮」，《禮記》似不得省作「禮」。

〔四〕也，正統本同，明道本作「矣」，《元龜》卷七四二、《漢制考》卷四俱引作「也」。

白公又諫，王如史老之言，對曰：「昔殷武丁能聳其德，至于神明，武丁，高宗也。聳，敬也。至，通也。通于神明，謂夢見傅説。○龜井昱：武王以夢得説，有至於神明之名，然是時未得説也。◎志慧按：聳，《方言》：「聳，强欲也。荆吴之間曰聳。」神明，在經典文獻中，有可解作神靈的，也有可解作神明的境界的，相應的，古人謂人可以通於神靈，如《孝經》「孝悌之至，通於神明」；也可以經由修煉而臻於神明的境界的，如《左傳·昭公七年》所載子産語：「人生始化曰魄，既生魄，陽曰魂。用物精多，則魂魄强，是以有精爽，至於神明。」《中庸》「聰明聖智達天德」亦其例也。這裏謂「至于神明」，到爲「至」的常訓，通則未聞，疑韋解非是。下文「武丁之神明」同。以入于河，遷于河内。自河徂亳〔一〕，從河内往都亳也〔二〕。○《釋地》：亳，亳都，今河南府偃師縣。○《補正》：《汲郡古文》云：「小乙六年，命世子武丁居於河，學於甘盤。」自河徂亳，蓋謂小乙崩，武丁歸而即大位也。◎志慧按：從「至於神明」到「以入於河，自河徂亳」，有因果關係在焉，或者其中有諸如後世孝感動天、因定生慧之類的靈跡故事，遷都事至巨且艱，容有武丁仰賴靈異號召天下者。文獻不足徵，此處僅提出一種可能性。於是乎三年默以思道。默，諒闇也。思道，思君人之道也。《書》曰：「高宗諒闇，三年不言，言乃雝〔三〕。」◎志慧按：武丁所思之道，表面上是普泛意義的道，結合下文「正四方」，則是與其天子身份相關者，韋注是。進一步，從上文「至於神明，以入於河」到下文廣求夢中高人，則是藉時人廣泛而虔誠的鬼神信仰進行政治操作，蓋近乎術。卿士患之，患其不言。曰：『王言以出令也，若不言，是無所稟令也。』令，命也〔四〕。稟，受也。武丁於是作書，以書解卿士也〔五〕。賈、唐云：「書，《説命》也。」昭曰：非也，其時未得傅説。○《補正》：《尚書》此數語，正在《説命篇》，注駁唐説，非是。◎志慧按：《僞古文尚書·説命上》有「王庸作書以誥曰」一語，誥有誡義，疑韋注之「解」字乃「誡」字之音近而誤。曰：『以余正四方，余恐德之不類，茲故不言。』類，善也。茲，此也。○《爾雅·釋詁》：正，長也。類，善也。如是而又使以象夢求四方之賢聖〔六〕，思賢而夢見之，識其容狀，故作其象而使求之。得傅説以來，升以爲公，公，上公也。《書序》曰：「高宗夢得説，使百工營求諸野，得之傅巖〔七〕，作《説命》。」而使朝夕規諫，曰：『若金，用女作礪；使磨礪己也〔八〕。若津水，用女作舟；喻遭津水。若天旱〔九〕，用女作霖雨。天旱，自比苗稼也〔一〇〕。三日以上爲霖〔一一〕。○賈逵：霖，滯雨也（釋慧琳《一切經音義》卷六十六引）。啟乃心，沃朕心。啟，開也。以賢者之心比霖雨也。○《略説》：《尚書疏》云：「當開汝心所有以灌沃我心。」舊注失考。◎志慧按：武丁視傅説爲賢，關氏説與韋注無殊，韋注亦未見其誤。若藥不瞑眩，厥疾不瘳。以藥諭忠言也。瞑眩，頓瞀，攻己急也〔一二〕。瘳，愈也。○賈逵：病瘳爲愈也（釋慧琳《一切經音義》卷六十三引）。○《補音》：瘳，敕留反。◎志慧按：

揚雄《方言》卷十：「惃、愸、頓愍，惽也（郭注：「謂迷昏也。」）……江湘之間謂之頓愍（郭注：「頓愍，猶頓悶也。」）南楚飲毒藥懣謂之氐惆，亦謂之頓愍，猶中齊言眠眩也。」韋注之「頓瞀」即「頓愍」、「頓悶」。**若跣不視地，厥足用傷。』**以失道比徒跣而不視地，必傷也。○《說文・足部》：「跣，足親地也。」段注：「古者坐必脱屨，燕坐必褫襪，皆謂之跣。」○《補音》：跣，先典反，又七顯反。

若武丁之神明也，通於神明。**其聖之叡廣也**[一三]，**其知之不疚也**[一四]，**猶自謂未乂，**乂，治也。**故三年默以思道。既得道，猶不敢專制，使以象旁求聖人。既得以爲輔，又恐其荒失遺忘，**○《校補》：失讀爲「泆」，《廣韻》：「泆，淫泆。」◎志慧按：《廣雅疏證》卷二下：「詄者，《說文》：『詄，忘也。』徐鍇傳云：『言失忘也。』《文選・四子講德論》『故美玉蘊於碔砆，凡人視之怢焉』，李善注引《廣倉》云：『怢，忽忘也。』《論衡・別通篇》云：『不肖者輕慢佚忽。』怢、佚並與詄同。荒、失、遺皆忘也，《楚語》云『恐其荒失遺忘』是也。」若釋作淫泆，於此似過甚其辭；作遺忘解，與語境合，且楚語楚聲多同義詞疊用，如《離騷》「資菉葹」、「判獨離」、「乃遂焉」、「覽相觀」，此亦一例。**故使朝夕規誨、箴諫，曰：『必交脩余，無余棄也。』**○《集解》：修，勉也。◎志慧按：此與《周語上》「耆、艾脩之」之「脩」同，彼處徐氏引王念孫之修飭義與吴曾祺之儆戒義，不知何以復於此訓勉。**今君或者未及武丁，而惡規諫者，不亦難乎？**難以保國。**齊桓、晉文皆非嗣也，**非嫡嗣也[一五]。**還軫諸侯，不敢淫逸，**還軫，謂出奔也。○《略說》：還軫，《晉語》注云：

「迴車也。」此謂出奔，失之。 ◎志慧按：迴車承其諱飾，出奔揭其本義，其實一也，關氏捨修辭立説，遂致紛擾。心類德音，以得有國〔一六〕。類，善也。 ○《述聞》：類之言率也。率，循也，言其心常循乎德音也。「率」與「類」古同聲同義而字亦通用。 ○《補正》：類，比也，不訓「善」。《禮・學記》「知類通達」注：「知事義之比也。」心類德音，謂心與德音相比。 ◎志慧按：率字讀如「帥」時有「循」義，讀如「律」時則無循義，故王説亦非。《爾雅・釋詁》：「類，善也。」韋注有據。吴説亦可從，《詳注》從之。近臣諫，遠臣謗，輿人誦，以自誥也。輿，衆也。誦，誦善敗也。誥，告也。 ○《述聞》：《爾雅》：「誥、誓，謹也。」郭注：「皆所以約勤謹戒衆。」自誥者，自戒敕也。 ◎志慧按：《爾雅・釋詁》：「誥，告也。」又《釋言》：「誥，謹也。」此當從《述聞》説解作謹，韋昭「以《爾雅》齊其訓」，有時不免取去不精。是以其入也，四封不備一同，備，滿也。地方百里曰同。方欲美之，故尤小焉。 ○《標注》：不備一同，此句似抑揚太過。 ○《補正》：謂初入國之時，國中聽其教令者，爲地甚狹小。而至於有畿田〔一七〕，方千里曰畿。以屬諸侯，屬，會也。至于今爲令君。桓、文皆然，君不度憂於二令君，而欲自逸也，無乃不可乎？ ○李慈銘：不度憂，言度不憂也。君度不憂于二令君，猶上文言「君或者未及武丁也」。《周詩》有之曰：『弗躬弗親，庶民弗信。』言爲政不躬親之，則衆民不信也。 ◎志慧按：《周詩》，見《詩・小雅・節南山》。臣懼民之不信君也，故不敢不言。不然，何急其以言取辠也〔一八〕？」

【彙校】

〔一〕亳，遞修本作「毫」，形訛，注文則不誤。

〔二〕都亳，明道本、正統本作「亳都」，上海師大本從前者，後者疑係依後世語言習慣改，都亳，例同城周、城濮等。

〔三〕雝，明道本、正統本作「雍」，古同。

〔四〕明道本無「令命也」三字，此疑衍，置於「稟受也」前則又似誤倒。

〔五〕以，明道本作「作」。

〔六〕「象夢」下，明道本、正統本有「旁」字，據下文「使以象旁求聖人」，則有「旁」者爲優，甚至「夢」字係「旁」字之形近而誤添，《説文·上部》：「旁，溥也。」《水部》：「溥，大也。」《述聞》、秦鼎皆謂「象夢」倒置，《集解》從乙。清華簡本《説命》有「王命氒（厥）百工向（像），以貨旬（徇）求敚（説）于邑人」等文字，其中的「徇」義爲遍，與傳世文獻的「旁」可對應。明道本、正統本、《通鑒外紀》卷二引無「聖」字，《元龜》卷七四二、《文章正宗》卷五引有之，《考異》據注謂不當有，可從。

〔七〕之，《書序》作「諸」。

〔八〕明道本、正統本、《元龜》卷七四二引無「己」字，似有者義更完密，《集解》從有。

〔九〕天，明道本、張一鯤本、穆文熙編纂本同，《文章正宗》卷五、《元龜》、李克家本作「大」。許宗魯本作「大」，李克家本或據許宗魯本改。注同。

〔一〇〕自，静嘉堂本、南監本、弘治本作「白」，字殘。

〔一一〕「三日」前，明道本、正統本有「雨」字，依義可據補。

〔一二〕明道本「急」前有「之」字。

〔一三〕叡，明道本作「睿」。

〔一四〕知，明道本、正統本作「智」，後者出本字也。疢，明道本、正統本作「疾」，《考異》謂作「疾」者係「疢」字之訛，《集解》、上海師大本改從「疢」，是。

〔一五〕明道本、正統本注前有「言」字。

〔一六〕得，正統本及《元龜》、《文章正宗》引同，明道本作「德」，李慈銘謂作「德」者誤，據正統本，李説可從。

〔一七〕「於」下，明道本有「是」字，《考異》、李慈銘、《集解》皆斷其衍，然《元龜》卷七四二引已有之。

〔一八〕其以，《書鈔》藝文部六、《元龜》卷二五五引同，明道本作「以其」，《考異》疑明道本誤倒，可從。

王病之，曰：「子復語，病不能然，故復使語。不穀雖不能用，吾慭寘之於耳〔一〕。」慭，猶願也。寘，置也〔二〕。○《舊音》：慭，牛刃反。○《標注》：寘、置全同字，不得相解。對曰：「賴君之用也〔三〕，故言。賴，恃也。不然，巴浦之犀、犛、兕、象，其可盡乎？其又以規爲瑱也？」犛，犛牛也〔四〕。規，諫也。瑱，所以塞耳也。言四獸之牙、角可以爲瑱，難盡也，而又以規諫爲之乎。今象出徼外，其三獸則荆、交有焉。巴浦，地名。或曰：「巴，巴郡。浦，合浦。」○《補音》：犛，莫交反，亦作「旄」，同。瑱，土見反。○《補正》：巴郡，秦置，屬益州。合浦郡，漢武帝置，屬交州。楚靈時安得有此二郡？或説非也。◎志慧按：關於巴浦爲一爲二的問題，《集解》同吴曾祺説，唯巴與合浦置郡雖在秦漢，但作爲地名當更在其前，故韋注之或説亦不可輕廢。復次，春秋時期，吴楚等地有大量熱帶動物，據韋注，知韋昭時荆州等地尚有犀、犛、兕，也就在三國時期，中國大陸氣温下降，此後熱帶動物見於文獻記載者漸少。遂趨而退。◎志慧按：趨，小步快走。此狀白公畏禍避之唯恐不及之貌。歸，杜門不出。

【彙校】

〔一〕慭，明道本作「憖」，正統本正文有塗改，韋注也作「憖」，異寫耳。

〔二〕寘，置也，《元龜》卷二五五引同，明道本無此三字，疑脱。

〔三〕賴君之用，明道本、正統本作「賴君用之」，《元龜》卷二五五及卷七四二引作「賴君之用也」，似更勝。

〔四〕牛，所見各本唯金李本作「生」，字訛，兹據各本改。

七月，乃有乾谿之亂，靈王死之。乾谿，楚東地名〔一〕。○《釋地》：今潁州府亳州東南有乾谿，近城父村。

【彙校】

〔一〕楚東地也，明道本、正統本作「楚之東地」。

10 左史倚相儆司馬子期唯道是從

司馬子期欲以其妾爲内子〔一〕，子期，楚平王之子、子西之弟公子結也，爲大司馬〔二〕。卿之適〔三〕妻曰内子。訪之左史倚相，曰：「吾有妾而愿，欲笄之，其可乎？」愿，慤也。笄，内子首服衡笄也〔四〕。○《略説》：《儀禮·士昏禮》：「記曰：『女子許嫁，笄而醴之，稱字。』」注云：

「許嫁，已受納徵禮也。」《禮・内則》曰：「聘則爲妻。」謂以禮聘問，是備六禮也。今子期以妾爲妻，不欲言之，直謂「欲笄之」，故倚相規之以從欲違道之事也。**對曰：「昔先大夫子囊違王之命謚**〔五〕；違「厲」以爲「恭」。**子夕嗜芰，子木有羊饋而無芰薦。**子木違父命，以羊饋易芰薦。○龜井昱：從祭典而不用芰薦也。　◎志慧按：禮：大夫有羊饋，故子木以特羊祭祀子夕。**君子曰：『違而道。』**違命合道。**穀陽豎愛子反之勞也**〔六〕，**而獻飲焉，以斃於鄢**〔七〕；穀陽豎，子反之内豎也。　斃，踣也。　魯成十六年，晉、楚戰於鄢陵〔八〕，楚師敗，□王傷目〔九〕。明日，將復戰，王召子反，穀陽豎獻飲於子反，子反醉〔一〇〕，不能見。王曰：「天敗楚也。」乃宵遁，子反自殺。**芋尹申亥從靈王之欲，以隕於乾谿。**　芋尹申亥，申無宇之子也。乾谿之役，申亥曰：「吾父再奸王命〔一一〕，王不誅，惠孰大焉。」乃求王〔一二〕，遇諸棘闈〔一三〕，以王歸〔一四〕。王縊，申亥以其二女殉而葬之〔一五〕。◎志慧按：「芋尹申亥從靈王之欲」事見載《左傳・昭公十三年》，然靈王隕於乾谿在前，芋尹申亥葬靈王在後，與穀陽豎之所爲不具可比性，不知左史倚相或《楚語》編者何所據而云然。　芋尹，當係楚國芋地的行政首腦，下蔵尹、藍尹同。今安徽省亳州市譙城區城父鎮後鐵營村有二女孤堆，當地認爲即申亥二女之墓。　復次，穀陽豎與芋尹，《左傳・昭公十三年》與《十六年》同作，但同期及之前其他文獻中，則是標識身份地位的詞在前、人名在後，如帝乙、后母戊、傅説、尹伊、優施、卜偃、舅犯、師曠、匠石、庖丁、巫咸，後來《韓非子》多篇文章中，仍作豎穀陽，是語言的地域差異，還是時代變化？敢質諸高明。

君子曰：『從而逆。』從，從欲也〔一六〕。　○《詳注》：從其欲而逆於道。君子之行，欲其道也，欲得其道。故進退周旋，唯道之從〔一七〕。夫子木，能違若敖之欲，若敖〔一八〕，子夕。以之道而去芰薦，吾子經楚國〔一九〕，經，經緯也。而欲薦芰以干之，干，犯也。以妾爲妻〔二〇〕，猶以芰當祭也〔二一〕。　○李慈銘：古人以伎妾並言，故賈侍中《晉語》注云：「妾，女樂也。」此以薦芰爲喻者，芰、伎音同，故以比例，可見古人語言之工。　◎志慧按：《孟子·告子下》：「葵丘之會，諸侯束牲載書，而不歃血。初命曰：誅不孝，無易樹子，無以妾爲妻。再命曰：尊賢育才，以彰有德。三命曰：敬老慈幼，無忘賓旅。四命曰：士無世官，官事無攝，取士必得，無專殺大夫。五命曰：無曲防，無遏糴，無有封而不告。」之後從漢到清各個朝代都有防止妻妾失序的法規，此可補韋昭、李慈銘未盡之義。其可乎？」○子期乃止。　○楊道賓（一五四一——一六〇九）：子期欲笄其妾，而倚相獨論君父從違之道，其意蓋言君父且不可苟從，況妾乎（《國語秇型》）。

【彙校】

〔一〕明道本、正統本、《御覽》服用部二十無「其」字，《書鈔》藝文部六引則有之。

〔二〕馬，静嘉堂本同，弘治本作「晉」，蓋因南監本該字不可識而臆寫。

〔三〕適，明道本、正統本作「嫡」，出本字也。

〔四〕服,明道本、正統本作「飾」。
〔五〕命,静嘉堂本、南監本、弘治本作「分」,後者誤。
〔六〕穀陽,《左傳・成公十六年》、《韓非子・十過》、《飾邪》、《説苑・敬慎》同作,《吕氏春秋・慎大覽》、《淮南子・人間訓》作陽穀。《左傳》、《國語》「豎」字在後,《韓非子》、《吕氏春秋》、《説苑》「豎」字在前,蓋與優施、巫咸、史伯、匠石、庖丁、醫和、卜徒父等相類,表身份職業之辭前置,上古自有其例,故各有當。
〔七〕斃,南監本同,《補音》:「或作『獘』。」明道本、正統本、許宗魯本作「獘」,《説文・犬部》:「獘,斃或从死。」許宗魯本蓋從别本或彼所認可的正字改,注同。
〔八〕明道本、正統本無「陵」字。
〔九〕楚師敗□王傷目,「王」前,金李本空一格,明道本、正統本作「楚恭王傷目」,遞修本、静嘉堂本、南監本、許宗魯本則作「恭王傷目」,弘治本作「赧王傷目」,祖於金李本之張一鯤本同作,疑據以補缺,據史實,「恭」字當有。《四庫全書考證》則謂所見刊本「『共』訛『平』」,據《左傳》改作「共」,共、恭通。
〔一〇〕明道本不重「子反」二字,疑漏録重文號。
〔一一〕奸,《左傳・昭公十三年》同作,明道本、正統本作「干」,干,犯也,故於義俱通。

〔一二〕乃求，静嘉堂本模糊，南監本漫漶不可識，弘治本作「楚文」，非。

〔一三〕闈，《左傳》同作，明道本作「圍」，《札記》謂「圍」即「闈」之通假字，是。

〔一四〕明道本、正統本與《左傳》無「王」字。

〔一五〕明道本、正統本無「其」、「而」二字，《左傳》與公序本同。

〔一六〕「欲」前，明道本、正統本有「其」字，秦鼎謂脱，似不可必。

〔一七〕唯道之從，正統本及《書鈔》藝文部六、《元龜》卷九〇一引同，明道本「之」作「是」，疑據後世語用習慣改。

〔一八〕敖，静嘉堂本、南監本作「欲」，涉正文而誤，弘治本襲其誤。

〔一九〕經，明道本作「經營」，據韋注出「經」字，疑明道本據後世語用習慣衍「營」字，《集解》亦以爲衍。

〔二〇〕明道本、正統本句首有「言」字，疑此脱。

〔二一〕當祭，静嘉堂本、南監本漫漶不可識，弘治本作「爲薦」，不知何所據。

楚語上卷第十七